푸코와 북한사회

신체왜소의 정치경제학

푸코와 북한사회 신체왜소의 정치경제학

김영희 지음

—
북한주민의
신체왜소는
현재형이며
우리가
외면할
경우
미래형으로
남을
것이다
—

인간사랑

책을 내면서

입국 후 만 10년이다. 10년이면 강산이 변한다고 했던가? 입국한 것이 엊그제 같은데 오늘은 북한에서는 꿈도 꿀 수 없었던 탈북민 출신 첫 박사부부가 되었다. … 생사기로에서 헤매던 나와 우리 가족에게 오늘의 삶을 준 대한민국에 감사드린다.

2007년 한국산업은행에서 한국정책금융공사에 이르는 오늘까지 필자는 재북 시 경험을 살려 북한의 경제·산업·금융 분야 연구에 관심이 있었다. 그런데 전공분야와 거리가 먼 이 주제를 왜 저서로 선택했을까?

지금도 우리 회사의 젊은이들과 나란히 승강기를 탈 때면 저도 모르게 위축되는 느낌을 받는다. 머리 하나 더 큰 후배들이 왠지 나를 둘러싸고 내려다보는 느낌이다. 인간이 사회를 살아가는데 인격도 중요하지만 체격, 미모와 같은 외모도 더욱 중요하게 제기된다. 그래서 외모지상주의란 말이 나온 것 같다. 대부분 여성들이 결혼 조건으로 남성의 체격을 꼽는 것도 이것의 보편적인 사례라 할 수 있다.

탈북민의 경우 키가 늘씬한 사람을 찾기 어렵다. 특히 탈북 청소년들과 아동들의 경우 더욱 그렇다. 외모지상주의 글로벌 시대에서 탈북민들이 겪고 있는 오늘의 콤플레스는 통일된 내일 북한주민 모두가 경험할 영원한 콤플렉스이기도 하다.

북한주민 신체왜소는 현재형이며 우리세대가 오늘날 외면하면 미래형으로 남아있을 것이다. 신체왜소 흔적이 남아있는 자식을 둔 엄마로서의 자책감, 탈북민 북한연구자로의 시대적 사명이 나로 하여금 이 주제에 집착하게 했다고 말하고 싶다.

이 책에서는 '누가 신체왜소를 발생시켰는가 하는 문제보다 어떠한 요인이 주민 전반의 신체왜소 확산 및 지속에 영향을 주었는가'에 관심을 두고 있다. 책에서 서술한 것처럼 북한사회 신체왜소는 식품부족만이 아닌 식품획득 지위의 박탈, 식품 부족의 환경에 적응시키기 위한 당국의 끈질긴 노력의 산물이었다.

미셸 푸코는 몸을 가리켜 권력이 행사되고 작용하는 지점이고 장소라 했다. 이에 따르면, 북한사회에 만연된 신체왜소는 권력이 주민들의 몸에 각인된 결과라 할 수 있다.

주민전반의 신체왜소를 극복하는 것은 북한 정부가 해결해야 할 문제이지만, 이것이 방치되지 않도록 하기 위해서는 한민족 모두의 진심어린 관심이 필요하다. 북녘땅 없이 내 생의 출발을 생각할 수 없듯이 남녘땅이 없이 연구자로의 오늘의 삶의 희열을 느낄 수 없다. 남북을 다 같이 사랑하는 대한민국 국민의 한사람으로 북녘 동포들의 신체왜소가 극복되길 진심으로 바라고 바랄뿐이다.

북녘땅에 계시는 어머님을 그리며
2013년 3월 10일

차례

표 차례

그림 차례

1부

들어가며

1장 | 북한주민 신체왜소, 왜 관심을 갖게 되는가?

2011년 2월 14일 강원도 철원군 비무장지대(DMZ)를 통해 넘어온 21세의 북한군 병사는 키 154㎝, 체중 47㎏에 불과했다.[1] 2010년 기술표준원이 발표한 자료에 의하면, 남한의 20대 남한 남성은 평균 신장이 174㎝, 체중은 69㎏이다.[2] 북한군 병사의 키는 남한 남성에 비해 20㎝나 작으며, 체중은 22㎏이나 적다.

조선총독부 기록을 보면, 한반도에서 북쪽 지역으로 갈수록 주민들의 평균키가 컸다고 한다.[3] 그러나 오늘날 북한 주민의 신체는 남한 주민에 비해 신장이 평균 8~10cm 작고, 체중이 평균 10kg 정도 적게 나가

1 《중앙일보》, 2011년 2월 24일.

2 http://www.kats.go.kr(검색일 : 2012년 1월 11일) 한국 지식경제부 산하 기술표준원은 1979년부터 5-7년을 주기로 한국인의 평균 키와 몸무게 등을 측정하고 있다. 이에 따르면 커지는 경향이 조사되고 있는데 2010년 조사결과를 보면, 2003년과 거의 같은 수치라는 점에서 한국인의 키 성장이 한계점에 달하고 있는 것으로 보인다. 다만 다리와 목이 길어지는 것을 비롯해 8등신에 가까워지고 있다.

3 Kimura Mitsuhiko(2001), "North Korean Industry, 1946-1950", *Korea Journal* Vol. 41 pp. 199-238.

충격적인 모습을 보여준다. 이는 광복 이후 남북한 주민의 신장차이가 역전되고 있으며 북한에서 개별 주민의 신체왜소가 주민 전반의 신체왜소로 확산되었음을 보여준다. 더 큰 문제는 청소년들의 신장이 작아진 것이다. 19~24세 남한 청소년들의 키는 평균 174cm로 터키(174cm)에 이어 두 번째로 큰 것으로 조사되었다. 이에 반해 20세 기준 북한 청년의 신장은 164cm로 아시아에서 인도네시아, 필리핀, 베트남 청년의 신장과 유사하다.[4] 북한 주민의 신체가 전반적으로 왜소해진 것을 근거로 남북한 주민의 유전자(DNA) 구조가 달라졌다는 주장도 심지어 제기되고 있다. 분단 60여 년 동안 남북한 체제 운영의 차이로 인해 한 민족의 모습을 찾아보기 어렵다는 것이다.

남북한 주민의 이러한 신장 차이와 관련해 북한의 알곡생산량 감소에 따른 식품 부족을 들 수 있다. 북한은 주민생활에 필요한 식량생산량이 절대적으로 부족하다. 세계식량계획(WFP)에서 추정한 자료를 보면, 북한의 식량 부족량은 연간 최소 수십 만톤에서 백 만톤에 이르고 있다.[5]

인간이 성장기에 필요한 영양분을 제대로 섭취하지 못하면 신체발육이 정상적으로 이루어지지 못한다. 가족동반 탈북부모들은 중국 체류기간 자녀들의 키가 크고 체중이 증가하는 것을 목격한다. 이는 북한보다 식생활 조건이 좋아져 영양상태가 개선되어 나타나는 생리적 현상으로 볼 수 있다.

그렇다면, 신체왜소가 부족경제운영으로 식품 부족에 있던 사회주의 나라들의 보편적 현상일까? 남북한 주민의 이러한 신장 차이와 관련

4 《한국경제》, 2010년 9월 17일.

5 김보근, "북한의 '차등적 식량분배모형'과 2008년 식량위기," 『통일정책연구』(서울 : 통일연구원, 2008). p. 346.

해 북한의 알곡 생산량 감소에 따른 식품부족을 들고 있다. 실제로 세계식량계획(WFP)을 비롯한 식량지원기구나 연구기관들이 추정한 자료에 따르면, 부족량이 연간 백만 톤에 이르고 있다.[6] 그렇다면, 신체왜소가 북한과 같은 사회주의 나라들의 보편적 현상일까? 북한처럼 부족경제의 운영속에 식품생산량이 부족한데로부터 주민들은 빵이나 비게를 비롯한 식품을 구입하기 위해 상점에 줄을 서서 기다리는 경우가 많았지만, 주민전반의 신체왜소는 찾아볼 수 없었다. 이는 북한주민 신체왜소와 관련해 식품부족과 함께 또 다른 원인에 대한 설명이 필요하다는 것을 보여준다.

이러한 의문은 또 다른 사실에서도 발견할 수 있다. 그것은 1930년대 초 소련, 1950년대 말 중국의 대기근과 1990년대 중반 북한에서 발생한 대기근의 차이다. 뒤에서 살펴보겠지만, 대기근이라는 공통적인 상황에 직면했지만 이에 따른 결과는 달랐다. 북한의 대기근은 대아사와 신체왜소 확산으로 나타났으며 그 후유증은 20년이 지난 오늘까지 지속되고 있다. 이는 신체왜소의 발생에 대한 또 다른 원인규명과 함께 그 확신을 구분해 살펴보아야 한다는 것을 보여준다.

이러한 원인규명과 함께 북한주민의 신체왜소가 국가권력의 작용과 어떠한 관계에 있는가를 밝히는 것이 필요하다. 그것은 개별적이 아닌 주민 전체의 신체왜소로 나타났기 때문이다. 푸코는 권력이 사람의 내면에 침투하여 정신을 지배할 뿐 아니라 외면인 몸에도 씌워진다고 말했다. 그렇다면 북한주민의 신체왜소를 국가권력의 각인으로 볼 수 있지 않을까?

---

6 김보근, "북한의 '차등적 식량분배모형'과 2008년 식량위기," 『통일정책연구』(서울 : 통일연구원, 2008). p. 346.

우리는 이제부터라도 북한주민 신체왜소가 식품부족 때문이라는 국가권력의 작용에서 분리된 고찰에서 벗어나 북한에만 있는 신체왜소의 발생과 관련된 특징을 찾아서 이를 극복하기 위한 대책을 논의해야 한다. 그것은 북한의 대기근이 1990년대에는 과거형이었지만 그 흔적에 따른 신체왜소는 현재형이며 이를 외면하면 미래형으로 남아 있을 가능성이 크기 때문이다. 이를 위해서는 대기근에서 '살아남은 사람들'의 신체에 미친 영향에 대한 고찰이 필요하다.

이러한 문제의식에서 출발한 이 책은 문헌분석을 통해 신체왜소 극복을 위한 북한정부의 대응을 연대별로 살펴봄으로써 주민 전체의 신체왜소 발생과정과 지속 메커니즘, 신체왜소와 국가권력의 관계를 밝혀보려고 한다.

지난 기간 영양실조를 앓고 있는 북한 영유아 어린이들의 사진전시나 식량난에 대한 탈북자들의 증언청취 등 북한당국의 생존권 박해 실상을 폭로하는 다양한 활동이 있었다. 이러한 감성적 호소와 더불어 근원이 무엇인가에 대한 이론적인 해명이 필요하다. 푸코의 몸-권력론에 따른 북한사회 신체왜소 논의가 첫 출발점이라 본다. 이를 통해 주민들에 대한 생존권 보장이 반성과 성찰로부터 제기되는 북한당국의 책임적인 과제임을 강조하려 한다.

2장 | 신체왜소 관련 선행연구

1. 식품정책에 관한 연구

북한의 식품정책과 관련한 연구는 이미 적지 않게 진행되었다. 먼저 식품 전반의 생산 및 분배(배급)와 관련한 연구를 찾아볼 수 있다. 김운근, 권태진 등은 북한 농업생산의 한계에 따른 식량난 실태와 이를 해소하기 위한 방안에 관한 연구를 발표했다.[7] 1990년대 대기근을 몰아온 북한의 식량난과 관련한 연구로는 정광민, 나초스(Natios)의 연구가 눈에 뜨인다.[8] 그들은 센의 기근이론을 근거로 북한의 식량난이 인재(人災), 즉 잘못된 식품정책의 산물임을 주장한다. 정광민은 노벨 경제학 수상자인 아마르티아 센(Amartya Sen)의 '기근의 경제이론'에서 발전시킨 '인타이틀먼트(entitlement)' 개념을 북한사회에 적용하여 살펴보았다. 그의 연구에 의하면, 북한에서 기근이 발생한 것은 사람들이 식량을 획득하는 능력을 가질 수 없게 한 제도 때문이었다. 북한 지도부는 공적 배급제도의 붕괴에 대처하여 유효한 대책을 강구하지 않았을 뿐 아니라, 주민들이 기아

---

7 김운근, "북한의 경제경책과 농림수산업 현황 및 전망,"(서울 : 농촌경제연구원, 1992) ; 권태진, "북한의 작물 및 식량공급 상황," 『KREI 북한농업동향』, 제3권 1호(2001).

8 정광민, 『북한기근의 정치경제학 : 수령·자력갱생·기근』(서울 : 시대정신, 2005) ; 나초스 지음, 황재옥 옮김.『북한의 기아 : 기아 정치 그리고 외교정책』(서울 : 다홀미디어, 2003).

를 극복하려는 경제활동을 시장경제의 맹아라고 탄압했다. 나초스는 위와 유사한 평가와 함께 국제사회의 미온적 지원에 대해 비판을 가한다. 이러한 연구들은 북한 기근의 원인 혹은 성격을 규정하는 데 관심을 두었다.

북한 당국이 주도하는 식량의 생산·배급제도는 신체건강에 필요한 식품의 획득과 소비 과정에서 북한 주민을 수동적 존재로 만들었다. 상당수의 선행연구가 북한 사회에서 나타났던 불균형적인 식품공급과 이것이 북한 주민들의 신체건강에 미쳤던 부정적 영향을 다루고 있다. 특히 이러한 연구는 북한의 문헌과 탈북민들의 증언을 통해 영양학적 차원에서 북한의 식품정책을 비판적으로 분석하고 있다. 이애란[9], 박영숙 외[10], 황지윤과 장남수[11] 등의 연구는 당국이 권장하는 식생활과 주민들의 식품 섭취량의 차이, 개인적으로 취하고 있는 영양소 섭취량이나 대용식품들에 대해 살펴보고 있다.

북한 주민들에 대한 식품의 구체적인 공급(배급 및 유통) 과정에 관한 연구가 있다. 북한에서 주민들에 대한 식품공급은 군(구역) 인민위원회 양정과 산하 식량공급소를 통한 식량배급과 상업관리소 산하 국영상점을 통해 이루어지고 있다. 김상훈의 연구에서는 북한의 곡물 생산량 증대 혹은 감소의 원인과 식량공급에서 제기되는 문제, 이를 해결하

---

9 이애란, "1990년대 전후 북한주민의 식생활양상 변화,"(이화여자대학교 박사학위논문, 2008).

10 박영숙 외, "탈북자 면접을 통한 북한 주민의 건강과 식품섭취 실태 탐색," 『지역사회영양학회지』, 제2권 3호(1997).

11 황지윤·장남수, "문헌과 북한이탈주민 설문조사를 통해 본 북한인의 식생활과 영양소 섭취실태," 『지역사회영양학회지』, 제6권 3호(2001).

기 위해 나서는 문제에 대해 지적하고 있다.[12] 북한의 상업관리소 운영과 관련한 연구로는 김영희의 연구를 들 수 있다.[13] 이 연구는 주민들에 대한 식품공급을 위한 상업관리소의 역할, 7.1경제조치 이후 상업유통체계 변화에 대해 밝히고 있다.

2. 식량난에 따른 신체건강 관련 연구

북한의 식량난에 대한 국제사회의 지원과 관심이 높아짐에 따라, 식량난이 신체건강과 성장발육, 산모들에 미치는 영향에 관련한 연구가 적지 않게 진행되었다. 이러한 연구를 연대순으로 보면, 김경희·최혜경·손종도·이광문·장춘용·조일, 이애란, 박순영·곽금주·김혜란, 윤지현·이연숙·심재은·박미나, 이연숙·윤지원·심재은·장수정, 황미나 등의 연구를 들 수 있다.[14]

---

12 김상훈, "북한의 곡물수확 및 식량공급에 대한 FAO/WFP 공동조사단 특별보고서," 『KDI북한경제리뷰』, 제4권 12호(2002).

13 김영희, "북한의 소매상업유통체계 변화와 전망", 한국산업은행 보고서(2007).

14 김경희·최혜경·손종도·이광문·장춘용·조일, "민간단체의 대북영양 및 보건사업," 『대북영양보건사업의 오늘과 내일』(서울 : 생활과학연구소, 2011) ; 이연숙·윤지원·심재은·장수정, 『통일한국의 어린이 영양』(서울대학교 출판문화원, 2010) ; 박순영·곽금주·김혜란, "남한거주 탈북어린이, 청소년 신체성장, 신체발달, 그리고 복지서비스 욕구에 관한 연구," 『통일연구의 사회통합적 접근』(서울대학교 통일연구소, 2007 통일학 기초연구 학술 심포지엄 자료집) : 황미나, "대북보건의료사업의 현황과 과제," 『대북영양보건사업의 오늘과 내일』(서울대학교 생활과학연구소, 2007) ; 윤지현·이연숙·심재은·박미나, "북한유아의 정상적인 성장발달을 위한 영양 및 급식관리 지원방안 모색," 『2005년도 통일학 연구과제 결과

선행연구는 북한 사회 신체왜소의 원인을 청소년들의 성장기에 나타났던 식품 부족에서 찾고 있다. 그러나 식품 부족이라는 한 가지 원인만으로는 북한 청소년들에게서 전반적으로 나타나고 있는 신체왜소를 설명하지 못한다. 무엇보다도 1990년대 북한의 대기근 발생과 관련해 아사자와 함께 신체왜소자 확산으로 나타난 현상을 설명하기 더욱 어렵다.

이석은 1990년대 북한의 대기근과 관련해 아사자 증가보다는 신체가 허약한 쪽으로 피해 방향이 바뀌었다는 주장을 통계자료를 통해 논증했다.[15] 아쉬운 것은 원인이 무엇인지 밝히지 못한 것이다. 그의 논문이 북한 대기근의 성격과 아사자 규모를 밝히는 것에 중심을 두었기 때문인 것으로 보인다.

북한은 지난 기간 식품생산을 늘리기 위한 대책과 함께 식품 부족의 환경에 적응시키기 위한 정책을 병행시켜왔다. 이러한 활동은 주민들의 신체왜소에 큰 영향을 미치고 있으나 이에 관심을 둔 선행연구는 찾아보기 어렵다. 김혜련은 연구에서 북한 영유아들의 키 성장이 지연되는 원인을 밝혔는데[16], 이를 영양결핍이 지속되는 속에서 영유아들이 식품 부족이라는 환경에 적응함으로써 나타난 현상이라고만 지적했다. 이러한 적응이 북한사회에서는 왜 가능한지를 밝히지 못한 아쉬움이 있다.

북한 주민의 신체왜소는 오늘날 특정 주민(간부)과 지역에 무관하게

보고서』(서울대학교 통일연구소) ; 박순영, "북한 식량위기의 장기적 평가 : 인체 성장발육과 건강에 미치는 영향과 그 사회적 함의," 『한국인류문화학』, 제33권 1호(2000. 5).

15 이석, 『1994-2004년 북한기근 : 발생, 충격 그리고 특징』(서울 : 통일연구원, 2004), p. 200.

16 김혜련, "북한주민의 영양상태 현황과 정책과제," 『북한 보건의료 현황과 남북 보건의료 교류협력 증진방안』, 보건복지포럼(2007. 10), p. 27.

공통적 특징으로 나타나고 있다. 이는 북한주민 전반에 신체왜소가 확산되었음을 보여주고 있는 것으로, 개별적 주민 차원의 신체왜소 발생 원인과 주민 전반으로 확산된 원인을 구분하여 접근하는 것이 바람직하다는 것을 시사한다. 북한주민 신체왜소 발생과 이를 극복하기 위한 북한의 대응과 관련한 연구는 찾아보기 어렵다. 박경숙은 북한의 1990년대 대기근에 따른 "식량난이 인구에 미친 영향은 적어도 2008년 시점까지도 지속되고 있다"고 강조했다.[17] 북한에서 개별적 주민들의 신체왜소는 오늘날 주민 전반의 신체왜소에 따른 지적 능력 하락 등 국가경쟁력의 약화로 이어지고 있다. 이러한 문제에 관심을 둔 연구는 찾아보기 어렵다.

3. 몸에 대한 권력의 각인 관련 연구

북한에서 개별주민 신체왜소가 주민 전반으로 확산된 것은 국가권력의 작용과 떼어놓고 설명하기 어렵다. 주민 전반의 신체왜소는 국가권력이 체계적으로 작용하면서 주민들의 신체에 각인된 결과로 볼 수 있다.

몸에 대한 국가권력의 각인과 관련한 연구로는 강미라의 논문을 들 수 있다. 그의 논문은 주민들의 몸이 어떻게 되어 국가권력의 요구에 부응하는 '자발적 행위'를 하는지, 그리고 이러한 과정을 통해 국가권력이 몸에 어떻게 각인되는지를 설명하고 있다.[18]

---

17 박경숙, "북한의 식량난 및 기근과 인구변동," 『통일정책연구』, 21권 1호(2012), p. 153.

18 강미라, "메를로퐁티의 몸-주체와 푸코의 몸-권력의 비교,"(한국외국어대학교, 박

몸에 대한 권력의 각인, 이에 따른 신장 변화는 통독 전후 동서독 주민들의 신장 변화와 관련한 연구에서 찾아볼 수 있다.[19]

콤로스(Komlos)와 크리비(Kriwy)는 군대기록과 독일연방건강조사(German Federal Health Survey)자료에 기초해 서독과 동독 지역의 주민들에게서 나타나는 신장의 차이를 검토했다.[20] 이러한 연구자료는 유전적 동질성을 가진 집단이 서로 다른 사회경제체제 하에 분리되어 살아감으로써 보여주게 되는 신체적 차이와 생물학적 삶의 질의 차이를 분명하게 보여준다.

몸에 대한 권력의 작용, 이로 인한 권력의 각인은 운동선수에 관한 연구에서 찾아볼 수 있다. 남상우와 이창섭은 운동선수를 지도하는 데서 권력을 가진 자, 즉 코치가 어떤 방식으로 선수를 효율적으로 통제하고 이것이 선수의 몸에 어떻게 나타나는가를 살펴보았다. 이들은 "체중조절 실천과 규율권력 그리고 감시기제의 작동방식"의 연구에서 어떠한 유형의 규율권력이 선수들의 몸에 각인되고 재생산되어 소위 '경제적인 스포츠 체제'에 편입되는가를 밝혔다.[21]

사학위논문, 2008).

19 Hermanussen, M.(1995), "Die Korpergrobe deutscher Wehpflichtiger vor und nachder deutschen Wiedervereinigung", *Die Medizinische Welt* 46, pp. 391-292 ; Voigt, M., Heineck, G., & Hesee, V.(2004), "The relationship between matemal characteristics, birth weight and pre-term delivery : evidence from Germany at the end of the 20th century," *Economics and Human Biology* 2, pp. 265-280. ; Heineck, G.(2006), "Height and weight in Germany, evidence from the German Socio-Economic Paner, 2002," *Economics and Human Biology* 4, pp. 359-382.

20 Komlos, J. & Kriwy, P.(2003), "The biological standard of living in the two Germanies," *German Economic Review* 4(4), pp. 459-473.

21 남상우·이창섭, "운동선수의 체중조절과 실천과 규율권력 그리고 감시기제의 작동방식," 『한국스포츠사회학회지』, 18(2005).

권력은 사회의 모든 영역에 걸쳐 존재하고 작동하면서, 다양한 기술과 전략을 통해 몸에 작용한다. 그 결과 몸은 권력의 작용을 스스로 각인시킨다. 권력의 이러한 작용을 조명한 연구로는 조광익의 연구를 들 수 있다.[22] 그는 여가와 관광은 일상적으로 권력이 작동하는 공간이라고 언급했다. 관광자는 자신의 의지에 의해서가 아니라 권력에 복종해 여가와 관광을 즐기는 것을 자유로운 것으로 여긴다. 이런 점에서 여가와 관광이라는 공간은 순수한 공간이 아니며, 복잡한 권력 망이 작용하고 권력이 관광자를 규율하여 '순종하는 관광자'를 만들어내는 이른바 권력이 작용하는 영역이라고 서술하고 있다.[23] 여기서 말하는 '순종하는 관광자'는 권력의 작용이 몸에 각인된 사람들이다.

사람들은 몸에 대한 권력의 각인을 자기가 선택한 것으로 합리화하면서 의식적으로 받아들인다. 이와 관련해 김인정·이재정의 연구를 들 수 있다.[24] 이들의 연구에서는 의복이 신체의 연장이라는 전제하에 교복에 작용하는 권력의 작용에 대해 밝혔다. 권력이 보이지 않는 전략과 기술로 교복에 어떻게 접근하며 교복착용이 어떻게 되어 학생들에게 내면화되는가를 서술하고 있다. 이들의 연구에 따르면, 권력이 내면화된(권력이 몸에 각인된) 학생은 교복을 입으면서 교복을 착용하도록 강요받았다는 인식이 아닌 스스로 선택한 결과라고 믿는다는 것이다.[25]

---

22 조광익, "근대규율권력과 여가관광 : 푸코의 권력의 계보학," 『관광연구』, 제26권 3호(2002).

23 위의 글, p. 257.

24 김인정·이재정, "교복과 권력 : 푸코적 관점에서," 『교육연구』, 제4권 1호(2008).

25 위의 글, p. 92.

3장 | 북한주민의 신체왜소, 어떻게 접근할 것인가?

1. 연구방향

이 책에서 서술된 내용을 기존연구와 비교하면 몇 가지 차이점을 가진다. 이에 따른 서술방향은 아래와 같다.

첫째, 북한사회 신체왜소와 관련해 생산의 부족과 이에 따른 배급의 실패를 전제로 하여 다루지 않으려 한다. 중공업 우선 정책에 따른 식품생산량의 부족은 당연하지만, 북한 당국이 이것의 증대를 위해 관심을 두어 온 것도 사실이다. 그렇다고 이를 강조하려는 것이 아니다. 신체왜소를 극복하기 위한 북한의 지난기간 대응으로는 극복할 수 없다는 것을 논증하기 위해 이러한 논의과정이 필요했다. 따라서 이 책에서는 북한 당국의 지난 시기 대응을 역추적하여 그 한계를 밝혀낼 것이다.

둘째, 식품이 왜 감소하여 신체왜소가 발생했는가 하는 문제보다 감소한 식품이 어떠한 요인의 작용과 경로를 거쳐 주민들의 식품획득 지위에 영향을 미치게 되고 이것이 신체왜소 확산에 기여했는가를 다룰 것이다.

셋째, 당국이 강요한 '저소비의식'이 어떠한 의지와 생활습관을 갖게 하여 주민들로 하여금 식품 부족의 환경에 대한 적응력을 갖게 했는가 하는 문제에 관심을 둘 것이다.

넷째, 북한 주민 전체에서 찾아볼 수 있는 신체왜소가 국가 권력의 작용에 따른 산물임을 밝힐 것이다. 이를 위해 푸코가 말한 몸에 대한 권력의 각인을 북한사회에 적용할 수 있는지와 여기서 제기되는 문제를 해명하기 위한 논거를 제시할 것이다.

다섯째, 북한사회에서 발생한 신체왜소는 정책적으로 제기된 1970년 대 말부터 시작해 30년이 넘게 지속되어오고 있다. 북한사회 신체왜소가 갖고 있는 생명력을 메커니즘을 통해 밝힐 것이다.

여섯째, 신체왜소를 극복하기 위해 북한이 강구한 대책을 정치·경제 분야를 넘어서 물질적 영역과 정신적 영역을 통해서도 살펴볼 것이다. 그것은 1990년대 대기근 시 더 많은 아사자가 발생하지 않고 신체왜소자 확산으로 나타나게 된 원인이 주민들 속에 확립된 저소비의식이라는 정신적 영역의 작용과 떼어놓을 수 없기 때문이다.

2. 연구의 한계 및 범위

탈북민들은 누구나 북한에 대해 태어난 고향이면서도 떠나올 수밖에 없는 사연에 대한 추억과 쓰라림을 갖고 있다. 탈북으로 인해 북한에 남아있는 혈육, 친척들이 받고 있는 핍박은 과거의 좋은 추억보다 북한체제에 대한 절제하기 어려운 분노에 부채질을 한다. 이로 인해 탈북민 출신 연구자들은 북한연구에서 사실보다는 판단을 앞세우는 경향을 극복해야 하는 과제를 안고 있다. 필자의 경우도 다를 바 없다. 이 책을 쓰면서 객관적인 시각을 유지하려 했으나 표현이나 어법에서 필자의 의도와 다르게 쓰여졌다면 독자들의 양해를 바란다.

일반적으로 신체왜소 발생에는 선천적 및 후천적 요인이 영향을 주고 있다. 뒤에서 상세히 언급하겠지만, 1881~1920년 한반도 주민들의 신장비교 자료나 일제 강점기 조선총독부의 자료에서 알 수 있듯이 북쪽 지역 주민들의 키가 남쪽 지역 주민들에 비해 컸다. 그러나 오늘에는 반대되는 현상을 찾아보게 된다. 이는 광복 후 남북한에 서로 다른 이념을 추구하는 정권이 수립되고 오늘까지 이어오는 과정에 생겨난 것으로 볼 수 있다. 슈베켄티크는 2009년 발표한 논문에서 1995년 북한의 기근과 홍수로 인한 식량난 당시 태어난 아이들이 가장 키가 작은 것으로 집계됐다고 밝혔다.[26] 이애란은 1990년 이전에 이미 성장을 멈춘 집단과 1990년에 성장기를 겪은 집단에 대한 비교를 진행했다.[27] 이에 따르면 1990년에 성장기를 겪은 집단의 키가 평균적으로 작은 것으로 조사되었다. 이는 북한에서 사회 전반에 신체왜소가 만연된 것에는 선천적 요인보다 후천적 요인(사회환경적 요인)의 영향이 더 크다는 것을 보여준다. 따라서 이 책에서는 후천적 요인을 고찰하는데 관심을 두려 한다.

신체의 정상적인 발육과 유지를 위해서는 이에 필요한 영양섭취가 필요하나 북한사회는 식품 자체가 부족한 상황이다. 이 책에서는 북한주민들이 신체성장 및 유지에 필요한 영양성분을 얼마나 섭취하지 못하여 신체가 왜소해졌는가에 대한 영양학적 분석보다는 어떠한 정치·경제적 및 사회·심리적 요인이 신체왜소 발생과 확산에 영향을 주었는가 하는 문제에 관심을 두고 있다.

이 책에서는 신체왜소가 체제에 미치는 영향보다는 발생과 관련한 문제에 관심을 두고 있다. 그러므로 신체왜소가 국가경쟁력에 미치는 영향에 대해서는 고찰하지 않고 있다.

신장을 증진하기 위해서는 활동에는 개인의 노력이 필요하다. 북한

26 《한국경제》, 2010년 9월 17일 .

27 이애란, "1990년대 전후 북한주민의 식생활양상 변화,"(이화여자대학교 박사학위 논문, 2008).

에서는 이와 관련한 집단적 활동이 강조되고 주민들은 수동적으로 참여하기 때문에 이 책에서는 집단적인 키 크기 운동에 대해 살펴보려 한다.

3. 용어해설

북한에서 개별주민 차원의 신체왜소는 오늘날 주민 전반의 신체왜소로 이어졌다. 이는 특정 주민이나 지역에 국한된 신체왜소자의 증가가 아니다. 증가라면 대체로 정량적 측면을 나타내는 것으로 방향과 속도가 중요시되지 않는다. 북한에서는 1990년대에 들어서면서 특정 주민(간부)과 지역(평양시)의 차이와 무관하게 신체왜소가 사방으로 급격히 퍼져 나갔다. 이러한 점에서 이 책에서는 '신체왜소 확산'이라는 표현을 쓰고 있다.

북한주민 신체왜소라 하면 개별주민 혹은 주민 전반 신체왜소를 의미하는지 불명확하다. 이 책에서 논의하는 북한사회 신체왜소는 주민 전반의 신체감소 뿐 아니라 지적능력의 하락, 경제활동 능력의 저하에 따른 국가경쟁력의 약화를 의미한다. 이러한 점에서 북한주민 신체왜소가 협의의 개념이라면, 북한사회 신체왜소는 광의의 개념이라 할 수 있다.

북한에서 개별적 주민에게서 신체왜소가 발생한 시점과 사회 전반에 확산된 시점은 다르다. 전자는 1970년대 말이었지만, 후자는 1990년대 "고난의 행군"시기였다. 이 책에서 논의하는 신체왜소 발생은 후자를 뜻한다.

이 책에서 식품생산은 두 가지 의미가 있다. 국가에 의한 계획적인 생산과 시장에 의한 자율적인 생산이다. 이와 마찬가지로 식품공급도 두 가지로 구분된다. 즉 국가가 진행하는 식량공급기관과 상업유통기관을 통한 식품공급과 개인의 경제활동에 의해 이루어지는 시장을 통한 식품공급이다. 이 책에서 식품공급이라 하면 국가계획에 따른 식품공급을 의미한다.

북한의 공식문헌을 보면 식량공급이라는 표현을 쓰고 있으나 식량배급이라는 표현이 통상적으로 쓰이고 있으므로 식량공급과 동의어로 쓰려 한다. 이밖에도 시장을 통해 자율적으로 식품을 마련하는 것을 식품구입으로 표현했다.

1970년대 초 청소년들의 신체왜소 경향이 처음 발견된 이후 북한당국은 성장식품생산에 대한 투자를 늘리는 한편, 어린이영양전문연구소를 세우고 키 크기 대중운동을 전개하는 등의 대책을 세웠다. 이를 두고 필자는 북한이 나름대로 노력을 기울였다고 생각했었다. 이는 발생초기의 대책이었을 뿐 시간이 지나면서 신체왜소의 확산 방지를 위해 개별주민의 신체왜소로 국한시키는 대책에 관심을 두었다. 따라서 필자는 신체왜소를 극복하기 위한 북한당국의 활동을 노력(努力) 대신 대응이라고 표현하였다. 대응(大應)이란 "어떤 일이나 사태에 맞추어 태도 행동을 취하는 것"[28]으로 땀을 들이거나 애쓰는 것과 같은 태도를 뜻하지 않기 때문이다.

이 책에서는 북한 원전의 내용이 적지 않게 인용되었다. 내용의 의미를 분명히 하기 위해 북한식 표기법을 그대로 사용했다.

---

28 김무상, 『국어대사전』(서울 : 금성출판사, 1991), 711쪽.

2부

신체왜소에 대한 이해

신체왜소란 무엇인가? 북한사회에서는 어떠한 모습으로 나타나고 있는가? 푸코가 말한 권력의 몸에 대한 각인을 통해 살펴보는데 쟁점은 무엇인가? 이러한 질문에 대한 대답과 함께 북한사회 신체왜소를 다루는 데 필요한 기초적인 개념을 설명하려고 한다. 또한 북한주민들에게서 나타난 신체왜소와 관련한 통계자료, 통일 전 동서독 주민간의 신장차이에 대해서도 살펴볼 것이다.

1장 | 신체왜소의 정의와 구분

1. 신체왜소에 대한 정의

왜소(矮小)는 "몸뚱이가 작고 초라한 경우"를 뜻한다. 일반적으로 신체왜소는 하나의 혈통이나 문화로 이루어진 공동체 내에서 동년·동성의 정상인에 비해 신장이나 체중, 몸 전체의 크기가 현저히 작은 상태라 할 수 있다.

신체왜소에서 쉽게 눈에 띄는 것이 신장이다. 신장은 유전적 요인에 의해 먼저 결정되고, 다음으로 영양 상태에 영향을 미치는 환경적 요인과 사회경제적 요인에 의해 결정된다.[1] 만일 유전적 요인을 제외한다면, 영양상태(순 영양상태의 누적)가 신장의 성장에 결정적 영향을 미친다고 할 수 있다. 신장이 작아지는 것은 영양분이 부족하여 이를 제대로 섭취하지 못했거나 영양분이 있다고 해도 흡수장애가 있는 경우 발생한다. 한마디로 영향결핍에 의한 것으로 볼 수 있다.

영양결핍은 인체의 섭취 혹은 흡수에너지보다 소비에너지가 많은 경우 발생한다. 섭취에너지가 적은 경우 흡수에너지가 절대적으로 부족하므로 영양실조로 이어질 확률이 높다. 반면에 섭취에너지가 많다고 해도 병적원인으로 흡수효과가 낮은 경우에도 영양결핍에 걸릴 수 있다. 영양결핍이 심각하지 않을 때에는 이에 따른 영양대책을 세우면 원상태로 회복할 수 있다. 그러나 과도한 수준에서 섭취에너지가 모자라면 아사로 이어진다. 다만, 신체가 장기간의 식품 부족상황에 적응되어 있으면(정신영역의 작용) 다른 결과가 발생한다. 체중감소가 나타나고 이것이 고착되어 신체왜소로 이어진다. 이런 점에서 신체왜소는 만성적 영양결핍이 굳어진 상태라고 말할 수 있다.

영양결핍의 유형에는 여러 가지 형태가 있는데 일차성 혹은 이차

---

1 이를 함수로 표시하면 다음과 같다.

$h = h(gn)$ 여기서 h : 신장

g : 유전적 요인

n : 순 영양상태의 누적

순 영양상태의 누적=총 영양섭취-(신진대사 유지에너지+노동과 여가로 소모된 에너지+질병으로 소모된 에너지+기타 환경적 요인으로 소모된 에너지)

성 영양결핍으로도 나눈다.[2] 일차성 영양결핍은 체내 흡수능력이 정상임에도 저소득층에서와 같이 경제적 문제로 전반적인 영양소 섭취가 부족하여 나타나는 영양결핍 증세이며 이차성 영양결핍은 병적요인이나 편식 등으로 흡수능력이 비정상적이어서 발생하는 증세이다. 어떠한 유형의 영양결핍이든 신체왜소로 이어진다. 북한주민 전반에서 찾아볼 수 있는 신체왜소는 일차성 영양결핍 때문에 발생한다고 할 수 있다.

인간생활에서 영양부족은 식품 부족으로부터 야기되는데, 이에 따른 식생활유형은 주·객관적 요인에 따라 몇 가지로 구분할 수 있다. 아래의 〈표 2-1〉에서 볼 수 있듯이 이상적인 식생활은 식품소비 욕구가 높은 것에 상응해 식생활 만족도가 높은 상태이다. 반면 영양부족이 발생하는 세 가지 식생활 유형으로는 식품소비 욕구가 높은데 비해 식생활 만족도가 낮아 상시 불만적인 식생활을 해나가는 유형, 식품소비 욕구가 낮으나 현재의 식생활에 안주하는 유형, 식품소비 욕구도 낮고 식생활만족도도 낮은 이른바 되는대로 식생활을 해나가는 유형이 있다.

〈표 2-1〉 식생활 만족도와 소비욕구에 따른 식생활 유형

구분		식품소비 욕구	
		높음	낮음
식생활 만족	높음	① 이상적인 식생활	② 위안적인 식생활
	낮음	③ 불만적인 식생활	④ 자포자기적인 식생활

식품이 부족한 상황에 처하게 되면 사람들은 불만족스러운 혹은 위안적인 식생활, 자포자기적인 식생활을 해나가게 된다. 그 중 ②번과 ④번은 식품소비 욕구가 낮아서 식품 부족의 상황임에도 심리적 고충이

2 김유정, 『영양판정 및 실습』(서울 : 수문사, 2010), p. 36.

강도 높게 일어나지 않는다. 이 경우 기초적인 식품소비 욕구가 보장되더라도 사람들은 이러한 상황에 적응해 나간다. 그러나 ③번과 같이 식품소비 욕구는 높지만, 식생활에 만족하지 않거나, 또는 ②번과 ④번의 경우라 해도 기초적인 식품소비 욕구가 보장되지 않으면 심리적 고충이 발생한다.

일반적으로 식품 부족이라고 하면 그 수준이 낮고 또 단기적으로 나타난다. 이러한 식품 부족이 단기적으로 그리고 낮은 수준에서 진행되면 이에 대한 적응력이 생겨난다. 그러나 식품 부족이 일정 한계를 넘어서면 인체에서는 신체왜소라는 질적 변화가 발생한다. 식품 부족이 지속되거나 그 수준이 과도할 때 ①번을 제외한 모든 경우에 신체왜소가 발생할 수 있다.

이를 종합해 보면 신체왜소는 식품 부족이 지속적으로 그리고 과도한 수준에서 진행되는 환경에 대한 신체의 적응현상이라 할 수 있다.

2. 신체왜소 증상의 구분

영양결핍은 여러 단계를 거쳐 진행되는데 이를 측정하는 데는 신체계측법, 생화학 조사법 등이 있다. 신체계측법에서는 신장과 체중, 머리둘레, 허리와 엉덩이 둘레비 등을 측정하여 영양결핍 정도를 평가한다. 그것은 개인이 섭취한 영양소의 질과 양에 따라 키와 체중을 포함한 신체의 성장 그리고 유지해 나가는 정도가 다르므로 표준 체격수치와 비교하여 영양상태 판정이 가능하기 때문이다.[3]

신체왜소는 영양결핍에 의한 것으로 이에 따른 증상은 체격의 변화, 다시말해 연령에 따라 체중 및 신장의 감소에서 찾아볼 수 있다. 성장기를 겪은 성인들은 주로 체중이, 성장기 청소년들은 신장과 체중이 감소하는 것을 찾아볼 수 있다. 신체왜소의 초기 증상은 체형, 운동신경의 발달정도 등에 따라 다르다. 대부분 신장이 작아지는 것에서 발견된다. 북한의 경우 1970년대 말 키가 작아지면서 몸이 가로퍼지는 현상으로 나타났다. 초기 북한 당국이 청소년들의 "체격 개조"를 제시한 것도 이것 때문이었다.

신체왜소적 증상은 체격 및 신체의 여러 기관이나 기능(생리적 및 정신적 기능) 변화를 근거로 1~4기로 나누어 볼 수 있다. 1기라 하면 체중은 정상인 반면, 신장의 성장속도가 느려지는 증상이다. 이 경우 몸이 가로 퍼지는 것처럼 보여 전체적으로 체격이 작은 것처럼 보이지 않는다. 2기는 체중과 함께 신장의 성장속도가 동시에 느려지는 증상인데 이 경우, 체격이 작아져 보인다. 1기와 2기에 반해 3기와 4기는 신체기능이 약화되어 합병증이 동반되는 현상이다. 신체왜소가 3기나 4기에 들어서면 대부분 아사로 이어진다. 아사는 식품 부족 환경에 대한 몸의 적응속도와 관계되는데 급진적인 영양결핍이 오면 1기나 2기를 거치지 않고도 3기나 4기를 거쳐 발생할 수 있다.

3 김유정, 『영양판정 및 실습』, p. 54.

〈그림 2-1〉 신체왜소 증상

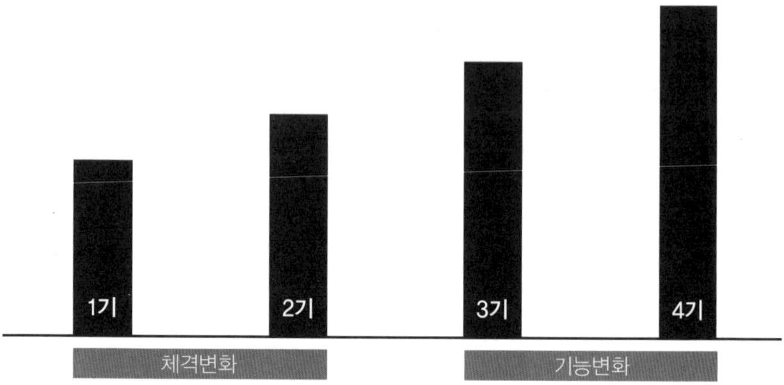

3. 기근과 기아의 관계

가. 기근과 기아

신체왜소를 이해하려면 이것과 연관되는 기근과 기아에 대해 먼저 살펴보는 것이 필요하다. 먼저 기근은 흉년으로 먹거리가 부족해 굶주리는 것을 말한다. 기근의 발생에는 알곡 생산량 감소, 인플레이션, 인구과잉, 식품정책 등 여러 가지 요인이 작용한다. 식량위기라는 단어로 표현될 수 있듯이 기근은 식량의 생산과 소비, 공급과 수요 사이의 불일치 때문에 발생하는 현상이다.[4] 기근은 식품 부족에 따른 경제적 상황, 그 자체에 문제가 있는 것이 아니라 이에 대처한 통치집단의 정책결정 때문

4 위의 책, 같은 쪽.

에 경우가 많다. 기근 상황에 대비해 국가가 어떠한 전략을 세우는가에 따라 해소되거나 커질 수 있다.

국가가 먹거리를 체제유지 수단으로 이용하는 경우, 의도하지 않은 재난(아사)으로 번질 수 있다. 인류가 경험한 기근의 사례를 보면, 천재에 의한 먹거리 부족이 아니라 인재에 의해 발생한 경우가 적지 않다. 1650년에 발생한 러시아 기근의 경우, 황제가 곡물수입을 자유화했음에도 주민들은 곡물가격이 높아 사먹지 못하여 굶어 죽었다.[5] 1974년 방글라데시에서는 식량생산량이 전년보다 감소하지 않았음에도 갑작스러운 인플레이션으로 식량가격이 급등함에 따라 기근이 발생했다.[6] 기근에 따른 피해규모는 이에 직면하게 되는 초기조건, 예를 들면 주민들의 준비 등에 따라 다르다. 그것은 기근이 발생하기 전에 식품이 부족한 환경에 신체가 적응되었는가에 따라 다르게 나타나기 때문이다.

한편 기아는 생체에 필요한 영양소(물 포함)가 결핍된 상태를 뜻한다.[7] 식량 지원이나 어린이 영양 식품 지원 등의 목적으로 방북 경험이 있는 사람들이 증언하는 바를 통해, 기아 현상을 확인할 수 있다. 이들은 방북 시 지방의 탁아소와 유치원을 찾아가면 버짐이 핀 어두운 빛의 얼굴색, 까칠까칠한 피부, 누런색의 윤기 없는 머리카락, 불쑥 나온 배, 휘어진 다리를 가진 어린이들이 적지 않은 것을 목격했다고 한다. 이는 지속적인 식품 부족에 따른 영양결핍에 의한 것이다.

기아는 급성 기아와 만성 기아로 구분[8]되는데, 만성 기아는 영양결

---

5 천재석, 『브리태니커 세계 대백과사전』(서울 : 한국브리태니커회사, 2002), p. 181.

6 이석, 『1994-2000년 북한기근 : 발생, 충격 그리고 특징』(서울 : 통일연구원, 2004), p. 15.

7 최태경, 『두산세계대백과사전』(서울 : 두산동아, 2002), p. 131.

8 위의 책, 같은 쪽

핍과 같은 의미로 쓰이는 경우가 많다. 급성 기아는 일시적인 단식 상태를 말한다. 기아를 관측하는 데는 여러 가지 방법이 있다.[9] 식량총생산량과 주민들의 일반적 영양상태와 질병상태, 사망률에 관한 공중보건 상태를 측정하는 방법이 있다. 또한 기아지표를 통해 관측하는 방법도 있다. 여기에는 식량부족에 노력하는 주민들의 포착하기 힘든 행동양상들을 통해 판단하는 방법도 있다. 인도의 기아경제학자 센은 가족단위가 식량을 생산하거나 구매하는 능력이 감소하는 데 반해 식량가격이 증가하면 가족단위는 결과적으로 굶게 된다고 했다.[10]

나. 기근과 기아의 관계

적지 않은 연구 자료를 보면, 기근과 기아를 혼용해 쓰고 있는데 사전적 정의에 따르면 차이를 발견할 수 있다.

〈표 2-2〉 기근과 기아의 사전적 정의 비교

기근(飢饉)[11]	기아(飢餓)[12]
– 본뜻: 흉년으로 먹거리가 모자라 굶주리는 상태 – 바뀐뜻: 최소한의 수요도 채우지 못할 만큼 모자라는 상태	– 생체에 필요한 영양소(물 포함)가 결핍된 상태 – 오랜 기간 동안 계속되는 심한 식량 부족으로 광범위하고 지속적인 굶주림과 쇠약함, 사망을 일으키는 현상

9 나초스 지음, 황재옥 옮김, 『북한의 기아 : 기아정치 그리고 외교정책』(서울 : 다할미디어, 2003), pp. 14-15.

10 위의 책, 같은 쪽.

11 이재운·조규천, 『뜻도 모르는 우리한자어 사전』(서울 : 책이있는 마을, 2005), p. 51

12 천재석, 『브리태니커 세계 대백과사전』(서울 : 한국브리태니커 회사, 2002), p. 181.

이에 근거해 기근과 기아의 차이를 다음과 같이 정리해 볼 수 있다.

첫째, 먹거리 부족의 성격이다. 기근은 먹거리의 양적 부족을 가리킨다면, 기아는 질적 부족을 의미한다고 볼 수 있다.

둘째, 아사로 접근하는 순서에서 차이다. 기근으로부터 기아가 오고 아사에 이르는 것이 보편적이다. 인간이 생존하기 위해서는 음식물의 섭취로 보급되는 단백질·지방·탄수화물 등의 영양소가 필요하다. 기근이 들어 식품이 부족하고 이때문에 음식물을 제대로 섭취하지 못하면 기아에 이르게 되고 결국 사망한다. 과도한 식품 부족의 상황에서 급성 혹은 만성아사로 이어지는가 하는 것은 이에 대한 신체의 적응속도와 관련된다. 즉 식품 부족의 상황을 신체가 급격히 받아들일 수 있게 준비된 상태라면 아사, 즉 급성 기아로 가게 된다. 그러나 점진적으로 받아들일 수 있게 준비되었다면 만성 기아로 가게 된다.

셋째, 용어사용 부문에서의 차이다. 기근은 사회학적, 경제학적 용어로 사용된다면 기아는 의학적 용어로 많이 쓰인다. 예컨대 의학부문에서는 기아를 만성 기아와 급성 기아로 구분하고 있다.[13] 급성 기아에 이르지 않는 상태가 지속되면 기아부종(飢餓浮腫)이 나타난다. 또한 조직이나 장기(臟器)의 세포가 위축되는 생리적 변화가 일어난다. 이러한 상태가 지속되면 신체가 왜소해진다. 이러한 점에서 만성 기아는 식품이 부족한 환경에 인간이 적응한 것으로 볼 수 있으며 이에 대한 댓가이며 흔적이 신체왜소라 할 수 있다.

13 위의 책, 같은 쪽.

〈그림 2-2〉 기근과 기아, 신체왜소 관계

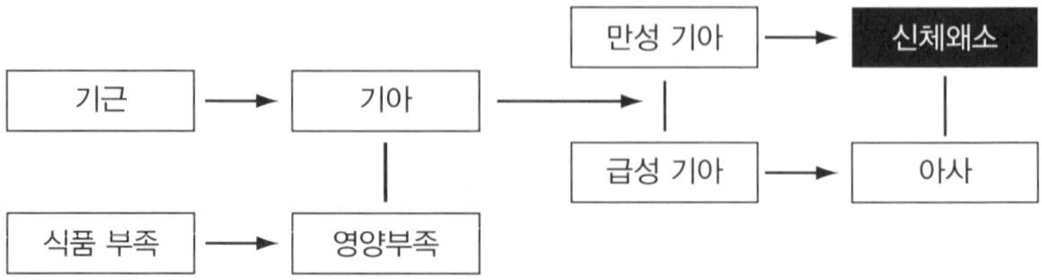

2장 | 신체왜소의 발생 요인과 동학

1. 개인적 차원의 신체왜소 발생 요인

개인적 차원에서 신체왜소 발생에 영향을 주는 요인으로는 선천적 요인과 후천적 요인을 들 수 있다. 선천적 요인으로는 자궁 내 성장발육 지연(IUGR)을 들 수 있다. 자궁 내 성장발육 지연은 태아가 이런저런 원인(엄마의 영양허약, 흡연, 알코올, 마약 복용)으로 엄마의 태반을 통해 영양분을 충분히 공급받지 못한 결과에 의해 발생한다. 엄마의 영양부족은 영유아에게 심각한 영향을 미친다. 영유아기 영양부족은 신체 발육의 지연과 함께 사회인지적 능력저하와 정신발달 이상, 지능저하를 가져온다. 후천적 요인에는 영양성 장애, 만성질환성 장애, 운동부족성 장애, 수면부족성 장애, 스트레스성 장애 등이 있다.

식품은 신체의 정상적인 발육과 유지에 필요한 영양분을 공급해 주는 원천이다. 식품이 지속적으로 과도하게 부족하면 신체왜소가 발생한다. 특히 만성질환이 있는 어린이에게서는 2차적 성장 지연 결과가 발생한다. 예컨대 영유아기에 설사를 계속하면 흡수장애가 생기고 만성적인 영양결핍으로 이어져 성장장애가 오게 된다. 만성질환이 쾌유되어 성장이 진행된다고 해도 만성질환을 앓던 시기에 자라지 못한 부족분의 키는 그대로 남아있게 된다.

신체적 특성에 적합한 맞춤운동은 체력을 단련하고 신체기능을 향상해 건강을 증진하고 성장을 촉진한다. 키가 크기 위해서는 성장판에 적절한 자극이 필요하다. 운동부족으로 성장판 자극이 약하면 다리와 척추의 기능이 약해져 성장속도가 둔화된다. 반면 과도하게 운동을 하면 성장판을 무리하게 자극해 성장을 억제하는 효과를 발생한다. 성장호르몬은 밤에 분비가 이루어지므로 이 시간에 잠을 충분히 자도록 일과를 유지해나가는 것이 필요하다. 여기서 잠을 많이 자는 것이 중요한 것이 아니라 언제, 얼마나, 깊게 잤느냐가 중요하다. 스트레스는 성장호르몬의 분비를 급격히 감소시키는 역할을 한다. 몸에 강한 스트레스를 받으면 아드레날린, 코티졸 등 스트레스 호르몬이 분비되는데 이는 신체의 긴장도를 높여서 성장호르몬의 분비를 억제한다.

〈그림 2-3〉 신체왜소 발생의 개인적 요인

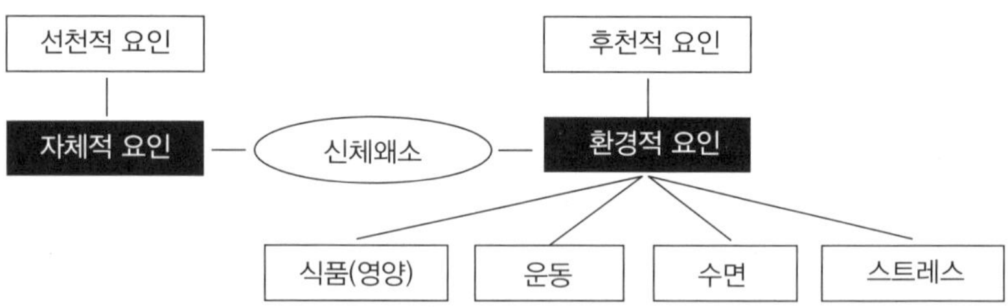

2. 사회적 차원의 신체왜소 발생요인

가. 신체왜소 발생, 어떻게 접근할 것인가?

신체왜소를 발생하는 사회적 차원의 요인에는 여러 가지가 있다. 경제순환에서 보면 식품생산과 분배, 교환, 소비과정에 문제가 발생하여 신체왜소가 발생할 수 있다. 또한 식품이라는 물질적 실체 뿐 아니라 스트레스나 음식기호를 비롯한 정신적 실체에 의해 신체왜소가 발생할 수 있다. 대기근 시 정신적 실체가 미치는 영향은 굶주림에 처했을 때 "굶주림보다 더 무서운 것이 희망을 잃어버리는 것" 이라는 체험자들의 증언에서[14] 잘 알 수 있다. 경제순환의 차원에서 신체왜소 발생을 논의하면 이러한 정신적 실체의 영향을 설명하기 어렵다. 이러한 점에서 정신영역의 작용을 사회생활의 독립적 분야로 고찰할 수 있다. 실제로 사회생활은 물질생활과 정신생활로 구분되기도 한다.[15] 이러한 구분을 통해서 신체왜소에 미치는 정신적 실체에 대한 설명이 가능하다. 사회적 차원에서 발생하는 신체왜소는 두 가지 측면에 대한 동시적인 고찰을 통해 충분한 결과를 이끌어 낼 수 있다. 즉 식품 부족이라는 물질적 영역 뿐 아니라 정신적 영역에 대한 접근이다.

〈그림 2-4〉 신체왜소 발생의 사회적 요인 구분

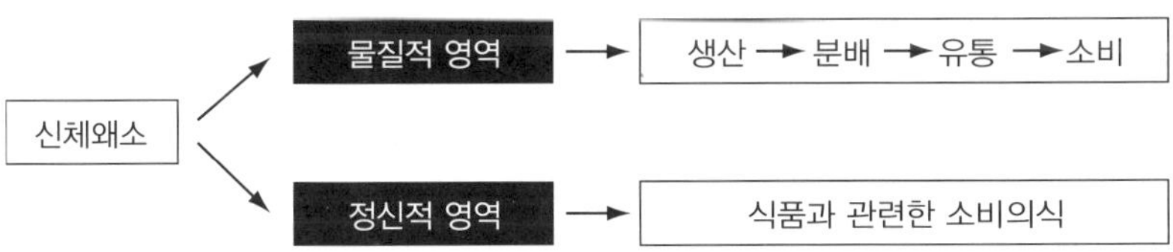

14 박선희·박춘식, "굶주림보다 무서운 것은 희망을 잃어버리는 것입니다."(서울 : 도서출판 시대정신, 2000).

15 황장엽, 『사회역사관』(서울 : 시대정신, 2010), p. 17.

나. 신체왜소 발생요인

1) 식품생산의 투자제약과 식품공급의 부족

사회 전반의 신체왜소 발생에는 식품생산에 대한 투자제약이 큰 영향을 미친다. 식품생산에 대한 국가의 투자 비중이 높으면 그만큼 식품생산이 늘어나게 된다. 식품생산에 대한 투자제약은 생산량 감소를 가져오고 공급영역을 축소하는 결과를 발생한다. 실례로 식품의 1차 원료인 농업부문에 대한 투자가 부족하여 알곡생산이 낮아지면 이에 따른 다른 대책이 없는 한, 식량위기로 이어질 가능성이 크다. 식품생산에 대한 투자는 체제에 따라 다르다. 자유민주체제에서는 국가나 기업에 의해, 사회주의체제는 국가계획에 의해 이루어 진다. 북한에서 식품생산은 국가계획에 의한 투자를 통해 이루어진다. 국방공업 우선 발전정책으로 식품생산 부문에 대한 국가의 투자 비중은 낮다. 이는 알곡생산 부문이나 식품생산 공장들에 대한 자금공급의 축소로 이어진다. 이러한 경우 주민들이 시장을 통해 식품 부족을 해결할 수 있는 길을 열어주어야 한다. 북한 당국은 2003년 종합시장의 운영을 승인한 이후에도 시장에 대한 통제를 완화하지 않고 있다. 이러한 점에서 북한의 식품정책은 식품 부족의 상황을 상시적으로 발생시키는 식품 부족정책이라 할 수 있다.

신체왜소는 식품 부족이 발생하는 경기순환과도 관계된다. 이와 관련해 "다른 요인이 상쇄효과를 가져오지 않는 한, 신장은 대체로 경기가 좋을 때는 증가하고 반대인 경우 줄어든다"는 주장도 있다.[16] 이 경우 경기순환에 따른 식품 부족은 국가나 개인기업의 투자와 연관되어 있다고

16 Komlos and Baur, 2004, p. 58.

볼 수 있다.

한편 생산된 식품이 소비자에게 전달되는 경로 측면, 즉 분배와 유통에서의 문제로 신체왜소가 발생한다. 사회경제적 수준이 높아도 소득의 분배방식에 따라 신장의 증가에 부정적 영향을 미치는 경우도 있다. 노르웨이의 균등 지향 소득분배체계는 국민 개개인의 성장에 긍정적 영향을 주고 있다면, 미국의 불공평한 소득분배체계는 부정적 영향을 주어 미국인의 평균 신장은 20세기 하반기에 걸쳐 감소해 오고 있다는 주장도 제기된다.[17]

북한에서는 식품유통이 국가공급제도에 의해 이루어지고 있다. 국가에 대한 충성도가 높은 집단에 더 많은 식품이 공급됨으로써 그렇지 못한 집단에서는 신체왜소가 발생하게 된다.

2) 식품획득 지위의 보장

북한을 비롯한 사회주의국가 주민들은 부족경제의 운영으로 지속적인 식품 부족에 시달려왔다. 그러나 북한처럼 개별주민 신체왜소 발생으로 이어진 사례는 찾아보기 어렵다. 뒤에서 논의하겠지만, 다른 사회주의 국가에서 대기근 시 북한처럼 주민 전반의 신체왜소로 확산된 것은 더더욱 아니었다. 이는 식품의 부족과 함께 공급 측면에서 또 다른 문제가 있음을 시사한다.

이와 관련해 인도의 경제학자 센(Amartya Sen)이 제시한 "지위접근법"에 관심을 둘 필요가 있다. 지위접근법의 핵심은 식량을 획득할

17 Komlos, J. & Kriwy, P.(2003), "The biological standard of living in the two Germanies," *German Economic Review*, 4(4). pp. 459-473.

수 있는 지위를 상실하는 경우 기근이 발생한다는 것이다. 이로부터 기근의 본질은 "식량이 있는가(to be)에 관한 문제가 아니라 가질 수 있는가(to have)에 가까운 문제"이므로 이에 관심을 두는 것이 중요하다는 주장도 제기된다.[18] 지위접근법에서 말하는 식품획득 지위(entitlement)는 "한 사회에서 각 개인에게 부여된 기회와 권리를 모두 이용하여 그 개인이 획득할 수 있는 재화와 서비스의 총체"를 의미한다.[19] 위의 내용을 종합하면 식품획득 지위는 신체왜소 발생에 미치는 독립적 영역임을 알 수 있다.

센의 지위접근법을 북한사회에 적용한다면, 주민들이 식품을 획득할 수 있는 지위는 식품을 공급받을 수 있는 지위와 식품을 구입할 수 있는 지위로 구분할 수 있다. 전자는 국가 식품공급제도, 후자는 시장제도 운영을 통해 보장된다. 북한에서 주민들은 식품을 국가 식품공급계획에 의해 보장받고 있는데, 체제 운영상 권력이 중앙에 집중되어 있어 권력층 중심의 불균등적인 분배가 용이하다. 이 경우 식품공급 내용에서의 차이로 인해 계층에 따른 신체왜소 발생이 가능하다. 북한은 시장기능을 억제함으로써 식품을 구입할 수 있는 지위를 박탈했다.[20] 이러한 경우 신체적 특성에 따른 식품구입이 어려워 신체왜소가 확산될 가능성이 크다.

이상에서 본 바와 같이 국가 식품공급제 운영을 통해 식품을 공급

---

18 한승훈, "분배의 측면에서 본 북한의 기근," 『KDI북한경제리뷰』(2000년 3월), p. 5.

19 이석, 『1994-2004년 북한기근 : 발생, 충격 그리고 특징』(서울 : 통일연구원, 2004), p. 109.

20 이 책에서는 시장의 기능에 대한 '차단'이 아니라 억제의 표현을 쓰면서도 식품 구입지위의 '박탈'이라는 표현을 쓰고 있다. 그것은 북한 당국이 2003년 종합시장 운영을 통해 시장기능을 수용했지만, 1958년 생산관계의 사회주의적 개조 이전과 같은 시장을 통한 식품 구입에서의 권리를 여전히 보장해주지 않기 때문이다.

받을 수 있는 지위나 시장운영을 통해 식품을 구입할 수 있는 지위는 신체왜소 발생에 영향을 주는 요인으로 작용한다.

3) 저소비의식

가) 저소비의식과 과소비의식

앞서 서술한 바와 같이 신체왜소 발생에는 수면부족이나 스트레스, 음식기호와 같은 정신적 영역인 소비의식이 작용한다.

통상적으로 소비의식은 소비생활에 대한 소비자의 느낌이나 행동에서 나타낸다. 이에 관해 소비제도나 가치현상과 같은 심리적 대상에 의해 방향이 결정되는 감정적인 태도"[21] 혹은 "소비자, 기업, 정부간의 유기적 관계에서 형성된 사회규범에서 소비자의 특정가치 및 행동양식에 대한 태도"[22]라고 정의하고 있다.

소비의식은 소비자와 소비품과의 관계나 다른 소비자와의 비교를 기준으로 과소비의식과 저소비의식으로 나눌 수 있다. 여기서 기준은 세 가지로 구분하여 볼 수 있다. 즉 ① 수입에 비한 지출수준, ② 소비생활의 계획 여부, ③ 외부 시선에 따른 기대효과이다. 수입에 비한 지출의 측면에서 과소비는 소비가 많은 소비자, 저소비의식은 이와 반대되는 소비자들에게서 찾아볼 수 있다. 소비생활을 얼마나 계획적으로 하는가 하

---

21 계선자·변순희, "어머니의 소비자의식과 아동기 자녀의 환경보전 행동에 관한 연구," 『생활과학연구지』, 제11권 2호. pp. 25-40.

22 이재희, "영도구민의 소비자의식과 행동에 관한 연구," 『영도연구』, 제2권. pp. 353-373.

는 측면에서 보면 전자는 무계획적인 생활에, 후자는 계획적인 것에 가깝다. 또한 소비자가 자기의 소비생활을 외부에 보여주기 위한 측면에서 보면 전자는 '과시(示)', 후자는 '저시(示)'적 성격을 강조하려는 의도가 있어 보인다.

〈표 2-3〉 저소비의식과 과소비의식 차이

구분	저소비의식	과소비의식
수입에 비한 지출 수준	적음	많음
소비생활의 계획 여부	계획	무계획
외부 시선에 따른 기대효과	저시(示)적 효과	과시(示)적 효과

과소비 혹은 저소비의식의 확립에는 개인의 성장환경, 국가가 추구하는 소비정책이나 생활양식 등이 영향을 미친다. 소비품 생산의 부족을 발생하는 정책은 저소비의식의 확립에, 과잉을 발생하는 정책은 과소비의식의 확립에 긍정적 요인으로 작용한다.

나) 저소비의식의 표출

북한에서는 소비를 개인적 소비와 사회적 소비로 구분하고 있다.[23] 전자는 노동보수나 개인의 부업경리를 통해 획득한 재화를 통해 개인적 소비욕구를, 후자는 교육이나 보건 등 서비스를 통해 사회적 소비욕구를 충족시키는 것을 보장되는 소비를 의미한다. 소비품이 지속적으로 부족한 상황에서 개인적 소비에 대한 당국의 통제가 강화되면 소비자들 사이

23 한득보, 『주체의 사회주의정치경제학의 법칙과 범주(2)』(평양 : 사회과학출판사, 1992), p. 394.

에 저소비의식이 어렵지 않게 확립된다. 북한 당국은 개인적 소비보다 사회적 소비를 강조하는데 이는 소비부족의 환경에 대한 주민들의 불만을 해소하고 저소비의식을 강요하기 위한 것으로 볼 수 있다.

이 책에서 말하는 저소비의식은 수입의 수준이나 개인적 기대와는 무관하게 국가가 추구하는 생활양식 때문에 소비가 지속적으로 억제되는 의식이다. 저소비의식은 소비생활에 대한 태도뿐 아니라 소비감정의 정체, 내부발산에 따른 이중적 소비심리행태를 통해 나타난다. 소비생활에 대한 태도는 자기의 욕구에 따른 소비를 포기하는 경향이 나타난다. 이러한 경우 자기의 기호에 맞는 음식이나 취향에 따른 옷차림에 무관심한 태도를 찾아볼 수 있다. 정상적 인간은 소비부족의 상황에 대해 감정적으로 반응한다. 소비생활에 대해 불만이나 노여움, 긴장과 불안을 드러내게 된다. 그러나 이러한 감정표현을 금기하는 강력한 통제기제가 작동하면, 인간은 대체로 두 가지 양상을 보이게 된다. 하나는 자포자기한 차원에서의, 다른 하나는 이에 적응하는 차원에서의 소비감정에 대한 표현이다. 전자의 경우 삼성성제 현상으로 이어진다.[24] 감정이 내키는 대로 표현하는 것을 두려워한다. 자기의 신체적 미를 돋보일 수 있는 예쁜 옷이나 기분을 좋게 하는 음식의 맛에 대해 드러내는 것을 숨기려 하거나 있는 그대로 표현하는 것을 어색해 한다. 후자의 경우 소비감정을 음성적 수단을 통해 발산하게 되는데 이로 인해 이중적 소비심리가 형성된다.

24 김병욱, "북한이탈주민에 의한 '북한이탈주민 전문상담' 연구," 『사회과학연구』, 19집 1호(2011), pp. 39-40.

다) 저소비의식과 신체왜소 관계

신체왜소에 미치는 영향에서 볼 때, 저소비의식은 식품소비 통제기구나 시장통제기구의 작동과 다르다. 저소비의식은 정신적 영역에, 식품소비 통제기구나 시장통제기구는 물질적 영역에 작용한다. 물론 이러한 과정이 연관되는 속에 신체왜소가 발생하지만, 엄연히 식량이라는 물질과 이것의 풍족 혹은 부족에 따른 인간의 의식이라는 또 다른 영역이 작용한다. 이러한 점에서 국가의 식품통제에서 식품의 양이나 질이 물질적 영역에 대한 통제라면 소비의식은 정신적 영역에 대한 통제라 할 수 있다.

한편 저소비의식을 확립한다는 것은 식품 부족의 환경에 맞게 적게 먹도록 요구하는 식습관만을 키워주는 것이 아니다. 더욱 중요하게는 부족한 식생활의 환경에 대한 낙관 혹은 비관적인 태도를 가지게 한다. 기근에 직면했을 때 식품 부족이 풀릴 수 있다는 낙관에 기초한 올바른 저소비의식은 만성 기아로, 희망이 없다는 비관에 따른 그릇된 저소비의식은 급성 기아로 이어질 가능성이 크다.

이러한 점에서 개별 주민이나 전반 주민의 신체왜소는 저소비의식이 개인적 및 사회적 차원에서 형성되고 강화되어 온 결과라 할 수 있다.

다. 요인요약 : 신체왜소 발생 3대 요인

위의 논의에서 찾아볼 수 있듯이 식품생산 제약이나 식품소비 통제기구의 작동은 식품의 생산이나 공급과 관련한 것이므로 식품정책의 일환으로 볼 수 있다. 앞서 살펴보았듯이 신체왜소 발생에는 식품획득 지위의 작용이나 저소비의식의 확립이라는 정신적 영역의 작용을 떼어놓을 수 없다. 이러한 점에서 소비생산 제약과 식품획득 지위의 작용, 저소비의식의 확립은 신체왜소를 발생하는 사회적 요인이라 할 수 있다.

북한사회 신체왜소 발생을 생산과 분배(유통포함), 소비라는 세 가지 측면에서 논의한다면 생산은 식품정책, 분배는 식품획득 지위, 소비는 소비의식과 관련한 것으로 논의할 수도 있다. 여기서 식품을 공급받을 수 있는 지위는 식품정책의 일환인 식품공급제 운영을 통해 보장되고 있어 따로 구분하는 것에 의문이 들 수도 있다. 북한에서 식품공급제는 주민들에게 식품의 공급지위를 보장하기 위한 것이 아니라 식품소비를 통제하기 위한 수단으로 기능했다. 뒤에서 살펴보겠지만, 북한당국이 지속적으로 식품배급 수요나 대상, 공급량에 대한 축소를 강행한 것은 식품공급 지위 보장에는 관심이 없었기 때문이다. 따라서 식품획득 지위의 차원에서 또 다른 고찰이 필요하다.

이러한 논의를 바탕으로 북한사회 신체왜소 발생 요인을 식품 부족정책의 실행과 식품획득 지위의 박탈 그리고 저소비의식 확립으로 요약할 수 있다. 이 책에서는 이를 신체왜소 발생 3대 요인이라고 부르고 있다.

신체왜소 발생의 3대 요인 중 식품 부족정책의 실행은 식품 부족을 지속시킴으로써, 식품획득 지위의 박탈은 식품 부족이 과도한 수준에서 이루어지게 함으로써, 저소비의식의 확립은 식품 부족의 환경에 대한 적응력을 유도함으로써 신체왜소 발생에 영향을 준다.

북한에서 식품 부족정책의 실행이나 식품획득 지위의 박달은 저소비의식이 확립되어 있어 지속적인 실행이 가능하다. 식품획득 지위의 박탈은 식품 부족정책의 실행이나 저소비의식의 확립이 있어 효율적이라 할 수 있다. 저소비의식의 확립은 식품소비 욕구를 낮춤으로써 식품 부족정책의 실행과 식품획득 지위의 박탈을 무의식적으로 받아들이도록 유도한다.

〈그림 2-5〉 신체왜소 발생의 3대 요인

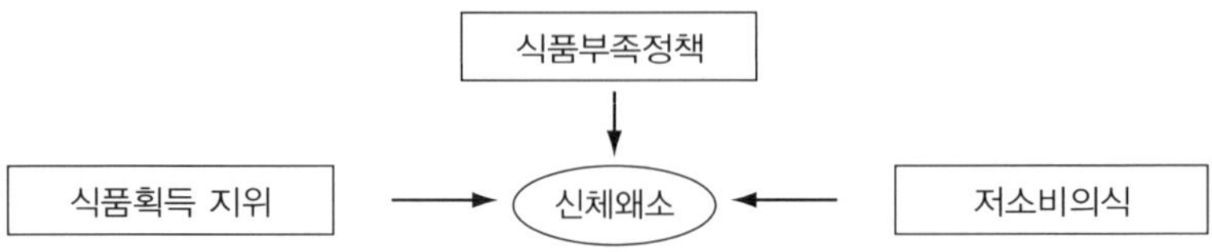

3. 신체왜소 발생의 동학

가. 북한사회 신체왜소 발생과 각인

1) 체제운영과 신체왜소 발생 가능성

신체왜소는 어떤 체제 내에서 발생하는가에 따라 양상이 다르다. 사회주의체제에서 과도한 식품부족이 발생할 경우 자유민주주의체제에 비해 신체왜소가 급격히 확대될 가능성이 높다. 자유민주주의체제에서는 식품생산과 공급이 시장경제에 의존하지만, 사회주의체제는 계획경제에 의존하기 때문이다. 사회주의 체제에서의 식품생산량은 국가계획에 의해 이루어져 자율적인 증가가 어렵다. 자유민주주의체제는 식품과잉, 사회주의체제는 식품부족 상황에 처하는 것이 그 이유 때문이다. 자유민주주의체제는 식품생산 투자가 국가가 아닌 자본시장에 의해 이루어지므로 식품 생산과 공급 부족이 발생할 수 없는 반면, 사회주의국가는 자본시장이 존재하지 않으며 식품공급에 대한 시장의 기능을 억제하고 있어 국가의 투자가 부족할 경우 과도한 소비부족으로 이어지는 경우가 많다.

신체왜소는 개인의 경제적 능력에도 관계된다. 자유민주주의체제에서 신체왜소의 발생이 개인의 경제적 능력 부족과 관련된다면, 사회주의 체제에서는 부족경제의 운영과 관련된다. 따라서 자유민주주의체제에서 신체왜소는 개인별로 발생하지만, 사회주의제체에서는 사회전반의 문제로 발생할 가능성이 크다.

사회주의 체제는 부족경제를 운영하고 있어 주민들이 식품부족에 시달리고 있다. 이에 따라 사회주의 체제는 계층에 따른 식품 우대정책을 실시하며 식품수요에 대한 시장의 기능을 억제하는 대신 배급제 및 공급제 운영을 통해 주민들의 복종을 유도하고 있다. 이러한 식품정책은 신체적 특성에 따른 자율적인 식생활 환경을 억제해서 신체왜소로 이어질 수 있는 환경을 제공한다.

북한은 지난 시기 존재하였던 다른 사회주의체제에 비해 주민들의 식생활을 단순화해서 통제할 수 있는 조건이 양호하다. 그것은 "조국통일"을 위한 전쟁준비, 제국주의 사상 문화 침투 등을 구실로 주민들의 식생활을 통제할 수 있는 명분을 용이하게 내세울 수 있기 때문이다. 이로 인해 개별적인 신체왜소가 주민 전체의 신체왜소로 이어질 가능성이 크다.

2) 독재정권의 권력유지의 동학과 권력의 각인[25]

독재정권은 국가의 중요정책이 공식적인 기구나 절차를 거치지 않

25 김영희·김병욱, "푸코의 몸권력과 북한사회 신체왜소 적용가능성", 『사회과학연구』, 제21집2호(2013), pp 28-29.

고 독재자나 독재정당의 결론에 따라 처리되는 정권의 형태이다.

독재정권은 다수의 지지를 받기 어려우므로 독재자는 소수집단을 통해 권력을 유지해야 한다.[26] 독재자는 주민통치에서 수적 열세로 인한 위기에서 벗어나기 위해 소수집단을 과잉충성집단으로 만들기 위해 노력한다. 이를 위한 방법의 하나는 인위적으로 빈곤을 조성하고 이를 해소하도록 포상을 장려하는 것이다. 그 효과는 사회전반에 절대적인 부족 환경과 상대적 박탈감이 조성되고 개인 소유가 적을수록 높아진다. 독재국가는 개인이 소유를 적게 하도록 개인 소유의 영역과 폭을 제한하며 각종 명목의 조세제도를 운영한다.

독재정권은 소수충성집단에게 더 많은 특혜와 부가 공급되고 상대적인 충족감을 느낄 수 있도록 노력한다. 이를 위해 사회생산물이 소수집단에 더 많이 공급될 수 있는 재분배기구를 운영한다. 독재정권은 경제성장으로 인한 사회적 생산물이 많아져도 다음 세대와 국가의 만년대계 발전이란 미명으로 축적에 돌림으로써 다수가 아니라 소수의 충성집단에게 상대적인 만족감이 보장되는 물질생활 환경을 유지시켜 주기 위해 노력한다.

독재자는 다수를 위한 복지나 물질생활의 여유로움 조성에 관심을 둘 필요가 없다. 재산권 보장이나 법치실현, 주민들의 교육수준의 향상, 낮은 조세유지 등은 소수집단에게 배분될 수 있는 자원을 삭감할 수 있는 수단이 되기 때문이다. 독재정권에서 주는 것만으로 생계가 유지되고 독재정권에 필요한 것만 알면 독재자의 장기집권에 득이 된다. 따라서 주민들의 영속적인 가난과 무지를 방치하거나 조장하는 국정운영수행에 매달리게 된다. 이러한 독재자의 권력 실행은 국민의 몸에 각인되는 결과를 발생시킨다.

---

26 아래의 내용은 박형중, "독재의 정치 및 경제논리-권력교체기 현상을 중심으로" 『KDI북한경제리뷰』, 참조

북한사회는 일당독재체제 속에서 당·정·군이 일체화되었고 수령은 신적존재로 추앙받고 있다. 이러한 독재 환경으로 국가권력의 작용이 개별적이 아닌 주민 전체의 몸에 각인될 가능성이 크다.

나. 신체왜소 발생경로

식품이 오랜 기간에 걸쳐 부족한데, 이를 해결하기 위한 국가의 대책이 부진한 경우, 사회는 과도한 식품 부족상황에 처하게 된다. 이 경우 경제적 능력이 부족해 시장을 통해 식품을 구입하지 못하거나 신체가 건강하지 못한 주민들 속에서는 영양실조가 발생한다. 또한 과도한 수준에서 섭취에너지가 모자라면 아사로 이어진다. 그런데 신체가 장기간의 식품 부족상황에 적응되어 있으면, 다른 결과가 발생한다. 신장이 작아지거나 체중감소가 나타나고 이것이 고착되어 신체왜소로 이어진다.

이상의 논의를 종합해보면, 지속적이고 과도한 식품 부족상황에서는 만성적 영양실조가 나타나며 신체왜소로 이어진다. 이러한 현상은 국가정책(물질 영역 및 정신 영역에 대한 통제)에 원인을 두고 있다. 이처럼 잘못된 국가정책으로부터 시작되어 신체왜소에 이르는 전 과정을 신체왜소 발생경로라 할 수 있다.

〈그림 2-6〉 신체왜소 발생경로

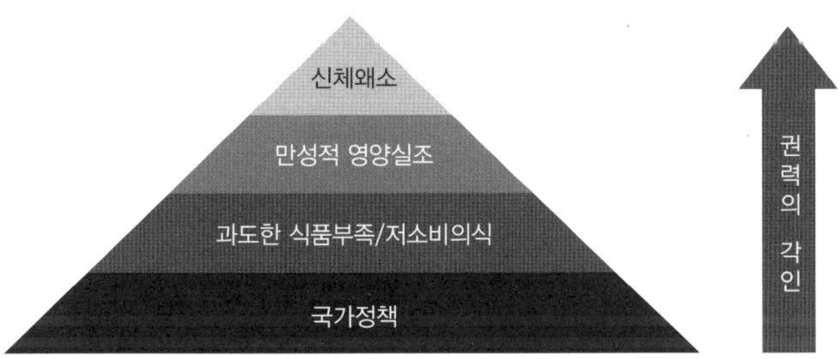

다. 신체왜소 발생의 확산 및 은폐

특정계급 혹은 공동체에서 발생하는 신체왜소는 신체적 특성에 따른 식품소비 욕구를 충족시킬 수 있는 환경이 조성되지 않는다면 확산될 가능성이 크다. 식품이 상대적으로 부족한 상황에서는 신체왜소가 취약 계층이나 지역을 대상으로 수직적으로 확산될 수 있으나, 절대적으로 부족한 상황에서는 특정 주민이나 지역에 무관하게 수평적으로도 확산되어 사회 전반에 만연될 가능성이 크다.

그러나 식품 부족이 신체왜소 확산으로 직결되는 것이 아니다. 시장기능을 억제하여 신체가 요구하는 식품을 제대로 구입하지 못하게 하고 불균형적인 식품을 지속적으로 공급하는 경우, 사회 전반에 영향을 미치게 된다. 국가는 식품 부족으로 인한 아사자 속출이나 만성영양환자의 증가 등이 발생하면 이에 대한 여론 확산을 통제하거나 그 책임에서 벗어나기 위한 대책을 마련한다. 언론의 보도기능을 통제하거나 신체왜소의 결과를 외부세력 혹은 내부 불순세력에 의한 것으로 몰아가게 되는데, 이 때문에 신체왜소가 은폐될 가능성이 크다.

신체왜소 발생 3대요인과 신체왜소 확산 및 은폐는 상호 연관된다. 식품 부족정책의 실행이나 식품획득 지위의 박탈이 신체왜소의 확산에 기여한다면, 저소비의식의 확립은 식품 부족에 대한 주민들의 불만을 약화시키고 식품 부족 환경에 대한 적응을 유도함으로써 신체왜소가 은폐되는데 양호한 환경을 조성한다.

3장 | 푸코의 생명정치와 북한주민 신체왜소

개별적이 아닌 주민 전체의 신체왜소가 특징인 북한사회의 신체왜소 발생에는 후천적 요인(사회 환경 요인)인 권력이 미치는 영향이 크다. 권력은 사람의 내면에 침투하여 정신을 지배할 뿐만 아니라 외면인 몸에도 씌어진다. 북한사회 신체왜소는 권력의 의도가 몸에 각인된 것이다. 이러한 점에서 푸코의 몸-권력 개념을 통해 북한사회 신체왜소를 설명할 수 있다.

1. 푸코와 생명정치

푸코는 인간의 생명이 기술에 의해 조작될 뿐 아니라 자본에 의해 유통되는 등 국가권력에 의해 생명이 관리되는 생명정치(bio-politics)[27]가 도래했다고 언급하였다. 그는 18세기말 등장한 생명정치에 의해 인간의 생명은 더 이상 정치 바깥에 있는 자연적 영역(죽거나 말거나 내버려두는)이 아닌, 국가권력의 조정대상(오히려 살려서 더 써먹을 수 있게 하는)이라고 보

27 푸코가 『성의 역사 : 앎의 의지』에서 처음 사용한 이 개념은 프랑스어로 bio-politique이며, 영문으로는 bio-politics이다. 여기서 bio는 생명을 뜻하는 것으로 삶, 목숨, 생체 등으로 번역이 가능하다.

고 있다.[28] 생명정치로 인해 국민의 생명을 조정할 수 있는 보건의료 시행이나 사회보장제도 운영 등 복지제도가 생겨났다.

푸코는 자연적 생명인 인간이 국가권력의 대상으로 된 점, 정치가 생명정치(bio-politics)로 전환되는 점을 지적하였다.[29] 푸코에 따르면, 고전시대 권력은 칼로 상징되는 권력으로 생명을 죽게 만들거나 내버려둘 수 있는 권력이었다.[30] 고전시대 이후 권력은 죽음을 위한 권리에서 생명을 관리하는 권력으로 이동하였다.

생명을 "죽게 만들던가 살게 내버려두는" 과거의 권력이 오늘에 와서는 살게 하든가 죽음의 환경에서 추방하는 권력으로 변화하였다.[31] 푸코는 생명정치를 18세기에 들어 보건, 위생, 출산, 수명, 인종 등 인구전체를 특징짓는 인구학적으로 제기되는 문제를 해소하기 위해 도입된 통치기술로 보고 있다.[32]

푸코는 생명정치를 두 가지 형태의 권력을 행사하는 양상으로 보았다. 즉 하나는 규율권력이고 다른 하나는 생명권력이다. 전자가 군대나 학교 등에서의 집체 훈련과 교육을 통해 그 활용도를 높이기 위한 개별적 인간의 관리가 목적이라면, 후자는 출생과 사망, 출산과 질병 등에 대한 통제를 통해 전체적 인간의 관리를 위한 것이다.

---

28 진태원, "생명정치의 탄생 : 푸코의 생명권력의 문제," 『문학과 사회』, 75(2006), p. 6.

29 양운덕, "미시권력들의 작용과 생명의 정치 : 푸코의 권력분석틀과 아감벤의 근대 생명정치학 비판," 『철학연구』 제36집(2009), p. 185.

30 허경, "생명권력과 '욕망인의 분석': 미셸푸코의 성의 역사 1-앎의 의지를 중심으로," 『생명연구』, 19집(2011), p. 207.

31 위의 책, p. 208.

32 임미원, "탈근대적 생명정치 개념의 기초적 고찰 : 푸코와 로즈의 생명정치 개념을 중심으로," 『법학논총』 27집 1호(2010), p. 170.

규율권력이 개인의 신체에 집중되는 권력기술을 통해 개별적인 육체를 길들인다면, 생명권력은 전체 인구를 대상으로 양적·질적 규제와 조절을 통해 인구 전체를 개조하려 한다. 개별적 인간 및 인간 전체를 대상으로 개별 육체의 규율과 전체 인구의 조절이라는 각각의 방식으로 신체와 생명을 지휘하는 것이 생명정치이다. 전술한 두 가지 형태의 권력은 인간의 생명에 대한 관리를 목적으로 하며 개별적 인간과 집단적 인간 전체를 대상으로 한다는 점에서 상호보완적이다.

〈표 2-4〉 규율권력과 생명권력[33]

구분	규율권력	생명권력
대상	개별 인간의 신체	인구 전체의 신체
목적	개별 인간능력 최대한 발휘	인구 전체의 생명보존과 증진
수단	감시와 훈련, 처벌	출생과 사망, 출산과 질병 관리

2. 푸코의 몸-권력에 대한 이해[34]

가. 몸에 대한 학자들의 견해

현내사회에서 몸에 대한 의미는 달라지고 있다. 몸은 이제 개인의 정체성 뿐 아니라 가치를 표현하는 수단이 되고 있다. 따라서 우리 사회

33 김영희·김병욱, "푸코의 몸권력과 북한사회 신체왜소 적용가능성" p. 14.

34 위의 책, pp. 14-20.

에서는 몸을 만드는 작업이 유행하면서 우리의 삶과 관련된 관심거리로 등장하고 있다.

몸에 대한 관심은 여러 학자들의 글에서 발견된다. 프리드리히 엥겔스는 『영국노동자 계급의 실태』(1845)에서, "장시간에 걸친 단순노동이(권력작용의 다른 표현) 노동자의 몸에 미치는 영향에 주목" 하였으며 칼 마르크스는 『자본』(1867)에서 "근대적 노동수단이 노동자의 몸을 지배하고 더 나아가 흡수한다."고 지적하였다.[35]

코프만(E. Goffman)은 인간의 사회적 상호작용에서 몸이 갖는 상징적 의미와 중요성을 지적하면서 몸을 통한 자아 연출과 '연기하는 자아'의 개념을 제시하였다. 쉴링(Chris Shilling)은 몸과 정신, 자연과 문화, 생물과 사회에 대한 이분법적 사고에서 벗어나기 위해 노력하였다. 부르디외(P. Bourdieu)는 몸을 가리켜 개인과 집단의 계급적 성격이 상징적으로 각인된 육체자본이라고 하면서 사회적 불평등과 몸의 관계를 분석하였다. 몸의 사회성에 초점을 맞춘 학자들은 몸의 생물학적 속성을 간과했고, 정신에 초점을 맞춘 학자들은 인간 존재의 육체성을 간과(인간의 본능적 속성을 무시)했다는 사실로 비판받고 있다.

생물학적 존재이자 사회적 존재인 인간과 더불어 이를 둘러싼 인간의 몸은 같은 성격을 갖고 있으나 인간의 몸은 독자적인 이해의 대상이 되지 못했다. "동-서양을 막론하고 심신이원론에 기초하여 몸을 마음(정신)에 종속된 일종의 도구나 수단으로" 간주하고 있다.[36] 이에 반해 푸코는 몸을 개인이 아닌 사회적 개인의 것으로 보았다. 사회적 개인이란 규율규범, 정치적 조절 등의 미시적 관계의 결과물로 사회적 개인의 몸은

35 고원, "미셸 푸코와 몸의 역사," 『서양사론』 제104호(2011), p. 89.

36 이을상, "몸의 생의학적 의미와 생명정치," 『철학논총』, 제62집(2010), p. 336.

사회에 예속된 몸의 다른 이름이다.

이러한 전제에서 푸코는 사회적 개인의 몸을 권력과의 관계에서 살피면서 권력의 작용점이 바로 몸이라는 사실에 주목했다. 『감시와 처벌』에서는 "역사적으로 몸은 그것에 가해지는 가시적인 고통을 통해 살펴볼 수 있는 절대권력이 과시되는 장소"였으나 현대에 와서는 몸이 "성(性)을 억압하고 통제하는 사회심리적 상황에서 이에 저항하는 중요한 투쟁영역이 되었다."고 했다. 그는 권력이 몸을 통제하는 방식에 주목해서 사회적 관계나 힘으로 몸을 환원시켰다는 평가를 받고 있다.

나. 푸코와 권력

권력을 들여다보는 학자들의 시각과 관련해 들뢰즈(G. Deleuze)는 여섯 가지로 정리한다.[37] ① 권력은 특정계급에 의해 획득되는 소유물이다. ② 지금까지의 권력은 국가권력인데, 권력 그 자체는 국가기구의 핵심으로 작동한다. ③ 국가기구로 구체화 되는 권력은 하부구조에 상응해 특정한 생산양식에 종속된다. ④ 권력은 어떤 본질을 갖는 속성인데 권력을 소유하는 자와 소유하지 못한 자를 구별해준다. ⑤ 권력은 폭력과 이데올로기라는 두 가지 요구에 따라 작동한다. ⑥ 권력은 법률을 통해 행사된다.

들뢰즈가 정리한 권력에 대한 논의는 경제적 관점에서 권력을 살펴본 것으로 볼 수 있다. 푸코는 권력이 소유나 교환이 가능한 어떠한 실재라서, 국가나 지배자라고 인식하지 않으며, 라이히나 니체의 가정처럼 권력이 폭압이나 억압이라는 메커니즘을 통해 발휘되는 것으로도 인식하

---

37 질 들뢰즈, 허경 옮김, 『푸코』(서울: 동문선, 2003), pp. 48-56.

지 않는다.[38]

푸코는 탈자유주의적, 탈마르크스주의적 시각에서 권력을 인식하고 있다. 이러한 인식을 여섯 가지로 정리해 볼 수 있다.

첫째, 권력은 소유 가능한 실체나 사물이 아니라 전략이고 관계이다. 푸코는 권력을 어떤 개인이나 집단이 장악할 수 있는 물건이 아니며 사회적 관계 속에서 행사되고 변화되는 관계라고 인식하고 있다.[39] 1975년에 출간된 『감시와 처벌』에서 "권력이란 소유가 아니라 행사되는 것이며, 지배계급이 획득하거나 보유한 특권이 아니라 차지하게 되는 전략적 입장의 총제적 효과"라고 서술하였다.[40]

둘째, 권력을 설명하는 것이 아니라 설명되는 것, 동인으로 규정하고 있다.[41] 즉 권력은 다른 것에 의해 생산되기보다 스스로 생산적 역할을 하는 것이다. 권력이 인간을 억압통제하는 것은 사법적 특성의 측면에서만 권력의 작용을 본 것이다. 권력은 훈련과 교육을 통해 군기 잡힌 군인 뿐 아니라 지적능력이 있는 인재를 양성해낸다.

셋째, 권력의 존재 및 작용방향과 관련해서 다른 견해를 제시한다. 전통적인 권력이론은 정치나 경제분야와 같은 특정한 분야에서 권력이 발생되는 것으로 이해하고 있지만, 푸코는 권력이 다양한 사회관계 속에 내재한다고 주장한다. 권력이 위에서 아래로 일방적으로 전달되고 행사되는 것과 반대로 아래에서 위로 향하는 상승 메커니즘으로 변화되었다고 서술한다.

---

38 강미라, "메를로퐁티의 몸-주체와 푸코의 몸-권력의 비교", p. 71.

39 질 들뢰즈, 허경 옮김, 『푸코』, pp. 257-258.

40 Michel Foucault, Surveiller et punir : Naissance de la prison, Gallimard, 1975. p. 31.

41 조광익, "근대규율 권력과 여가관광 : 푸코의 권력의 계보학," p. 257.

넷째, 권력의 효과는 공간적인 배치로부터 발생하므로 권력관계는 행사자가 누구인가에 상관없이 만들어서 유지된다. 푸코는 "통치계급도, 국가기구를 통제하는 집단도, 가장 중요한 경제 결정을 내리는 자들도 한 사회에서 기능하는 권력의 조직망을 관리하지 않는다."고 서술한다. 이는 권력행사자나 피행사자가 권력관계 속에 공존하기 때문에 권력관계를 더 중요시 한다는 것을 의미한다. 따라서 영원한 지배자도 피지배자도 없으며, 이들 사이의 구별은 관계가 규정한 결과이고 배치의 결과일 뿐이다.[42]

다섯째, 권력은 지식과 분리되지 않고 결부되어 작동한다. 권력이 효과적으로 행사되기 위해서는 대상에 대한 지식이 요구되므로 권력은 지식을 생산하고 지식은 일정한 권력효과를 만들어내면서 상호 연관된다.[43] 따라서 개인은 스스로 주체가 되는 것이 아니라 권력-지식에 의해 근대적 주체로 된다.[44]

여섯째, 권력과 저항의 관계에 대해서도 밝히고 있다. 권력이 있는 곳에는 저항이 있으며, 권력관계는 권력망 도처에 존재하는 다양한 저항점과의 관계에서만 존재한다고 서술하고 있다.[45] 여기서 권력에 대한 저항은 특정한 행동을 강제하고 감시하는 권력으로부터 피권력자가 다양한 형식과 상이한 수준을 통해 이것에서 멀어지는 경향을 말한다. 이러한 저항은 권력관계가 시작되는 순간에 형성되며, 권력에서 나오므로 권력이 작용하는 곳에는 저항이 뒤따르게 된다.[46] 단일한 권력이 존재하지 않

42 위의 책, p. 262.

43 위의 책, p. 258.

44 위의 책, p. 260.

45 위의 책, p. 260.

46 미셸푸코, 이규현 역,『성의 역사Ⅰ : 앎의 의지』(서울 : 나남출판, 1990).

듯이 하나의 저항이 아니라 다양한 형태의 저항이 있으며, 권력과 마찬가지로 저항 또한 도처에 불규칙하게 분산되어 있다.[47]

다. 권력의 몸에 대한 각인

푸코는 몸과 권력의 관계에 대해 밝혔다. 그는 근대 권력이 "영토와 부속 영역에만 영향력을 행사했던 무작위적인 왕권과 달리, 인간의 몸과 그 작용에 집중한다"고 서술하였다.[48] 그러면서 "권력이 행사되고 작용하는 지점은 개인이 아니라 몸"이라고 강조하였다.[49]

인간은 권력에 의해 규정된 행동양식을 따르게 되는데 규정된 양식은 몸에 각인되는 과정을 통해 실현된다. 인간은 출근시간, 점심시간, 휴식시간 등 규율이라고 부르는 권력의 작용에 의해 사회질서에 순응하는데, 이런 방식으로 권력은 몸에 각인된다. 이러한 행동이 자발적이든 강제적이든 몸은 권력의 작용이 각인될 수 있는 하나의 재료라 할 수 있다. 그러므로 푸코는 권력이 몸에 각인되므로 몸은 권력이 각인되는 장소라고 서술하였다.[50] 선행연구에서도 몸이 "담론과 권력의 어떤 효과, 권력의 어떤 작용이 드러나는 장소"라고 쓰고 있다.[51]

푸코가 말한 몸은 영혼이 없는 동물과 다를 바 없는 몸이 아니라

---

47 위의 책, p. 272.

48 Michel Foucault, Powers and strategies. In C. Gordon(ED.), Power/Knowledge : Selected Interview writings and Other Writings 1972~1977 (The Harvester Press, 1980), pp. 104-105.

49 고원, "미셸 푸코와 몸의 역사," p. 95.

50 위의 책, p. 96.

51 강미라, "메를로퐁티의 몸-주체와 푸코의 몸-권력의 비교", p. 80.

목적의식적 행위를 하는 몸이다. 그것은 일련의 행위에 앞서 권력의 작용이 몸에 각인되기 때문이다. 장난기 많은 소년이 수업시간에 조용히 앉아있는 것은 학교 규율이라는 권력이 그의 몸에 각인되었기 때문이다.

권력은 몸을 움직이기 위해 여러 수단을 강구하는데 이러한 의도는 특정한 명령의 형태로 몸에 각인된다. 이를 더 확대 해석하면 각인은 두 가지로 형태로 이루어진다고 볼 수 있다. 하나는 사열하는 군인 모습 같은 동적 상태, 다른 하나는 신체왜소 같은 정적 상태로 신체에 각인된다.

각인된 몸은 복종으로 유도한다. 이 경우 복종이 몸에서 표현되는데, 권력의 작용 하에 놓인 몸은 생리적인 몸이 아닌 의도적인 몸이 된다.

라. 각인된 몸과 신체왜소

조각가가 돌이나 나무를 재료로 작품을 만들 때 돌의 결정구조나 나무의 결방향에 관심을 돌리게 된다. 권력은 신체에 대한 조정을 통해 결국 정신을 통제하려 한다. 전통적 정치사상가들은 권력이 신체의 내부에 존재하는 정신에만 작용한다고 보았는데, 이는 국민들이 국가제도에 복종하여 삶을 유지하는 것으로 설명할 수 있다. "그렇지만 권력은 몸 안으로 들어가 합체되거나 내면화 될 뿐 아니라 몸에도 씌어진다. 몸은 권력이 각인되는 장소이고 사법과 생산력의 권력이 교차되는 접점이다.[52]

권력이 인간을 조종하려 할 때 의식과정을 직접 조정하는 경우도 있지만, 신체를 통해 에돌아가는 경우도 있다.[53] 이는 전장에서 활로 장

52 위의 글, p. 82.

53 위의 글, p. 81.

수를 쏘기 보다는 장수가 타고 있는 말을 쏘는 것과 같은 이치이다.

권력이 신체를 통해서도 인간을 조정하기 때문에 그 결과는 신체에서 드러나게 된다. 즉 신체건강이나 신체왜소와 같은 상반되는 결과를 가져오기도 한다. 이는 식품분야에 대한 권력 작용의 결과인데 식품생산과 공급을 내용으로 하는 식품정책을 통해 설명할 수 있다. 신체왜소 발생은 식품정책과 관련이 있지만 직접 연계되지는 않는다. 그것은 국가정책 실행이 경제적 행위를 동반하는 일련의 과정을 거치기 때문이다. 식품생산량이 장기적으로 부족하고 이를 해결하기 위한 국가적 대책이 부진한 경우 과도한 식품부족 상황에 처하게 된다. 이 경우 경제적 능력이 부족해 시장을 통해 식품을 구입하지 못하거나 신체가 건강치 못한 주민들 속에서는 영양실조가 발생한다.

3. 푸코의 몸-권력과 북한사회 적용의 문제점[54]

푸코가 말한 규율권력은 신체의 유용성을 높이기 위해 적용되는 기술이다. 신체의 유용성은 자유권과 생존권 보장 등을 비롯해 인권이 보장되는 조건에서 가능하다. 북한의 인권탄압 현황, 사회통제기구의 작동을 보면 북한은 적용될 수 없는 환경으로 볼 수 있다. 푸코가 묘사한 권력은 자유민주체제의 환경에서 작동하는 권력이다. 작동 환경은 "적대와 억압" 속에서 행사되는 권력, 다시 말해 몸을 일방적으로 지배하는 권력이 아니다. 따라서 북한사회처럼 일방적인 권력이 지배하는 사회에

54 김영희·김병욱, "푸코의 몸권력과 북한사회 신체왜소 적용가능성", pp. 21-23.

적용하기에는 무리가 있다는 의견이 제기될 수 있다.

또한 규율권력은 신체의 유용성을 증가시키기 위해 다양한 수단을 사용함으로써 인간의 몸이 갖는 효율성을 최대한으로 진작시킨다. 이러한 과정에 인간의 신체는 특정한 목적에 맞게 길들여지는데 몸에 각인되는 결과로 나타난다.

푸코는 규율권력이 사용하는 수단으로 다양한 기술, 가령 세부적 규제, 연습, 훈련, 시간사용, 평가, 시험기록 등을 들고 있다. 그러나 앞서 살펴본 것과 같이 북한사회 신체왜소는 식품원천제약과 식생활에 대한 통제, 식품저소비의식의 형성을 통해 발생한다. 그러므로 신체왜소 발생의 3대 요인이 푸코가 제시한 규율권력을 작동하기 위한 훈육수단과 다름에도 규율권력의 작동수단으로 설명할 수 있는가의 문제가 제기된다.

4장 | 북한주민 신체왜소 실태와 특징

1. 역사로 본 한반도 주민의 신장

옛사람으로 불리는 한반도 사람들의 신장은 어떠했을까? 경남 김해시에서 출토된 가야인의 성인 유골을 보면 남성 167.4cm, 여성 150.8cm이다. 고려시대 역시 정확한 평균 신장에 대해 알려진 바가 없지만, 고분군의 유적을 보면 남자는 162.2cm 여자는 156.97cm이다.[55] 조선시대 남성은 신장이 평균 161~166cm로 전해지고 있다. 1894년에 한국을 여행한 영국 왕립지리학회 회원이며 수필가인 이사벨라 버드 비숍(Isabella Lucy Bird)은 저서에서 한국인의 평균 키를 163.4cm라고 했다. 이 수치는 1897년 1월, 서울지역에서 1,060명의 성인 남자를 대상으로 측정하여 얻은 것인데 구체적으로 보면 다음과 같다.[56]

〈표 2-5〉 1897년 한국인의 평균 체격

구분	최대치	최저치	평균
키	179.9cm	145.2cm	163.4cm
가슴둘레	99.7cm	69.9cm	78.7cm
머리둘레	59cm	50.8cm	54.6cm

55 http://blog.naver.com/com/damunjeil(2012년 4월 8일)

56 이사벨라 버드 비숍 지음, 이인화 옮김, 『한국과 그 이웃나라들 : 백년 전 한국의 모든 것』(서울 : 도서출판 살림, 1994), p. 19.

일제강점기 조선총독부 기록을 보면 한반도에서 북쪽 지방으로 갈수록 주민들의 평균 키가 컸다고 한다. 일본의 정치사회학자인 기무라는 1940년 당시 북한 성인 남자의 평균 신장은 163.4cm로 남한주민 162.3cm보다 1.1cm 더 컸다고 밝혔다.[57]

한반도에서 북쪽 지역 주민이 남쪽 지역 주민보다 신장이 상대적으로 컸던 사실은 김두얼, 박희진의 연구에서도 찾아볼 수 있다. 연구에서는 1881년~1920년까지 한반도 사람들의 신장을 북쪽 지역, 중부 지역, 남쪽 지역으로 구분하여 비교했다. 이에 따르면 북쪽 지역사람들의 평균 신장이 남쪽 지역사람들에 비해 큰 것으로 나타났다.

〈그림 2-7〉 한반도 남쪽과 북쪽주민 신장 비교 (1881~1920년)[58]

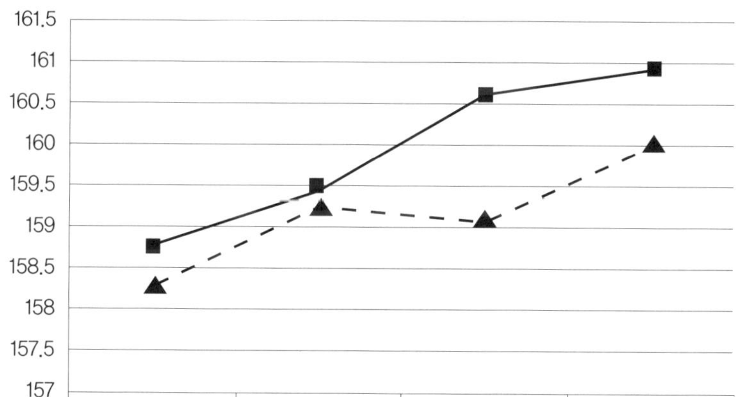

	1881–1890	1891–1900	1901–1910	1911–1920
— 북쪽	158.8	159.4	160.6	160.9
- - 남쪽	158.3	159.3	159.1	160

57 Kimura Mitsuhiko(2001), "North Korean Industry, 1946-1950", *Korea Journal vol.* 41, pp. 199-238.

58 Duol Kim · Heejin Park(2011), "Measuring living standards from the lowest : Height of the male Hangryu deceased in colonial Korea," *Explorations in Economic History,* p. 48

한국은 경제성장 속도에서뿐 아니라 주민의 신장 증가속도에서도 "한강의 기적"을 낳고 있다. 산업자원부 산하 기술표준원이 '신체치수 측정조사 사업' 결과로 내놓은 '한국인 체형 정보'에 따르면 1979년 남성은 167.4㎝, 여성은 155.4㎝이었는데, 2004년에는 남성이 173.2㎝, 여성은 160.0㎝로 과거 긴 시간의 성장 속도보다 최근 25년간의 성장 폭이 월등히 큰 것으로 나타났다.[59]

2. 남북한 주민의 신장차이

남북한 주민의 신장차이는 국내에 들어온 탈북민들을 통해 알 수 있다. 질병관리본부가 2005~2008년 한국에 입국한 탈북민 8,214명(19세 이상 성인 6,967명, 18세 이하 1,257명)을 대상으로 진행한 조사에 따르면, 19세 이상 성인은 탈북 남녀의 평균 신장은 165.4cm와 154.2cm이다.[60] 서울대 의대 해부학교실 황영일·신동훈 교수팀이 "15세기 이래 19세기에 이르기까지 조선시대 116명(남 67명, 여 49명)의 유골에서 채취한 넓적다리뼈를 이용해 평균 키를 분석한 발표 자료를 보면, 조선시대 한국 남성의 평균 신장은 161.1(±5.6)cm, 여성은 148.9cm이다.[61] 두 자료를 종합해 보면, 오늘날 북한주민의 신장이 조선시대에 살았던 주민과 비슷한 셈이다.

1999~2003년에 입국한 탈북민 2,384명에 대한 연령별 신장조사에

59 www.kats.go.kr(검색일 : 2012년 4월 8일).

60 《조선일보》, 2012년 1월 31일.

61 《연합뉴스》, 2012년 1월 31일.

의하면 1953년 전후 출생 여부에 따라 달랐다. 즉 1953년 이전에 출생한 50세 이상 남북한 성인의 신장차이는 1cm 내외로 거의 차이가 없었다. 그러나 이후 출생자들은 나이가 어릴수록 남한 남성과의 신장차이가 큰 것으로 조사되었다.[62] 〈그림 2-8〉에서 보는 것처럼 40대 탈북 남성의 평균 신장은 165㎝, 남한 남성의 평균 신장은 167.9㎝로 2.9㎝밖에 차이가 나지 않지만, 20~21세 탈북 남성(164.9㎝)은 남한 남성(170.8㎝)에 비해 5.9㎝의 차이를 보이고 있다.

〈그림 2-8〉 남북한 연령별 평균신장 비교 (남성)[63]

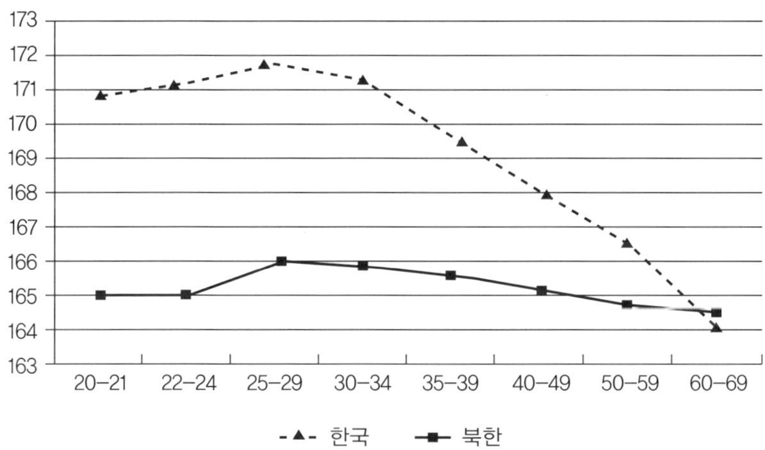

한편 아래의 〈그림 2-9〉에서와 같이 40대 탈북여성의 평균 신장은 154.5㎝, 남한 여성의 평균 신장은 156.5㎝로 2.0㎝밖에 차이가 나지 않

---

62 김혜련, "북한주민의 영양상태 현황과 정책과제," 『북한 보건의료 현황과 남북 보건의료 교류협력 증진방안』, p. 30.

63 Pak, Sun Yong(2004), "The Biological Standard of living in the two Korea," *Economics and Human Biology*, 2. p. 514.

지만 20~21세의 탈북여성(154.0)은 남한여성(160.5)과 비교하면 6.0cm의 차이를 보이고 있다.

〈그림 2-9〉 남북한 연령별 평균신장 비교 (여성)[64]

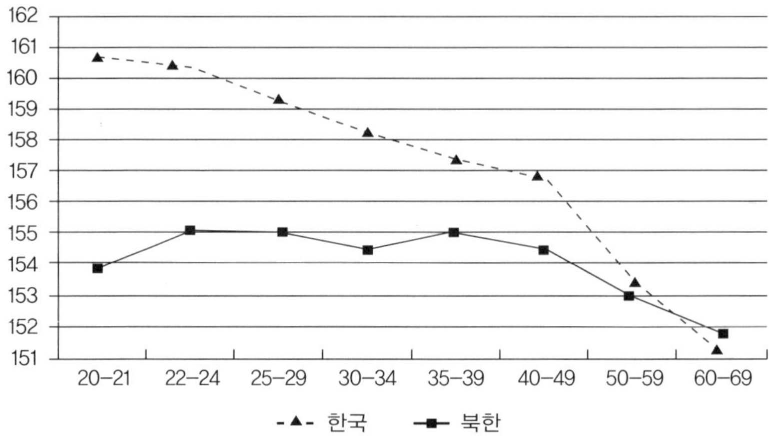

통계청이 발표한 「2011 청소년통계」에 따르면 고등학교 3학년의 경우 남학생은 173.3cm, 여학생은 160.9cm이다.[65] 북한은 남한의 고등학교에 해당하는 중학생들이 졸업할 때 키의 목표치를 남자는 165cm 이상, 여자는 160cm로 내세우고 있다.[66]

남북 간의 이러한 신장차이는 경제발전수준의 차이와 연관이 있다. 연구에 따르면 1인당 국민소득은 성인 남녀의 평균 신장

64 Pak Sun Yong(2004), p. 514.

65 http://kostat.go.kr/portal/korea/index.action(검색일 : 2012년 3월 5일)

66 김송환, "청소년학생들의 키 크기 운동지도에서 나서는 몇 가지 문제," 『교원선전수첩』, 2(2004), p. 143.

과 정의 상관관계에 있다고 한다.[67] 통계청의 발표에 따르면, 2011년 기준 북한의 명목 국민총소득(GNI)은 32조 4,380억 원으로 남한 GNI인 1,240조 5,000억 원과 38.2배 차이 난다. 북한의 1인당 GNI는 133만 원으로 남한의 2,492만 원보다 크게 적다.[68]

3. 북한 주민 신체왜소의 특징적 양상

가. 신체왜소 발생의 일반적 특징

북한주민의 신체왜소 현상에는 일련의 특징이 나타난다. 이는 네 가지로 요약할 수 있다.

첫째, 특정 주민이나 지역에 관계없이 신체왜소가 만연되고 있는 것이다. 1980년대 이전 간부들을 대상으로 한 식품공급소가 운영될 때까지만 하여도 간부자녀 가운데서는 신체왜소자를 찾아보기 어려웠다. 그러나 최근 간부자녀들 속에서도 신체왜소자가 발생하고 있다.

> "옛날에는 간부집 자녀라면 키가 늘씬하고 몸도 좋고 피부도 좋았는데 지금은 그렇지가 않아요. 다들 고만고만 해요. 과거보다 특

67 Steckel, R.(1995), "Stature and the standard of living", *Journal of Economic Literature*, vol. XXXIII, pp. 1093-1940.

68 《아시아경제》, 2012년 12월 27일.

별히 체격이 돋보이지 않아요."[69]

둘째, 나이가 어릴수록 신체왜소적 현상이 심각하게 나타나고 있는 것이다. 이는 탈북 시기별 10세 미만 어린이들의 신장과 몸무게 변화에서 찾아볼 수 있다.

〈표 2-6〉 탈북 시기별 어린이 신장과 몸무게[70]

구분		전체	'99년 이전	'00-'05년	'06-'07년	'08년	'09년
신장	남	110.6	124.4	107.8	107.7	115.8	118.3
	여	112.2	121.7	110.6	108.4	111.3	116.0
체중	남	17.8	24.8	18.2	17.5	16.4	18.2
	여	18.2	19.3	19.2	18.2	15.3	18.5

위의 표에서 볼 수 있듯이 2000년대에 들어 성별에 무관하게 신장과 체중이 점차로 커지는 것을 찾아볼 수 있다. 그러나 2009년 대비 1999년 이전에서 찾아볼 수 있듯이 10년이 되었어도 1999년 이전의 신장과 체중을 따라잡지 못하고 있다. 또한 한국에 입국한 탈북민 성인과 청소년 세대별 평균 키 차이에서 알 수 있다. 북한에서 성장기가 지나서 탈북 한 청소년들은 대부분 165㎝ 미만으로 40대의 탈북성인들보다 키가 작다. 오히려 유년기에 입국하여 한국에서 성장기를 거친 청소년들은 북한에서 성장기를 마친 청소년들에 비해 다소 큰 것으로 조사되고 있다. 이러한 이유는 식품 부족에 따른 조건이 유사할 때, 신장에 미치는 부정적 영향이 청년층보다 나이가 어릴수록 더 크기 때문이다.

69 탈북민 K씨 인터뷰, 2012년 4월 8일.

70 보건복지부 산하 질병관리본부 〈2009년 탈북자 건강관리사업 결과보고〉.

셋째, 북한주민들의 신체가 지속적으로 왜소해지고 있다. 북한은 해마다 중학교(남한의 고등학교) 졸업생들을 대상으로 군 초모(징병)를 진행하고 있다. 북한은 군입대자를 위한 신체검사 합격기준을 지속적으로 하향조정하고 있다. 1994년 이전 북한군 입대 합격기준 가운데서 키의 하한선은 150cm이었으나 지난 2010년에는 145cm로 하향 조정했다. 2012년 들어 각 지역 군사동원부에서는 142cm까지를 합격시켰다고 전해지고 있다.[71]

〈표 2-7〉 북한군 입대 신체검사 합격기준 변화

구분	1994년 이전	2010년	2012년
키(cm)	150	145	142
몸무게(kg)	48	45	40

넷째, 남한에 들어온 탈북민들은 북한과는 비교할 수 없이 풍족한 남한의 식생활환경에서도 신체왜소적 증상이 쉽게 해소되지 않는다. 입국한 탈북어린이와 청소년들은 한국사회 정착과 함께 성장이 회복되는 것처럼 보이지만, 입국 전 영양상태로 인한 부정적 영향을 받고 있다. 이는 아래에서 설명하는 정착 초기와 후기 탈북 어린이와 청소년들의 신장과 체중을 한국의 어린이와 청소년과 비교한 결과에서 찾아볼 수 있다.

나. 탈북어린이와 청소년을 통해 본 신체왜소의 특징

서울대학교 통일평화연구소가 1999년 8월부터 2006년 사이에 입

71 《세계일보》, 2012년 4월 13일.

국한 당시 나이 만 2세에서 만 20세 미만의 탈북 어린이와 청소년 1,193명을 대상으로 조사한 자료를 보면 다음과 같다.[72]

첫째, 탈북 어린이와 청소년들은 한국의 어린이와 청소년들과 평균적으로 비교했을 때 남녀 모두 신장과 체중이 아동기 초기에는 남한 아동과 큰 차이가 없다. 그러나 정착기간이 지나 10대에 들어서면서 남한 아동들과 격차가 크게 발생했다.

둘째, 탈북 어린이와 청소년들의 성장발육수준을 국제기준과 비교했을 때, 신장 성장이 체중 성장보다 저조하게 나타났다. 또한 신장과 체중 그리고 체질량에서 남아의 성장이 여아의 성장보다 저조했다.

셋째, 정착 기간이 늘어남에 따라 성장발육 속도가 둔화하는 것으로 나타났다. 탈북 아동끼리 비교하면 정착 초기 탈북아동보다 정착 기간이 경과한 탈북 아동의 성장발육이 지체되는 것을 찾아볼 수 있다.

넷째, 입국 후 신장 지수가 커지는 것은 뚜렷하지 않지만, 체중과 관련한 지수는 남녀아동과 청소년 모두 주목할 만큼 커진 것이 확인되었다. 이 밖에도 신장과 체중의 발육이 정착기간이 지나면서 유의한 정도로 지체된 것을 찾아볼 수 있다.

이상을 종합해보면, 앞으로 북한지역 주민들의 식생활 환경이 개선된다고 해도 지난 시기 식품 부족 때문에 받은 신체적 영향은 상당기간 남아있을 가능성이 크다.

72 박순영·김혜란·곽금주, 『남한 거주 탈북어린이, 청소년의 신체성장, 심리발달 그리고 복지서비스 욕구에 관한 연구』, 서울대학교 통일평화연구소 통일학연구보고서(05-03), pp. 106-107.

5장 | 독일통일과 동서독 주민의 신장변화

1. 통일에 따른 동독주민의 신장증가

과거의 하나의 국가였던 나라들에서 상이한 체제운영이 주민들의 신장차이로 나타난 것은 통독 전 동서독 사례에서 찾아볼 수 있다. 통독 전 동독주민은 서독주민보다 신장이 크지 않았으나 통일과 더불어 이러한 경향이 극복되고 있다. 그러나 통일이 된 지 10년이 지난 2002년의 연구자료를 보면 통일 전의 신장차이를 완전히 극복하지 못한 것으로 나타나고 있다. 이는 아래의 연구자료에서 찾아볼 수 있다.

〈표 2 8〉 통독 전후 동서독 주민의 신장차이[73]

저자 / 출판연도	주요 연구결과
Hermanussen (1997)[70]	· 1992년에 19세의 서독출신 신입병사의 신장이 동독출신 신입병사에 비해 1.5cm 컸으나, 1994년에는 그 차이가 0.6cm 좁아짐
Komlos & Kriwy (2003)[71]	· 통독 전후 서독주민의 신장이 동독주민에 비해 큰 것으로 조사되었는데 서독남성이 0.7cm, 여성이 1.2cm 더 큼 · 통독 후 동독남성의 신장이 서독남성을 따라잡는 경향이 발견되었으나 동독여성들에서는 발견되지 않음

---

73 이연숙·윤지현·심재은·장수정, 『통일한국의 어린이 영양』(서울대학교 출판문화원, 2010), p. 143. 수정.

74 Hermanussen, M.(1995), "Die Korpergrobe deutscher Wehpflichtiger vor und nachder deutschen Wiedervereinigung", Die Medizinische Welt 46, pp. 391-292

75 Komlos, J. & Kriwy, P.(2003), "The biological standard of living in the two Germanies," German Economic Review, 4(4). pp. 459-473.

Voigt, M., Heineck, G., & Hesse, V.(2004)[72]	· 통일 후 10년이 지나 출생한 동독지역 신생아 체중이 서독지역 신생아를 따라잡는 경향이 발견
Heineck, G (2006)[73]	· 서독지역 주민은 동독주민에 비해 통일 10년 후에도 1.5cm 큰 것으로 나타남 · 다만 동독지역 여성은 서독지역 여성들보다 신장수준이 높아진 것으로 나타남

2. 통독 전 동서독 주민의 신장 차이의 원인

동서독 주민들의 신장차이는 두 체제에서의 자율적인 식생활 환경과 관계된다. 1960년대까지 동독주민들은 설탕이나 커피와 같은 식료 부족을 경험했다. 이후 당국이 서방세계 특히 서독의 외환을 끌어들이기 위해 일련의 대책을 취했는데 이로 인해 식품 부족이 해소되었다. 동독당국은 주민들이 동독 국립은행(Staatsbank)을 통해 서독의 은행에 외화계좌를 개설할 수 있도록 했고 특별 외화상점(Intershop)에서 외화를 주고 서방세계의 식품이나 동독에서 제조된 수출용 식품을 구입할 수 있도록 했다. 이에 따라 동독주민들은 우편제도를 이용해 외국에서 다양한 식품을 구입할 수 있었고 쥬어푸드(Jauerfood)사를 통해 동독 화폐로 외국의 식료품을 구입할 수 있었다.[78] 그러나 국가계획에 따른 식품생산 및 공

76 Voigt, M., Heineck, G., & Hesee, V.(2004), "The relationship between matemal characteristics, birth weight and pre-term delivery : evidence from Germany at the end of the 20th century," Economics and Human Biology 2, pp. 265-280.

77 Heineck, G.(2006), "Height and weight in Germany, evidence from the German Socio-Economic Paner, 2002," Economics and Human Biology 4, 359-382.

78 http://ko.wikipedia.org/wiki/%EB%8F%85%EC%(검색일 : 2012년 8월 15일)

급으로 인해 신체에 필요한 영양분을 섭취하기 어려웠다. 과일과 채소가 부족하여 채식에 따른 균형적인 영양섭취가 불가능했다. 이는 동독지역이 서독지역에 비해 농산물 가격이 훨씬 높은 것에서 찾아볼 수 있다. 예컨대 우유가격은 2배, 돼지고기 가격은 약 4배나 높았다. 동독의 축산물 가격이 높은 것은 아래의 표 〈표 2-6〉에서 찾아볼 수 있듯이 서독에 비해 농지면적의 비중이 낮고 농업취업자수도 적은데 있다.[79]

〈표 2-9〉 통독 전 동서독의 농업부문 비교 (1989년)[80]

구분	단위	동독	서독
농경지면적	백만 ha	6.2	11.9
농업부문 취업자수	%	5.5	10.2
총생산액 중 농업부문 비중	%	7.4	2.4
엥겔지수	%	28	17

동독지역은 서독지역에 비해 식품이 상대적으로 부족했다. 이는 엥겔지수(Gesetz)에서 찾아볼 수 있는데 동독이 서독에 비해 1.6배 높았다.[81]

79 Dam Holger, "통일에 따른 독일 축산의 구조개편과 문제점," 『통일에 대비한 북방권 축산기술과 그 노력전략』, 강원대학교 국제심포지움 발표논문집(1993), pp. 118-123.

80 Dam Holger, "통일에 따른 독일 축산의 구조개편과 문제점", p. 118.

81 일반적으로 엥겔지수는 가계의 총 소비 지출액에서 식료품비가 차지하는 비율을 말한다. 인간이 살아가자면 소득수준과 무관하게 일정량의 식품을 소비해야 한다. 소득이 감소하더라고 반드시 일정금액의 식료품비 지출은 부담하여야 하나 소득이 증가하면 식료품비 지출은 크게 증가하지 않는다. 그러므로 고소득 가구일수록 저소득가구에 비해 식품지출 비중이 낮다. 즉 엥겔지수는 소득 수준이 높아짐에 따라 점차 낮아진다. 보통 엥겔지수가 0.5 이상이면 후진국, 0.3-0.5

또한 서비스 분야의 고용인구 비중이 서독이 57%인 반면, 동독은 38%로 낮았다. 이는 서독에 비해 분배에서의 문제, 자율적인 식생활을 보장할 수 있는 환경에서 문제가 있었음을 시사한다.[82]

독일영양학자와의 서면 인터뷰조사에 따르면,[83] 동독지역 주민들은 서독지역 주민에 비해 빵, 과일, 생선, 육류를 더 많이 섭취하는 경향이 있었고 이에 따라 비타민 A나 D를 많이 섭취했다. 1인당 제빵용 밀소비량은 1980년대 중반 이후 동독지역이 1인당 평균 93kg인 것으로 서독지역(65kg) 보다 높게 나타났다.[84] 서독주민에 비해 곡류나 면류, 과자류, 채소류를 덜 섭취하여 결국 비타민 E나 식이섬유, 마그네슘, 칼슘의 섭취가 낮았다. 통일과 더불어 이러한 문제가 해결되었고 그 결과로 나타난 것이 동독주민들의 신장이 커진 것이라 할 수 있다.

통독 전 동독은 당시의 사회주의나라들 중에서 경제 발전수준이 높아 식품소비 수준이 양호한 나라였다. 그래서인지 북한에서 실행된 것과 같이 식품 부족의 환경에 적응시키기 위한 제도적 대책은 찾아볼 수 없다. 그러나 위에서 살펴본 것과 같이 동독은 식품을 구입할 수 있는 지위의 보장수준에서 서독에 비해 현저히 뒤떨어져있다.

통독 전 동서독 사례는 시사하는 바가 크다. 아무리 경제력이 발전된 사회주의 체제라도 국민에게 전적으로 자율적인 식품소비 환경을 보

면 개발도상국, 0.3 이하이면 선진국이라고 한다. http://search.naver.com/search.naver?where(검색일 : 2011년 9월 3일)

82 Von der Lippe, P.(1996), "Die politicshe Rolle der arntlichen Statistik in der ehemaligen DDR", *Jahrbucher fur Nationalokonomie und Statistik* 215(6), pp. 641-673.

83 이연숙·윤지원·심재은·장수정, 『통일한국의 어린이 영양』(서울대학교 출판문화원 : 2010), p. 149.

84 Dam Holger, "통일에 따른 독일 축산의 구조개편과 문제점", p. 126.

장하는 데는 한계가 있다는 것이다. 또한 자유민주주의체제에서는 시장경제 운영에 따른 개인의 경제적 능력, 사회주의체제에서는 계획경제 운영으로 인한 식품공급제도 운영에 의해 신체왜소가 발생하거나 확산될 가능성이 더 크다는 것이다.

3부

북한사회 신체왜소의 역사적 기원과 등장

오늘날 북한의 주민 전반에서 찾아볼 수 있는 신체왜소의 기원은 한국전쟁 직후로 거슬러 올라간다. 역사적으로 보면, 1950년대부터 1960년대 초반에 신체왜소가 발생할 수 있는 환경이 만들어졌으며, 1970년대 말에는 신체왜소 발생이 정책적 문제로 제기되었다.

1장 | 신체왜소 발생의 기원 : 1950년대-1960년대 초반

1. 식품생산 부문에 대한 투자제한

가. 1953년 중공업 우선 발전정책

북한은 1953년 8월 5일부터 9일까지 진행된 당중앙위원회 제6차 전원회의에서 전후 경제건설의 기본노선으로 중공업 우선 발전정책을 제시했다. 김일성은 전원회의에서 나라의 경제 토대를 튼튼히 하기 위해서는 중공업을 우선 발전시켜야 한다고 했다.

"우리는 전후 경제건설에서 중공업의 선차적 복구 발전을 보장하면서 경공업과 농업을 동시에 발전시키는 방향으로 나아가야 할 것입니다. 그래야 우리나라의 경제토대를 튼튼히 할 수 있고 인민생활을 빨리 개선할 수 있습니다."[1]

이 시기 북한은 중공업을 우선 발전시키는 것이 나라의 국방력 강화와 인민생활 향상을 위한 경제적 밑천을 마련해주는 것이라고 강조했다.

북한의 중공업 우선 정책은 주민생활과 직접 연관된 경공업과 농업보다 국방과 밀접히 연관된 중공업 부문에 대한 우선 투자를 의도한 정책이었다.

중공업 우선 발전정책에 의해 북한은 기계공장, 제철공장, 화학공장 등 중공업 공장들을 복구 신설하는 데 투자를 집중했다. 이에 기초하여 군대와 전체 인민을 무장시킬 수 있는 병기공업에 힘을 넣도록 했다.[2] 이와 같은 중공업 우선 정책의 무리한 추진으로 산업부문 간 구조적 불균형이 심화되었다. 이 시기 제시된 중공업 우선 발전정책은 소비재와 식량 부문에서 어려움을 발생시켰다.

---

1 김일성, "모든 것을 전후 인민경제복구발전을 위하여(조선로동당 중앙위원회 제6차 전원회의에서 한 보고, 1953.8.5.)" 『김일성저작집』 제8권(평양 : 조선노동당출판사, 1980), p. 18.

2 김일성, "병기공업을 더욱 발전시키기 위하여(전국병기공업부문 열성자회의에서 한 연설, 1961.5.28.)" 『김일성저작집』 제15권(평양 : 조선노동당출판사, 1981), p. 132.

나. 1962년 경제국방 병진노선

북한은 중공업 우선 정책을 제시한 후 9년 만인 1962년 12월 10~14일에 진행된 당중앙위원회 제4기 제5차 전원회의에서 경제건설과 국방건설을 병진시킬 데 대한 새로운 정책을 제시했다.

> "우리는 까리브해 위기가 있은 다음 당중앙위원회 제4기 제5차 전원회의에서 경제건설과 국방건설을 병진시킬 데 대한 방침을 제시하고 국방력을 강화하기 위한 대책을 세웠습니다."[3]

경제국방 병진노선이 국방부문의 발전에 상응해 경제부문을 함께 발전시키는 것이라고 하지만, 실제로는 경제부문에 대한 투자가 감소한다는 것을 의미한다. 김일성은 2차 당대표자회의 연설에서 국방건설의 병행으로 인해 경제발전이 지장 받을 수 있음을 내비쳤다.

> "물론 이렇게 하자면 많은 인적 및 물적 자원을 국방에 돌려야 할 것이며 이것은 우리나라의 경제발전을 일정하게 지연시키지 않을 수 없을 것입니다."[4]

이 시기 중국과 소련을 비롯한 공산권의 무상원조·차관 도입액이

---

3 김일성, "기계설비를 더 많이 생산하여 7개년계획의 고지를 점령하는데 이바지하자(룡성기계공장 일꾼협의회에서 한 연설, 1965.2.5.)" 『김일성전집』34권(평양 : 조선노동당출판사, 2000), p. 323.

4 김일성, "현 정세와 우리 당의 과업," 『김일성저작집』20권(평양 : 조선로동당 출판사, 1982), p. 418.

1950년대의 4분의 1 수준으로 떨어졌다는 주장도 있다.[5] 이런 상황에서 경제국방 병진노선은 국방건설을 위해 경제발전의 희생을 요구한 것이다. 노동당 제5차대회에서 김일성은 1960년도 국가예산 지출총액의 19%가 국방부문에 돌려졌지만, 당대표자 회의가 있은 이후인 1967~1969년 동안에는 이보다 더 많은 31.1%가 나라의 방위력을 강화하는데 돌려졌다고 언급했다.[6]

북한은 경제국방 병진노선 수행을 위하여 많은 인적 및 물적 자원을 국방부문에 돌렸는데 이는 식품생산 제약에 상당한 영향을 주었다.

> "우리나라에서 국방건설에 돌리는 자금을 경제건설에 돌린다면 경공업공장들을 더 건설하여 생활필수품도 많이 만들어 내고 살림집도 더 지어 인민들을 지금보다 훨씬 더 잘살게 할 수 있습니다."[7]

이 시기 제시된 경제국방 병진노선으로 식품생산에 대한 투자가 제약될 수 있는 제도적 기반이 마련되었다고 볼 수 있다.

---

5 양문수, 『북한경제의 구조 : 경제개발과 침체의 메커니즘』(서울 : 서울대학교 출판부, 1999), p. 306.

6 김일성, "조선민주주의 인민공화국 인민경제발전 6개년(1971-1976)계획에 대하여," 『조선노동당 대회 자료집』 제3집(서울 : 국토통일원, 1988), p. 114.

7 김일성, "현 정세와 인민군대 앞에 나서는 몇 가지 정치군사과업에 대하여(조선인민군 대대장, 정치부대대장, 대대사로청위원장대회에서 한 결론, 1969.10.27.)" 『김일성저작집』 제24권(평양 : 조선노동당 출판사, 1983), p. 254.

2. 식품소비 통제기구의 작동

가. 식량배급제 운영

식량배급제는 주민들이 자기가 속한 기관, 기업소에 제정된 시간에 출근하여 480분 노동시간을 준수한 정형에 따라 15일에 1회씩 식량을 공급받는 제도이다. 무단결근 1일 혹은 지각 3일이면, 하루 공급되는 식량이 공제된다. 북한은 기관, 기업소에 출근하는 근로자와 그 가족, 배우자에게만 식량을 공급하고 있다. 따라서 미혼여성이나 이혼녀 등 독신여성들은 직장생활을 할 수밖에 없다.

북한사회에서 식량배급제는 광복 후 국유화된 산업분야 종사자들의 생활안정을 목적으로 실시되었다. 1946년 2월 27일 "북조선 임시인민위원회 식량대책에 관한 결정"이 발표되고 다음달 3월 1일부터 시행되었다.[8] 1947년 1월 6일 "식량배급에 관한 조례"를 제시했는데, 여기에는 식량배급 대상과 기준, 대상자 결정 절차와 배급사무 절차들이 구체적으로 명시되었다.[9] 연령별, 직업별로 식량배급량과 내용이 차별화되었다. 배급제의 시행은 1957년 11월 "식량판매를 국가적 유일체계로 한데 대하여"라는 내각결정 102호가 채택된 이후 본격적으로 실시되었다. 북한은 농민들에게서 흰쌀을 82전/1kg에 수매 받아 8전으로 노동자, 사무원들에게 공급했다.

북한은 1958년 생산관계의 사회주의적 개조가 끝난 이후 식량배급

---

8 윤명현, 『우리식 사회주의 100문 100답』(평양 : 평양출판사, 2004), p. 159.

9 북조선인민위원회 사법국, 『북조선법령집』, 1947년 11월 8일. p. 121.

제를 공급제로 전환했다. 이에 대해서는 명확히 밝혀지지 않고 있다. 북한출판물에 따르면 공급제가 자본주의적 경리형태가 존재했던 시기에 실시되었고 전후에 와서 식량배급제가 식량공급제로 전환되었다고 서술[10]한 것을 보면 1958년 생산관계의 사회주의적 개조가 끝난 시기로 볼 수 있다.

북한에서 식량배급제는 노동생산능률을 자극하는 임금 지불 의미의 약화, 배급제에 포함된 평균분배에 따른 노동의욕의 약화, 자유로운 소비활동의 방해 등의 부작용을 발생시키고 있다.[11]

나. 배급제와 공급제의 차이

북한사회에서 배급이라 하면 주로 식량(주식물)을, 공급이라 하면 된장이나 간장을 비롯한 부식물과 세숫비누·신발을 비롯한 생필품을 국가의 공급기준에 따라 국정가격으로 판매하는 것을 말한다.

북한 사전에 따르면, 배급제란 국가가 공급량이 제한된 상품에 대한 분배와 소비를 조절하기 위해 일정한 기준에 따라 상품을 판매 공급하는 제도를 말한다.[12] 식량배급제를 실행하는 것에 대해 "사회주의 국가가 주민들에게 식량을 골고루 차례지도록 하기 위하여 실시하는 국가적 시책"이라고 설명하고 있는 것도 이러한 이유 때문이다.[13]

---

10 사회과학원언어학연구소, 『조선대백과사전』 제12권(평양 : 백과사전출판사, 1999), p. 298.

11 박영자, "북한 일상생활의 식민지화와 탈 식민지화 : 여성생활을 중심으로," 『통일문제연구』, 제16권 2호(2004), pp. 305-307.

12 백과사전출판사, 『조선대백과사전』12권(평양 : 백과사전출판사, 1999), p. 298.

13 백과사전출판사, 『조선대백과사전』15권(평양 : 백과사전출판사, 2000), p. 255.

앞서 언급한 바와 같이 북한은 1958년 이후부터 식량배급제로 전환했다. 그러나 주민들은 오늘날까지도 식량에 대해 배급을 내준다거나 식량공급소 대신 배급소, 식량공급표 대신 배급표라는 표현을 쓴다. 식량배급 및 공급에 대한 이해를 명확히 하기 위해서는 배급과 공급에 대한 개념적 이해가 필요하다. 북한 사전에서는 배급에 대해 "수요와 공급을 조절하기 위하여 일정한 기준에 따라 내어주는 것"이라고 정의한 반면, 공급에 대해서는 "물품을 내어주는 것"이라고 정의하고 있다.[14] 사전적 해석에 의하면 배급은 국가가 의무성을 가지지만, 공급은 이러한 의무가 없다. 배급제와 공급제는 제공품목과 단위, 제공수단과 기준에 따라 차이가 있다.

〈표 3-1〉 배급제와 공급제 비교

구분		배급제도	공급제도
제공품목		식량	주요 기초식품과 생필품 및 특정 상품[15]
제공 단위	지도기관	수매양정성	상업성
	집행 단위	식량공급소	공업품상점, 식료상점, 수산물상점, 과일남새상점
제공수단		배급표	상품공급카드, 우리가정수첩
제공기준		출근일수	가족 수와 가족원 연령, 주거지역 특성

14 사회과학원언어학연구소, 『조선문화어사전』(평양 : 사회과학출판사, 1973), p. 68, 472.

15 특정상품은 주문제에 의해 실시된다. 북한의 주문제는 결혼식이나 환갑, 사망 등이 제기되었을 때 필요한 옷감이나 가구 등을 거주지역의 상점에 주문하면 우리가정수첩에 기록하고 공급하여 주는 제도이다.

20세기 중국과 소련을 비롯한 사회주의 나라에서 실시했던 식량을 포함한 식품공급제는 판매품목의 변화를 기준으로 유동적인 공급제도와 고정적인 공급제도로 나눌 수 있다. 북한의 경우 후자에 속하며 전자의 경우 쿠바를 예로 들 수 있다. 쿠바는 1962년부터 식품공급제를 시행해오고 있다.[16] 북한과 유사하게 리브레타(배급표)를 나누어 주고 시장보다 저렴한 가격으로 구매할 수 있도록 하고 있다. 쿠바의 식품공급제는 공급품목과 양 그리고 운영방식에서 북한의 식품공급제도와 공통점과 차이점을 갖고 있다.

첫째, 공급품목에서 북한과 쿠바는 기초식품들을 정해놓고 있다. 아래에서 언급하겠지만, 식생활 특성을 요구하는 일부 품목을 제외하고는 유사하다고 볼 수 있다. 공급량에서도 북한과 쿠바는 유사하다. 북한은 1980년대 이전에는 15일을 단위로 15일간 생활에 필요한 양을 전액 공급해주었으나 최근에는 국가의 이러한 의무성이 없어졌다. 쿠바 정부가 주민 한 사람에게 한 달분으로 공급하는 식품에는 쌀 2.7kg, 말린 콩 300g, 백설탕 1.4kg, 흑설탕 900g, 커피 100g, 요리용 기름 2컵, 달걀 10알, 소금 300g, 목욕비누 혹은 세수비누 1개, 치약 1개, 파스타 230g, 크래커 450g, 생선 280g, 카카오 230g, 닭고기 230g, 롤빵 30개, 감자 1.9kg, 액체세제 1통 등이다.[17] 이는 약 10일간에 해당한 것으로 모자라는 양은 주민들 스스로가 시장을 통해 해결해야 한다.[18]

둘째, 공급품목이 주민들의 수요와 공급 물량에 따라 바뀐다는 것

16 헨리 루이스 테일러 지음, 정진상 옮김, 『쿠바식으로 산다』(서울 : 삼천리, 2010), p. 211.

17 《연합뉴스》, 2007년 6월 2일.

18 헨리 루이스 테일러 지음, 정진상 옮김, 『쿠바식으로 산다』, p. 211.

이다.[19] 쿠바정부는 과일이나 채소의 생산량이 늘면 시장가격이 낮아지므로 그러한 품목에 대해서는 시장에서 구입하도록 했다. 만약 해당 품목의 생산량이 줄어들어 시장가격이 오르면 다시 공급품목에 넣어 공급하고 있다.

쿠바에서의 식품공급제 운영은 개혁개방의 환경하에서 진행되고 있어 북한의 향후 국가 식품공급제 운영에 적지 않은 시사점을 주고 있다.

3. 식품수요에 대한 시장기능 제거

가. 농업협동화

북한에서 농업협동화는 김일성이 1954년 3월 11일에 내린 지시와 그해 11월에 있던 당중앙위원회 제6차 전원회의 결정과 더불어 추진되었다. 김일성은 농업협동화의 필요성과 관련하여 한국전쟁으로 인한 농업 노력 부족의 해결, 노동집약적 혁신을 통한 농업생산의 성장 등 경제적 관점을 강조했다.

> "농촌에서 모자라는 로력과 축력문제를 해결하기 위해서도 우리는 농업을 협동화해야 합니다. 3년 동안이나 계속된 전쟁으로 말미암아 농촌에서는 로력이 매우 부족합니다. … 좋은 땅을 가지고

19 위의 책, pp. 252-253.

있는 사람도 로력이 부족하여 농사를 잘 짓지 못하며 축력이 없는 사람은 마무리 농사를 잘하려고 해도 잘할 수 없습니다."[20]

북한의 농업협동화 목적은 토지 사유를 철폐함으로써 농촌지역에 대한 국가적 통제를 강화하려는 데 있었다. 당시 농촌지역은 도시지역보다 통제가 덜했고 광복 후 진행된 토지개혁으로 부농화되는 경향이 있어, 당국으로서는 농민들의 사상의식이 변화되는 것을 우려하고 있었다.

" 우리는 농촌에서 부농들이 부단히 산생되고 있는데 대해서 묵과할 수 없습니다. … 부농화하는(되어가는) 사람들은 비록 토지개혁의 혜택을 입기는 했지만 그들의 경리가 점차 자본주의적 성격을 띠게 됨으로써 남조선 반동 층들의 영향을 받을 수 있는 것입니다."[21]

또한 1954년 국가적인 양곡수매 사업을 기피하고 고리대를 놓아 폭리를 취하는 것을 비롯해 국정운영에 저해를 주는 현상이 적지 않았다.

"지금 일부 농민들은 세금을 바치기 위하여 부득이 가을에 쌀을 얼마간에 팔지만, 대부분은 가을에 팔지 않고 봄에 쌀값이 오른 다음에 팔려고 때를 기다리고 있습니다."[22]

---

20 김일성, "농촌경리의 금후 발전을 위한 우리당의 정책에 대하여(조선로동당중앙위원회 전원회의에서 한 결론, 1954.11.3.", 『김일성저작집』 제9권(평양 : 조선로동당출판사, 1980), p. 129.

21 위의 책, p. 127.

22 위의 책, p. 84.

북한은 계급투쟁의 미명아래 농업협동화를 반대하는 현상에 대해 반혁명분자, 파괴암해분자로 명하고 이를 단호히 척결했다.

> "농촌에서 부농이 산생되고 이들에게 주는 반동적 영향이 있는 조건하에서 아직 로골적으로 표면화되는 것은 없다고 하더라도 어쨌든 농촌에서 계급투쟁은 있으며 또 그것이 앞으로 점차 첨예화될 수도 있습니다."[23]

북한에서 농업협동화는 1958년 8월에 완수되었다. 이에 따라 1946년 말 북한의 전체 취업자 인구에서 74.1%에 해당하던 개인농은 1959년 12월에 이르러 사라졌고, 농업협동 조합원의 수는 45.7%로 급증했다.[24]

〈표 3-2〉 북한의 주민구성 (1946~1960년 말)

단위: %

구분	1946년 말	1949년 말	1953년 말	1959년 말	1960년 말
총수	100	100	100	100	100
노동자	12.5	19.0	21.2	37.2	38.3
사무원	6.2	7.9	8.5	13.4	13.7
농업협동 조합원	–	–	–	45.7	44.4
개인농민	74.1	69.3	66.4	–	–
협동가입 수공업자	–	0.3	0.5	3.3	3.3
개인 수공업자	1.5	0.8	0.6	–	–

23 위의 책, p. 127.

24 조선중앙통신사 편, 『조선중앙연감』(평양 : 조선중앙통신사, 1961), p. 321.

기업가	0.2	0.1	0.1	-	-
상인	3.3	1.7	1.2	-	-
기타	2.2	1.8	1.5	0.4	0.3

이 시기 실행된 농업협동화로 협동조합에서 생산된 양곡, 축산물, 과실, 채소 등 농업생산물은 의무적으로 국가에서 수매하고, 조합원들은 상점을 통해 상품을 구매할 수 있었다.[25] 한편 조합원 농호 당 채소를 심어 먹을 텃밭을 30~50평씩 주었으며, 조합의 공동경리에 지장을 주지 않는 범위에서 2~3마리의 돼지와 약간의 닭, 오리, 토끼 등을 기를 수 있도록 했다. 이처럼 개인농이 협동화됨으로써 시장을 통한 식품보장 기능은 현저히 약화되었다.

나. 개인상공업의 사회주의적 개조

북한에서 개인상공업의 사회주의적 개조는 광복 후 1년이 지난 1946년 8월 6일에 공포된 "산업, 교통, 운수, 체신, 은행 등의 국유화에 관한 법령"과 함께 시작되었다. 한국전쟁 이후 북한은 개인상공업의 성장을 막기 위해 이에 대한 사회적 개조를 완료하기 위해 노력했다.

> "전쟁에 의해 몰락했던 개인상공업자들이 처음에는 국수집이나 갈비국집 같은 것을 차려놓았다가 얼마 안가서 큰 상업가로 자라

25 한국농촌경제연구원, "북한의 주요농업관련 법령해설," 『북한농업동향』, 제13권 3호, 2011년, p. 22.(농업협동조합기준규약 초안 : 1958년 11월 24일 농업협동조합기준규약 작성위원회)

나고 있습니다."[26]

"류통부문 일꾼들의 무책임성과 불충실성으로 인하여 국가상업이 개인상업보다 뒤떨어진 형편에 처하여 있습니다."[27]

북한은 개인상공업을 제거하기 위해 강력한 행정적 및 법적 조치에 의거한 고사(枯死)전략을 취했다. 1955년 9월 1일 기업허가제를 실시했는데, 내용은 개인들이 운영하는 기업의 생산업종, 활동지역, 설비와 시설, 노력과 자금 등을 국가가 직접 검토하고 승인하는 것이었다. 또한 개인상공업자들이 국가가 지정한 제품을 생산하고 지정한 지역에서 경제활동을 하도록 하는 것이었다.[28]

1956년 1월 20일 내각결정 11호로 농촌소비협동조합을 내오고 개인상공업자들이 농촌소비협동조합에 망라된 조건에서 공식적인 상업망에 상품을 제공할 수 있게 했다.[29] 북한은 국가 및 협동단체의 생산물이 개인상인들에게 매매되는 현상에 대해 법적으로 금지했다. 또한 중요 필수품에 한해 공급제를 실시함으로써 개인 상인들의 투기 대상으로 되었던 대중소비품을 국영기업이 독점할 수 있게 했다. 이 밖에도 개인상공

26 김일성, "농촌사업을 강화하기 위한 몇 가지 대책에 대하여(조선노동당 중앙위원회 상무위원회에서 한 결론, 1955.2.2.)" 『김일성저작집』 제9권(평양 : 조선로동당출판사, 1980), p. 219.

27 김일성, "모든 것을 전후 인민경제복구발전을 위하여(조선로동당 제6차 전원회의에서 한 보고, 1953.8.5.)" 『김일성저작집』 제16권(평양 : 조선로동당출판사, 1997), p. 24.

28 김영희, 『개인상공업의 사회주의적 개조경험』(평양 : 조선로동당출판사, 1987), pp. 32-34.

29 위의 책, pp. 92-98.

업자들이 감독기관에 수입과 지출을 정확히 보고하지 않고 탈세행위를 하거나 세금납부 의무를 지키지 않는 데 대해 강한 법적 제재를 가했다.

북한 당국의 이러한 노력으로 1958년 이후 개인상공업의 사회주의적 개조가 결실을 보게 되었다. 이에 따라 아래의 표에서 볼 수 있듯이 개인수공업자, 기업가, 상인은 1959년 12월에 이르러 사라져 버렸다.

〈표 3-3〉 사회총생산액을 통해 본 소유형태 (1946~60년)[30]

연도	총계	소유형태별 사회총생산액			
		사회주의 경리형태	그중		자본주의 경리형태
			국영	협동	
1946	100	19.1	18.9	0.2	80.9
1949	100	47.6	43.7	3.9	52.4
1953	100	50.5	45.1	5.5	48.9
1956	100	89.0	60.2	28.8	11.0
1959	100	100.0	68.1	31.9	–
1960	100	100.0	69.1	30.9	–

북한에서는 1958년에 완성된 생산관계의 사회주의적 개조로 개인상공업이 폐지되고 국영유통과 협동상업의 형태로 단일화되었다. 이 시기부터 북한사회에서는 주민들이 시장을 통해 식품을 구입할 수 있는 자율적인 식생활 환경이 억제되었다.

30 조선중앙통신사 편, 『조선중앙연감』(평양 : 조선중앙통신사, 1961), p. 322.

4. 식량절약을 통한 식생활양식 확립

식생활양식은 해당 사회에 사는 사람들이 식생활에서 지켜나가야 할 식생활규범이다. 북한에서 식생활양식 확립에 대한 요구가 강조된 것은 한국전쟁 때부터였는데, 이는 전시상황에 따른 식량부족 때문이었다. 항공기의 폭격으로 농촌지역들에서는 농기계와 기구가 제대로 보장되지 못했고 특히 비료와 축력, 영농자금이 부족했다. 농사를 지을 수 있는 기본노력은 전쟁터에 나가 있었다. 이는 정상적인 농업생산에 지장을 주어 식량부족을 발생시켰다.

북한은 식량낭비 현상을 없앰으로써 식량문제의 긴장을 풀려고 했다. 김일성은 1951년 1월에 열린 노동당 정치국위원회에서 전시 환경에 맞게 식량낭비 현상을 없애라고 구체적 사례를 들어 지시했다.[31] 관혼상제와 연회를 크게 차리는 현상과 강하게 투쟁하며 밀주현상을 금지하고 식량을 이중 배급하거나 부정 배급하는 현상이 나타나지 않도록 양정사업을 더욱 강화하도록 강조했다.

전후 식생활양식을 확립하는 문제가 다시 강조된 것은 전쟁의 피해로 식량사정이 어려웠던 것과 관련된다. 이 시기 북한은 가정들에서 식량을 낭비하는 현상을 없애고 그것을 절약하기 위한 투쟁 강화에 관심을 두었다. 당시 일부 주민들 사이에는 전쟁이 끝났는데 푸짐하게 먹어보자는 인식하에 식량을 낭비하는 현상이 나타나고 있었다. 일부 농민들은

---

31 김일성, "절약투쟁을 강화할 데 대하여(조선로동당 중앙위원회 정치위원회에서 한 결론 1951.1.30.)" 『김일성저작집』 제13권(평양 : 조선로동당출판사, 1995), p. 98.

엿, 떡 등을 지나치게 많이 만들어 식량을 낭비하는가 하면, 쌀로 술을 담가 상업행위를 하는 경우가 적지 않았다. 따라서 식량낭비 현상을 근절하지 않고는 식량부족에 따른 계획적 소비와 저축이 불가능했다.

전후 북한에서 식량절약 문제가 정책적으로 제시된 것은 1956년 12월에 열린 당중앙 전원회의에서였다.[32] 북한은 "증산하고 절약하여 5개년 계획을 기한 전에 넘쳐 완수하자"의 구호를 내걸고 모든 단위에서 절약투쟁을 강화하도록 강조했는데 이러한 사업은 가정에서의 식량절약으로 이어졌다.

식량절약활동은 1960년대 말에 이르러 검소한 식생활에 대한 요구와 함께 높아졌다. 식생활을 검소하게 하는 것이 낡은 생활인습에 따른 식량낭비 현상을 없애고 시대적 요구에 맞게 식생활을 알뜰하게 하는 것이라고 하면서 관혼상제를 비롯한 가정의례에 남아있던 허례적인 격식과 낭비현상을 없애기 위한 사회적 투쟁을 전개하도록 했다.[33]

이러한 북한주민의 저소비의식은 당국이 강요한 식량절약에서 시작되었고 이는 식생활양식을 확립하기 위한 활동과 함께 강화되었다.

---

32 김일성, "사회주의건설에서 혁명적대고조를 일으키기 위하여(조선노동당 중앙위원회 전원회의에서 한 결론, 1956.12.3.)" 『김일성저작집』 제19권(평양 : 조선로동당출판사, 1998), p. 367.

33 백옥련, 『사회주의생활문화사연구』(평양 : 사회과학출판사, 2010), p. 163.

2장 | 신체왜소 확산의 잉태 : 1960년대 중반-1970년대 중반

이 시기 북한사회는 신체왜소가 확산될 수 있는 조건을 잉태하고 있었다. 이는 당시 인구가 증가하는데 비해 알곡생산량이 감소하고 특권경제 운영으로 식품부문에 대한 투자가 제약되고 있음에도 당국이 식품생산의 증가보다 공급 중심의 대책, 식품 부족의 환경에 대한 적응을 강요한 것과 관련된다.

1. 전후 인구증가에 의한 식품 부족

1960년대에 들어 북한에서는 인구증가율이 가파르게 높아졌다. 한국전쟁이 끝난 직후인 1953년 북한의 인구가 850만 명이었는데 1970년에 들어 1,400만 명으로 증가했다. 북한에서도 당시의 한국과 유사하게 베이비붐 세대가 태어난 것이다.

〈표 3-4〉 북한의 공표인구와 추계인구 (1953~2000년)[34]

구분	북한중앙통계국	UN(2008)
1953	8,491	9,438

34 김두섭, 『북한 인구와 인구센서스 분석』, 통계청(2011), p. 2.

1956	9,359	9,831
1959	10,392	10,657
1961	11,049	11,220
1963	11,563	11,735
1965	12,408	12,323
1967	13,112	13,048
1969	13,465	13,847
1970	13,817	14,247

이는 1961년부터 1970년 사이에 인구성장률이 2~3%를 기록했기 때문인데, 이의 원인으로는 전후노력 부족에 따른 인구 출산장려정책의 실행[35], 무상치료제 실시[36], 조산원 및 탁아소 운영 등에 따라 여성의 출산환경과 어린이 보육에 양호한 조건이 마련된 것과 관련된다. 또한 1959년부터 1984년까지 "자본주의로부터 사회주의에로의 민족의 대이동"이라고 북한이 선전한 재일교포들의 북송(9만 3,340명)이 이루어진 것과도 연관이 있다.

그러나 이 시기 식량생산량을 보면 인구증가에 따른 수요를 충족시킬 만큼 높지 않았는데, 이는 알곡 생산량 대 소비량에서 최소수요량을 만족시킨 햇수에서 확인할 수 있다. 1960년대에는 7년, 1970년대에는

35 정영철·장인숙·조은희, 『북한인구의 동태적 및 정태적 특징과 사회경제적 함의』, 한국보건사회연구원, 2011, p. 63.

36 북한은 1952년 11월 부분적 무상치료제도를 실시한데 이어 1960년에는 전반적 무상치료제를 실시했다. 또한 1960년대 초반부터는 소아과 의료담당제를 실시했다. 정영철·장인숙·조은희, 『북한인구의 동태적 및 정태적 특징과 사회경제적 함의』, pp. 292-293.

4년, 1980년대에는 5년 정도였다.[37] 이는 국가의 식품공급 우선순위에서 밀린 취약계층에서 신체왜소가 나타날 가능성이 크다는 것을 보여준다.

2. 특권경제의 등장과 식품 부족

당시 식량 부족에 영향을 준 것은 인구증가 때문만이 아니었다. 이 시기 인민경제가 분화되면서 군사경제와 당경제를 포괄하는 특권경제가 등장한 것이다. 인민경제에 비해 특권경제는 다음의 특징을 가지고 있다. 그 주체가 당과 군이며 운영목적이 체제유지에 필요한 통치자금 형성이다. 북한에서 특권경제는 인민경제가 마비된 상황에서 표면적으로는 경제성장의 돌파구를 열기 위한 목적으로, 내면적으로는 체제유지만을 목적으로 운영되는 경제영역이다.[38]

1960년대 중엽 경제국방 병진노선을 구현하기 위한 활동이 강화되면서, 북한경제 운영에서는 군사경제가 또 다른 영역으로 자리 잡게 되었다. 이러한 조짐은 1966년 10월에 있은 2차 당대표자 대회를 계기로 내각에 제2기계공업부가 신설된 것에서 찾아볼 수 있다. 이를 토대로 하여 1970년 초에 들어 군수공장과 연관단위들을 망라한 제2경제위원회가 설립되었다.

---

37 이민부 외, "북한의 인구와 농업의 변화에 따른 환경문제 연구," 『한국지역지리학회지』, 제14권 6호(2008), p. 712.

38 차문석, "북한 경제의 동학과 잉여의 동선", 『통일문제연구』, 제21권 1호(2009), p. 313.

1973년 9월 노동당 제5기 7차 전원회의에서 김정일이 당비서국의 조직 및 선전선동 비서로 선출되면서 인민경제에서 당경제가 분화되었다.[39] 선전선동부에 이어 조직지도부도 장악한 김정일은 통치자금을 마련하기 위해 별도의 경제체계를 운영했다. 이해 노동당에 39호실이 설치되었다. 39호실은 김정일의 통치자금으로 마련하고 관리하는 부서로 주로 무역으로 자금을 조달했다. 1975년 5월 금수산 5경리부에 김정일의 물품구매를 담당하는 "능라 888무역회사"가 신설되었다. 무역부 산했던 대성무역상사가 1978년 당경제로 배속되면서 대성은행으로 변신했다.

이처럼 이 시기 특권경제의 등장으로 국가 식품공급제도 운영에서는 대상에 따라 차별화 할 수 있는 환경이 마련되었다.

이밖에도 식량부족에 영향을 준 것은 농업생산량이 인구증가에 따른 식량수요를 충족시키지 못하고 있는 것이다. 이 시기 김일성은 이러한 상황을 이례적으로 지적하기도 했다.

> "동무들이 다 아는바와 같이 지난해 우리나라에서는 농사가 잘 안되었습니다. 우리나라에서 농사가 가장 잘 된 해는 1968년입니다. … 그런데 1969년부터는 알곡생산량이 빨리 올라가지 못했습니다. … 인구가 늘어나면 그만큼 농업생산이 빨리 높아져야 하겠는데 지금 우리나라에서는 인구의 장성에 농업생산의 장성이 따라가지 못하고 있습니다."[40]

39 위의 글, p. 320.

40 김일성, "농업생산에서 일대 전환을 일으키기 위하여(농업일꾼 협의회에서 한 연설, 1973.1.17.)" 『김일성저작집』 제28권(평양 : 조선로동당출판사, 1984), pp. 10-11.

3. 식품 부족해결을 위한 북한의 대책

북한 당국은 사회 전반에 조성된 식품 부족에 맞춰서 선택과 집중 전략을 구사했다. 이를 위해 먼저 특권경제 부문 종사자들에 대한 식품 공급에 우선적 관심을 두었다. 북한은 무기생산을 비롯해 군사비밀과 관련한 자료가 외부로 유출되지 않도록 군사경제 부문 종사자들을 엄격히 선별하고 있다. 당경제는 김정일의 통치자금 마련과 김일성 부자의 직계 및 특권층의 생필품 조달 등을 위해 운영된다. 북한은 이러한 부문 종사자들에게 일반부문 종사자들보다 높은 수준의 국가공급을 해줌으로써 자긍심을 가지고 맡은 업무에 열중할 수 있도록 했다. 이 시기 특권경제의 등장에 따른 인민경제 분화는 주민들이 국가로부터 식품을 공급받을 수 있는 지위를 평등에서 불평등으로 전환하는 데 적지 않은 영향을 주었다. 다음으로 간부공급소를 운영하는 데도 관심을 두었다. 이 시기 간부들의 지위(계급)에 따른 간부공급소가 전국에서 운영되었는데, 이것 역시 식품 부족의 상황에 대처하기 위한 것이기도 했다.

북한은 식품공급 수요를 축소하기 위한 대책도 강구했다. 1970년대 말에 들어 산아제한 조치가[41] 실행되었다. 산아제한을 통해 식품공급 수요를 축소하기 위한 노력은 1998년에 개최된 제2차 어머니대회에서 다산운동이 강조되기 전까지 지속되었다.

한편 북한이 발표한 연도별 알곡생산량을 보면 지속적으로 증가하는 것을 찾아볼 수 있다. 이는 김일성의 발언에서 찾아볼 수 있는데[42],

---

41 리기성, 『인구학 개론』(평양 : 과학백과사전종합출판사, 1996), p. 134.

42 정광민, 『북한기근의 정치경제학 : 수령경제·자력갱생·기근』(서울 : 도서출판 시

1960년에는 식량문제가 '기본적으로 해결되었다'고 발표했으며 1962년에는 식량을 자급자족하고 있다고 선전했다.

〈표 3-5〉 연도별 알곡생산량 (1960~1980년)

연도	김일성의 발언
1960년	5개년 기간 중 의식주 문제 기본적으로 해결
1961년	식량문제 완전 해결
1962년	식량의 자급자족을 달성
1970년	쌀문제는 기본적으로 해결, 남은 과제는 부식물 해결
1978년	쌀과 남새문제는 완전해결, 앞으로 과제는 단백질 해결
1981년	인민의 수요에 따른 쌀 공급 목표

북한에서 1971년부터 인구증가율이 2% 미만으로 낮아지고 있는 것을 볼 때 식량위기가 과도하게 조성되었을 가능성이 크지 않아 보인다. 그러나 간부배급소 운영과 산아제한 조치를 지속적으로 실행하여 온 것을 보면 식량생산량에 대한 공표 숫자가 부풀려졌음을 알 수 있다.

이상에서 본바와 같이 이 시기 북한 당국은 식품생산 증가보다 식품공급의 효율성을 높이는 데 관심을 두고 있었다.

4. 사회주의 생활양식 확립

1960년대 중반에 들어 북한은 민생문제보다는 자주적인 국방력을

대정신, 1998), p. 131.

강화하는 것에 더 큰 관심을 가지고 있었다. 국방공업에 대한 투자가 우선시되는 조건에서 북한은 이에 따른 식생활양식을 요구했다.

김일성은 1967년 3월 17일 진행된 도·시·군 및 공장 당 책임비서 협의회에서 생활개조 운동을 통한 의식주 생활의 내핍을 요구했다.[43] 이와 함께 낡은 사회가 남겨놓은 생활양식이 남아있고 제국주의자들의 사상문화적 침투가 지속되어 낡은 생활양식이 되살아날 수 있다고 하면서 사회주의 생활양식을 확립할 것을 요구했다.

생활양식은 사람들이 살아가는 방식이다. 즉 소비생활을 어떻게 꾸려나가는가 하는 것이다. 사람마다 생활양식이 다르다. 국가가 추구하는 생활양식을 반영한 외부 자극이 강하면, 소비자는 이를 나름대로 재구성하여 의미를 부여하여 지각(知覺)한다. 소비자는 외부 자극의 요소들을 조직화하여 나름대로 의미를 부여하고 하나의 전체적인 형상을 갖게 된다.[44] 북한이 말하는 사회주의 생활양식이란 사회주의 사회에 사는 사람들의 활동방식이며 따라서 사회주의 생활양식을 확립한다는 것은 의식주생활의 모든 영역에서 사회주의 생활규범, 사회주의 행동준칙에 따라 모든 사람들이 활동한다는 것을 의미한다.[45]

북한은 사회주의 생활양식을 확립하기 위해 사상교양과 투쟁, 법적 및 사회적 통제에 대한 강화와 사회적 모범을 창조하고 일반화하도록 했다. 요란한 관혼상제 현상에 허례허식의 경향을 경계하도록 했고 이러한

43 김일성, "당사업을 개선하며 당대표자회 결정을 관철할 데 대하여(도, 시, 군 및 공장 당 책임비서 협의회에서 한 연설, 1967.3.17.-24.)" 『김일성저작집』 제21권(평양 : 조선로동당출판사, 1983), pp. 227-228.

44 남승규, 『소비자심리학』(서울 : 학지사, 1999), p. 210.

45 김일성, "조선로동당 제5차대회에서 한 중앙위원회 사업총화보고(1997.11.2.-13.)" 『김일성전집』 제45권(평양 : 조선로동당 출판사, 2002), p. 190.

현상에 대한 법적처벌과 함께 긍정적 사례에 대한 소개 선전에도 열을 올렸다. 당국의 이러한 활동은 1970년대 들어 김정일이 "생산도, 학습도, 생활도 항일유격대 식으로"의 구호 아래 강화되었다.[46] 항일유격대원들을 따라 배운 간부들부터 경제생활을 결백하게 해나갈 것을 강조했다. 김정일은 간부들 속에서 쓸데없는 연회와 동석식사를 비롯한 먹는 놀음판을 벌리지 말며 공급호수에 따른 옷감공급 제도를 없애고 옷감을 수입해오지 말라고 지시했다.[47]

종합해보면 이 시기 북한 당국은 사회주의 생활양식 확립의 미명 아래 식량 뿐 아니라 의류 등 소비생활 전반에 대한 절약을 강조했다. 이는 당시 북한 사회에 소비품 부족이 더욱 심화될 수 있는 환경이 조성된 것과 관련이 있다. 북한은 1970년대 초 서구 자본주의 국가들에서 대규모의 설비를 수입하면서 차관을 들여왔는데 1970년대 중엽 들이닥친 석유파동의 영향을 받게 되었다. 그 여파로 북한의 가장 큰 외화획득 자원이었던 비철금속의 수출량이 대폭 감소함에 따라 외채를 갚지 못해 결국 채무상환 불이행국가 처지에 놓이게 되었다.[48]

이상을 통해 북한에서 사회주의 생활양식의 확립이 소비품 부족을 타개하기 위한 하나의 수단으로 활용되고 있으며 이러한 과정이 있어 주민들 속에 저소비의식이 형성될 수 있음을 알 수 있다.

---

46 김정일, "현 정세의 요구에 맞게 혁명 력량을 튼튼히 꾸리며 당사업을 더욱 강화할 데 대하 여(조선로동당 비서, 부장, 부부장협의회에서 한 연설, 1975.5.2.)" 『김정일선집』 제5권(평양 : 조선로동당출판사, 1995), p. 120.

47 위의 글, p. 123.

48 임영태·고유환, 『북한 50년사 : 주체사상의 정립에서 김정일 시대까지』(서울 : 들녘, 1999), p. 200.

3장 | 신체왜소의 발생 : 1970년대 말

1. 신체왜소 우려와 체격개조 촉구

김일성은 이 시기 들어 현지시찰 과정에 목격한 사례를 근거로 청소년들의 키가 작은 현상을 공개적으로 언급했다.

> "우리가 그전에 해주혁명학원에 가보니 학생들의 키가 작기 때문에 키 크기 운동을 할 데 대한 과업을 주고 왔습니다. …지금 청소년조직들이 키 크기 운동을 벌리지 않기 때문에 청소년들의 키가 크지 못합니다. 남자들도 키가 크지 못하고 여자들도 키가 작습니다. …지난 2.8절에 어느 한 인민군부대에 나가 새로 입대한 군인들을 만나보았는데 키가 160cm도 못되는 대원이 있었습니다."[49]

이 시기 김일성은 청소년들의 키가 작은 것을 우려하여 해당 단위에 직접 과업을 주기도 했다.

> "사로청조직들은 한 5년 작정하고 청소년들 속에서 키 크기 운

49 김일성, "사로청조직들앞에 나서는 몇 가지 과업에 대하여(사로청중앙위원회 일꾼들앞에서 한 연설, 1977.2.25.)" 『김일성저작집』 제32권(평양 : 조선로동당 출판사, 1986), p. 63.

동을 힘있게 벌려 청년들의 키를 다 165㎝ 이상 되게 하여야 하겠습니다. 녀자들의 키는 165㎝ 이상 만들기 힘들면 적어도 160㎝는 되게 하여야 합니다. 이것이 내가 사로청에 주는 과업이며 동무들이 사로청지도일꾼으로 사업하는 기간에 수행하여야 할 임무입니다. … 인민군 군인들의 키도 다 165㎝ 이상 되도록 하여야 합니다. 인민군대에도 사로청 조직을 통하여 이 사상을 전달하고 군인들 속에서 키 크기 운동을 적극 벌리도록 하여야 하겠습니다."[50]

북한은 이 시기에 청소년들 속에서 나타나는 신체왜소 증상을 운동부족에 의한 것으로 인식하기도 했다.

> "청소년들에게 잘 먹인다고 하여 키가 커지는 것이 아닙니다. 잘 먹이기만 하고 운동을 시키지 않으면 몸이 모로 퍼지고 키는 얼마 크지 않습니다."[51]

북한은 이 시기 체격을 개조하는 것이 하나의 혁명과 같다고 하면서 이 사업에 높은 자각을 갖고 참여할 것을 독촉했다.

> " … 키 크기 운동을 강화하여 청소년들이 몸이 모로 퍼지지 않고 키가 크도록 체격을 개조하여야 하겠습니다. 사람의 체격을 개조하는 것도 하나의 혁명입니다."[52]

---

50 위의 책, p. 64.

51 위의 책, pp. 63-64.

52 위의 책, 같은 쪽.

2. 어린이 보육사업에서 영양제 공급 촉구

청소년들의 신체왜소가 정책적 문제로 제기되자 북한은 어린이들의 건강을 증진하는 데 관심을 두었다. 김일성은 어린이 영양관리와 관련한 특별한 대책이 없다고 하면서 어린이 영양관리를 전문으로 하는 연구실을 세울 것을 지시했다.

> "우리나라에서는 어린이들에 대한 영양관리를 잘하지 못하고 있습니다. 지난날 보건부에서 어린이들에게 예방주사나 놓아주도록 했지 다른 대책을 세운 것이 없습니다. 보건부에서 어린이 영양연구실을 내오고 어린이 영양 식료품에 대한 연구사업을 하고 그것을 종합하여 책을 쓰도록 하여야 합니다."[53]

이에 따라 1984년 5월에 정권 수립 이후 처음으로 어린이 영양관리소가 설립되었다.[54] 2003년 3월 조선중앙통신은 어린이 영양관리연구소가 1984년 창립된 이래 어린이 영양 연구의 중추적 역할을 수행하여 왔다고 보도했다. 북한은 이 시기 어린이 영양제 공급을 위해 각 도에 어린이 영양 식료품공장을 건설하도록 했다.

---

53 김일성, "어린이들에 대한 영양관리를 잘 할데 대하여(조선민주주의인민공화국 제5기 제6차 회의에서 한 연설, 1976.4.29.)" 『김일성전집』 제73권(평양 : 조선로동당 출판사, 2007), p. 18.

54 이연숙·윤지원·심재은·장수정, 『통일한국의 어린이 영양』(서울대학교 출판문화원, 2010), p. 55.

"나는 1984년에 구라파나라들을 방문하고 돌아와서도 간부들을 모여놓고 어린이 영양 식료품공장을 빨리 건설할 데 대하여 강조했습니다. 우리는 어떻게 해서든지 고기와 달걀을 비롯한 영양가 높은 어린이 영양 식료품을 많이 생산하여 나라의 모든 어린이들을 튼튼하게 키워야 하겠습니다."[55]

노동신문은 평양시, 황해북도, 개성시, 남포시를 비롯한 6개의 도에 현대적인 어린이 영양 식품생산기지가 꾸려졌으며 나머지 도들에서는 당 창건 40돌을 맞으며 완공을 목표로 하고 있다고 전했다.[56]

또한 탁아소, 유치원 운영을 개선하고 어린이들에게 영양제를 공급하는 것을 중요과업으로 제시했다.

"지금 우리나라에 6만여개의 탁아소와 유치원이 있는데 모두 잘 꾸려져 있습니다. … 이제는 탁아소, 유치원들을 문화 위생적으로 더 잘 꾸리고 어린이들에게 영양제를 원만히 공급하는 것이 중요한 문제로 나섭니다. …탁아소, 유치원에 대한 영양제공급 사업을 개선하여 어린이들을 잘 먹여야 합니다."[57]

---

55 김일성, "공업적 방법으로 소금을 생산할 데 대하여(경제부문 책임일꾼 협의회에서 한 연설, 1991.8.23.)" 『김일성저작집』 제43권(평양 : 조선로동당출판사, 1996), p. 209.

56 《노동신문》, 1985년 9월 12일.

57 김일성, "어린이보육교양 사업을 더욱 발전시킬 데 대하여(조선민주주의인민공화국 제5기 제6차 회의에서 한 연설, 1976.4.29.)" 『김일성저작집』 제31권(평양 : 조선노동당출판사, 1986), p. 87.

이 밖에도 어린이 영양 식료품 생산에 깊은 관심을 돌려 어린이들에게 월령별, 연령별에 따르는 여러 가지 영양 식료품이 더 많이 돌아가도록 해야 한다고 강조했다.[58]

3. 키 크기 운동으로 학교 체육사업 전환

북한은 1959년 2월 27일 내각결정 제15호에서 "국방체육을 발전시켜야 한다"고 강조한 이래 이에 많은 관심을 돌려왔다. 1972년 사회주의 헌법제정과 더불어 제55조에 "국가는 체육을 대중화, 생활화하여 전체인민을 로동과 국방에 튼튼히 준비시키며 우리나라 실정과 현대체육기술발전 추세에 맞게 체육기술을 발전시킨다." 라고 규정했다. 이에 따라 학교체육의 기본은 신체증진보다는 군사활동 수행에 필요한 국방체육[59]이 위주를 이루었다. 그러나 1970년대 들어 청소년들의 신체왜소가 정책적 문제로 제기되면서 학교체육 사업의 기본은 키 크기 운동으로 전환되었다.

---

58 김일성, "조선민주주의 인민공화국 인민경제발전 2차 7개년계획(1978-1984)에 대하여(조선민주주의 인민공화국 최고인민회의 법령 최고인민회의 제6기 제1차 회의에서 채택, 1977.12.17.)" 『김일성저작집』 제32권(평양 : 조선로동당 출판사, 1986), p. 554.

59 사람들이 어떠한 군사적 정황 속에서도 자기 몸을 능숙하게 다루며 군사 활동에 필요한 높은 운동기능과 체력을 갖추어주는 체육이다. 국방체육은 불리한 군사적 조건과 환경을 마련한 속에서 진행되는데 흔히 군사 활동에 쓰이는 군사기술기재를 가지고 체육활동을 진행한다. 백과사전출판사, 『광명백과사전』20권(평양 : 백과사전출판사, 2008), p. 13.

"학교체육 사업에서 기본은 학생들의 키를 크게 하고 몸을 조화롭게 발달시키며 그들이 체육에 대한 기초지식과 한가지 이상의 체육기술을 소유하도록 하는 것입니다."[60]

이 시기 북한은 청소년들의 키가 작고 몸이 가로퍼지고 있다면서 체격을 개조해야 한다고 했으나, 이후에는 청소년들의 키를 크게 하고 몸을 균형 있게 발달시켜야 한다고 강조했다. 이는 청소년들의 키가 작은 것에 대한 직접적인 표현에서 간접적인 표현으로 전환한 것이다.

북한의 출판물을 보면 "키 크기 운동"이라는 표현은 1970년대부터 시작해 1980년대 중순 사이에 몇 건 등장했으나, 이후에는 없다. 김일성의 노작을 보더라도 1980년대 중순까지 청소년들의 키가 작다는 표현이 많으나 그 이후에는 찾아보기 어렵다. 김정일의 문헌에서는 1981년 도, 시군, 군당위원회 청년사업부 일꾼 강습참가자들에게 보낸 서한 이후 부터는 키 크기 운동이라는 표현을 찾을 수 없다.[61] 대신에 "키를 크게", "몸을 균형 있게 발달시켜야 한다"는 표현이 등장하고 있다. 이는 청소년들의 키 크기 운동이 부진하자 국가의 책임을 약화시키려 했던 것으로 해석된다.

60 김정일, "체육을 대중화하며 체육기술을 빨리 발전시킬데 대하여(체육부문 일꾼들과 한 담화, 1886.5.19.)" 『김정일선집』 제8권(평양 : 조선로동당출판사, 1989), p. 403.

61 김정일, "청소년사업에 대한 당적지도를 더욱 강화할데 대하여(도, 시, 군 당위원회 청소년 사업부 일꾼강습참가자들에게 보낸 서한, 1981.7.13.)" 『김정일선집』 제7권(평양 : 조선로동당출판사, 1996), p. 110.

4장 | 북한 체제운영에서 신체왜소 발생의 필연성

위에서 살펴본 것과 같이 한국전쟁이 끝나고 시행된 북한의 중공업 우선 정책은 식품분야에 대한 투자를 제약하는 결과를 가져왔다. 1958년 생산관계의 사회적 개조로 북한에서는 개인상공업자들이 사라져버렸다. 이는 시장을 억제함으로써 주민들이 식품을 구입할 수 있는 지위를 약화시켰다.

북한당국이 제시한 전후 식량절약에 의한 식생활 확립과 그 이후에 강조한 항일유격대식 생활방식에 따른 식생활 확립은 식품 부족을 타개하기 위한 수단이었으며 저소비의식 형성을 위한 대책이었다.

한편 1970년대를 전후하여 북한에서는 베이비붐 세대의 등장과 재일북송동포들의 귀국으로 식량생산량과 수요자 간의 긴장이 조성되었다. 1970년대에 들어 특권경제가 등장하면서 식량부족이 가중되었다. 이와 관련한 북한의 대책은 산아제한을 통한 식품수요의 축소와 간부공급소 운영을 통한 식품공급 지위의 불평등한 보장이었다. 1970년대부터 시작해 인구증가율은 낮아지고 알곡생산량이 높아지고 있음에도 이러한 조치가 취해진 것은 식품공급에 문제가 있다는 것을 보여준다.

이상을 종합하면 북한체제가 운영 특성상 신체왜소를 발생할 수 있는 구조를 내재하고 있다는 것을 보여준다.

4부

북한 정부의 대응과 신체왜소의 지속

1장 | 1980년대 이전 : 신체왜소 발생에 대한 초기 대응

1970년대 말 신체왜소 발생이 정책적 문제로 제기되자 북한은 이를 극복하는 데 적지 않은 관심을 두었다. 성장식품 생산을 강화하는가 하면, 상비식품은 무조건 공급하도록 했다. 이를 통해 신체왜소가 확산되는 것을 막을 수 있었는데, 이 장에서는 이러한 대책을 주제별로 살펴보고 있다.

1. 기구신설 및 신체건강 활동 전개

신체왜소의 발생과 관련해 북한은 이를 극복하기 위한 제도적 대책을 취했다. 무엇보다 알곡생산량을 늘리기 위한 기구개편에 관심을 두었다. 1980년대 중반 들어 당시 정무원[1] 농업위원회 위원장을 부총리급으로 승격시켰다. 또한 어린이 영양관리를 강화하기 위한 대책도 세웠다.

북한은 1980년 4월 3일 최고인민회의 법령 제5호로 『인민보건법』을 제정했다. 동법 제25조에서 "해당 국가기관과 사회협동단체들은 어린이들에게 건강과 발육에 필요한 비타민과 성장촉진제를 원만히 공급하여야 한다." 라고 명시했다. 또한 1981년 1월에는 식품문제 해결을 중심으로 전반적 인민생활 문제를 전문적으로 맡아보는 인민생활지도위원회를 내오도록 했다.

> "나는 인민생활문제를 풀기 위하여 오랫동안 구상하던 끝에 인민생활지도위원회를 내오기로 했습니다. 인민생활지도위원회는 경공업과 수산업, 농업을 전문적으로 맡아보는 정무원이라 할 수 있습니다. 인민생활지도위원회의 기본임무는 인민들의 먹고 입는 문제를 푸는 것입니다."[2]

북한은 인민생활위원회 운영을 위해 위원장과 부위원장 편제를 내오도록 하고 위원장에는 부주석을, 부위원장에는 내각총리와 노동당 제2경제사업부 담당비서를 임명했으며 도에는 도 인민위원장을 책임자로 한 도인민생활 지도소조를 내오도록 했다.[3]

1984년 5월에는 어린이 영양관리연구소를 신설했다. 의학과학원 산하인 어린이 영양관리연구소는 평양시 동대원구역에 있으며 젖 대용품

---

1 1972년 12월 27일 채택된 사회주의 헌법에 의해 국가주권의 최고집행기관이었던 내각을 대신하여 최고주권기관의 행정적 집행기관으로 정무원이 신설되었다. 이후 1998년 9월 5일 김정일 정권의 공시적인 출범과 함께 내각으로 다시 복원되었다. 백과사전출판사, 『조선대백과사전』 제17권(평양 : 백과사전출판사, 2000), p. 338.

2 김일성, "인민생활지도위원회를 내올 데 대하여(조선로동당 중앙위원회 정치국 확대회의에서 한 결론, 1981. 1.20.)" 『김일성전집』 제73권(평양 : 조선로동당 출판사, 2007), p. 18.

3 위의 책, pp. 19-20.

연구실, 미량영양 식품연구실, 치료 식품연구실 등 10여 개의 연구실과 산하에 연구실험을 위한 중간공장을 갖고 있다.

북한은 학교 체육사업의 중심이 키 크기 운동으로 전환된 것에 상응해 이를 대중운동 형식으로 완강히 밀고나가려 했다. 이를 위해 내놓은 것이 〈모범체육학교칭호〉 쟁취운동이었다. 북한은 1983년 12월에 〈모범체육학교칭호〉를 제정했고 전국의 모든 학교가 이에 동참하도록 했다.[4]

북한은 치료예방 기관들의 물질적 토대를 쌓고 주민보건사업을 더욱 강화하기 위해 〈모범보건군칭호〉 쟁취운동도 전개했다. 동 운동은 1985년 4월 21일 김정일이 전국보건일꾼대회 참가자들에게 보낸 서한 "보건사업을 더욱 개선 강화할 데 대하여"에서 이 운동을 제시함에 따라 진행되었다. 〈모범보건군칭호〉 쟁취운동은 전체 인민을 조직 동원하여 치료예방 사업과 위생문화 사업에서 집단적 혁신을 이룩하는 것을 목적으로 한 대중운동이다.[5]

북한은 해마다 상반기 위생월간(3~4월)을 맞아 각 시, 군(구역) 행정경제부문에 대해 '모범보건군(시, 구역)칭호 쟁취운동'을 강화해 나갈 것을 촉구했다. 북한은 민주조선을 통해 "행정경제위원회에서는 치료예방기관들의 물질적 토대를 튼튼히 꾸리기 위한 사업에 힘을 넣어 보건사업을 끊임없이 개선해 나가야 한다."고 지적했다. 이와 함께 시, 군 행정경제부문에서 〈모범보건군칭호〉쟁취를 위해 전망결의 목표와 단계별 결의목표

4 백과사전 출판사, 『조선대백과사전 9』(평양 : 백과사전출판사, 1999), p. 156.

5 김정일, "보건사업을 더욱 개선 강화할데 대하여(전국보건일꾼대회 참가자들에게 보낸 서한, 1985. 4.21.)" 『김정일선집』 제8권(평양 : 조선로동당출판사, 1998), p. 196.

를 세워 진단 및 치료방법을 개선하고 의료기술을 전문화하도록 했다. 또한 각급 행정경제위원회 보건과에서는 지역내 보건부문 종사자들을 대상으로 한 의료기술 교육을 강화해 나갈 것을 역설했다.

2. 사회주의 건설에 따른 식품정책

가. 일반식품

1) 알곡생산[6]

북한은 이시기 2차 7개년 계획(1978~1984)을 통한 알곡 1,000만 톤 달성을 목표로 내세웠다. 김일성은 1982년 6월 8일 당중앙위원회 조직지도부, 선전선동부 책임일꾼협의회에서 1956년 12월 전원회의를 계기로 혁명적 대고조를 일으켰던 것처럼 사회주의 경제건설에서 다시 한 번 새로운 대고조를 일으키기 위해 "80년대 속도" 창조운동을 전개해 나갈 것을 강조했다. 이어 1,500만 톤의 알곡생산 목표를 위해 1987년 2월 "200일 전투"를 조직했으며 1988년에는 "모두다 영웅적으로 살며 투쟁하자"는 구호를 제시하기도 했다. 1988년 9월 다시 한 번 200일 전투를

6 북한에서 알곡은 주민들의 식량, 집짐승 먹이 및 식료공업원료가 되는 낟알을 일컫는다. 알곡작물은 논벼와 밭알곡으로 나누며, 밭알곡은 밀, 보리, 귀밀, 옥수수, 수수, 조, 기장, 피, 콩, 팥, 녹두, 메밀 등이다. 사회과학원 경제연구소, 『경제사전 Ⅱ』(평양 : 사회과학원출판사, 1970)

호소했다. 김정일은 1984년 2월 당중앙위원회 책임일꾼협의회에서 인민생활을 향상시키기 위하여 농사를 잘 지어 인민들의 먹는 문제를 원만히 해결하는 과업을 주었으며 과학적인 어로방법을 받아들이고 수산물 가공기지를 확장하며 바다 양식 사업을 잘하도록 강조했다. 김일성과 김정일이 1980년대에 들어와 알곡생산목표를 높게 정하고 80년대 속도 창조운동이나 200일 전투를 통해 먹는 문제를 강조한 것은 식량부족에 따른 주민들의 식생활에 대한 우려 때문이었다.

북한은 2차 7개년 목표 연도인 1984년이 지나도록 동 계획의 추진 결과에 대해 일절 발표를 하지 않다가, 1985년 2월 16일 국가계획위원회 중앙통계국을 통해 1984년 말을 기해 동 계획이 완료되었으며 1,000만 톤의 알곡목표를 달성했다고 뒤늦게 발표했다.

당국이 알곡증산을 위한 정책적 대책을 수립했음에도 불구하고, 식량은 여전히 부족한 수준이었다. 북한은 부족한 식량을 해결하기 위해 백미를 수출하고 대신 밀과 밀가루를 수입하는 방법을 택했다. 국제시장 가격이 비싼 쌀을 매년 10~20만 톤씩 수출하고 대신 2~3배나 값이 싼 밀가루와 옥수수를 구상무역 형식으로 대량 확보했다. 1987년에는 수출량보다 수입량이 3배, 1988년에는 4.5배, 1989년에는 8.7배, 1990년에는 21배, 91년에는 116배로 증가했다. 그러나 1980년대 중반 들어 인구증가에 따른 알곡소요량은 증가하는 반면에 알곡총생산량은 급속히 하락하기 시작했다.

〈그림 4-1〉 식량생산량 변화 (1984~90년)[7]

(난위 : 만 톤)

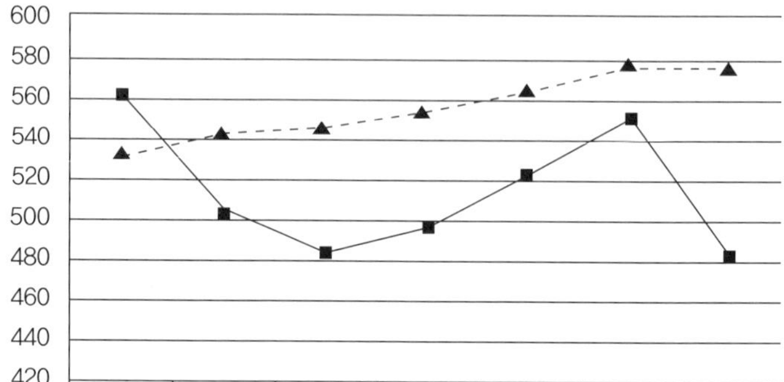

	1984	1985	1986	1987	1988	1989	1990
총소요량	530	540	543	551	562	576	575
총생산량	560	503	482	495	521	548	481

2) 수산물 생산

북한은 1980년대에 들어 수산업을 발전시켜 물고기를 많이 생산하여 주민들에게 공급하도록 했다. 이는 주민들의 신체건강과 청소년들의 키를 크게 하기 위한 대책의 일환이기도 했다.

> "… 인민들에게 물고기를 넉넉히 공급해주면 그들의 건강을 증진시키는데도 좋습니다. 물고기에는 필수아미노산과 단백질, 칼시움을 비롯하여 사람의 건강에 좋은 여러 가지 성분이 많이 들어있습니다. 어린이들에게 물고기를 정상적으로 먹이면 뼈도 굵어지고

---

7 김운근, "북한의 식량난과 농업문제", 경실련 통일협회 월례토론회 발제문(1997). p. 13.

키도 큽니다. 바다가 어린이들이 벌방지대 어린이들보다 키가 크고 뼈가 굵은 것은 물고기를 많이 먹기 때문입니다."[8]

이 시기 북한이 수산업발전에 관심을 둔 것은 축산업을 통해 고기를 공급하기 어려운 사정에 따른 대책이기도 했다.

" … 인민들에게 고기를 많이 먹일 가능성이 적은 조건에서 고기 대신 물고기를 많이 잡아 공급하도록 하여야 합니다."[9]

북한은 수산물 생산을 주민들에 대한 단백질의 주공급원으로 삼고 어로장비 및 어로방법의 다양화, 대형화, 현대화를 추진하는 등 과학화를 위해 노력했고 천해양식을 통해 양식품종과 생산량을 확대했다. 이와 함께 수산물공급체계를 확립하기 위해 수산물 생산기지 및 냉동공장, 저장소 등을 건설하는데도 주력했다. 그러나 어선의 노후화와 유류 부족으로 어획량은 대폭 감소했다. 1965년 773천 M/T에서 1975년 1,304천 M/T, 1985년 1,781천 M/T, 1994년에는 998천 M/T로 1985년 이후 하락세를 보이고 있다.

---

8 김일성, "겨울철 물고기 잡이 준비를 다그치며 양어사업을 추켜세울 데 대하여(수산, 양어부문 지도일꾼협의회에서 한 연설, 1981.5.18.)" 『김일성저작집』 제36권(평양 : 조선노동당 출판사, 1990), pp. 93-94.

9 김일성, "조선노동당 중앙위원회 제6기 제10차 전원회의에서 한 결론(1984.12.10.)" 『김일성저작집』 제38권(평양 : 조선노동당 출판사, 1992), pp. 406-407.

〈그림 4-2〉 수산물 생산 추이 (1965~90년)[10]

(단위 : 천M/T)

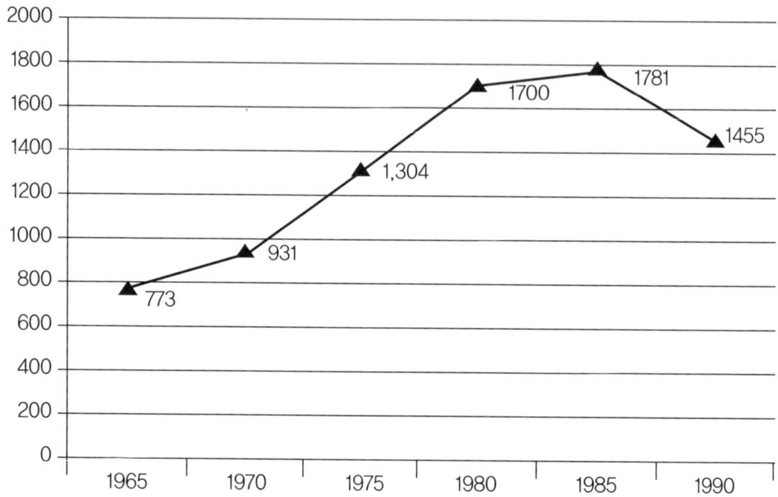

3) 축산물 생산

유류식품은 주민들에게 단백질과 지방질을 공급할 수 있는 중요한 식품이다. 이 시기 북한은 축산물을 통한 고기생산에서 집단사육과 분산사육을 잘 배합하여 생산량을 늘리도록 하는 데 중점을 두었다.

> "고기생산은 국영농목장과 협동농장들에서 집단적으로도 하고 농촌세대들에서 분산적으로도 하여야 합니다. 집단사육과 분산사육을 잘 배분하면 더 많은 고기를 생산할 수 있습니다."[11]

---

10 통계청 북한통계, 2011년 북한의 주요통계지표 참조

11 김일성, "사회주의농촌문제에 관한 테제를 철저히 관철하자(조선민주주의인민공화국 중앙인민위원회 제9기 제2차 회의에서 한 연설, 1990.6.22.-23.)" 『김일성저작집』 제42권(평양 : 조선노동당 출판사, 1995), p. 369.

또한 옥수수와 같은 알곡을 사료로 한 돼지, 오리, 닭 등 집짐승 생산에 관심을 두었다.

> "강냉이 300만 톤을 집짐승먹이로 돌리면 고기와 알을 많이 생산할 수 있습니다. 강냉이를 가지고 돼지고기를 생산하면 그 비율이 4:1 이고 오리고기와 닭고기를 생산하면 그보다 더 많이 생산할 수 있는 것만큼 강냉이 300만 톤을 집짐승먹이로 돌리면 돼지고기, 오리고기, 닭고기를 한 100만 톤 생산할 수 있습니다."[12]

북한에서 축산물은 국영농목장, 협동농장에서 주로 생산하고 있다. 국영농목장은 총경지면적의 12%, 축산물 생산의 20% 이상을 차지하고 있다. 북한은 집단적 전문화 사육방식과 함께 협동농장 축산작업반을 중심으로 한 가축별 전문화도 실시하고 있다. 이 밖에도 기관·기업소, 학교, 농가 등에서 오리, 토끼, 닭 등 가축을 의무적으로 사육하도록 했다.

북한은 어린이들에게 단백질이 많이 함유되어 있는 달걀을 매일 한 알씩 먹이도록 했다. 김일성은 1977년 1월 가금 및 축산업 부문 일꾼협의회에서 한 연설에서 이렇게 강조했다.

> "협동농장탈곡장들에서 나오는 달걀은 협동농장 탁아소, 유치원 어린이들에게 공급하여야 합니다. 지금 평양시 삼석구역 장수원협동농장 제3작업반에서는 탈곡장에서 100마리의 닭을 길러 탁아소,

12 김일성, "중앙인민위원회와 정무원의 사업방향에 대하여(조선민주주의인민공화국 중앙인민위원회 제9기 제1차회의, 정무원 제9기 제1차 전원회의에서 한 연설, 1995.5.28.)" 『김일성저작집』 제42권(평양 : 조선노동당 출판사, 1995), p. 332.

유치원 어린이들에게 달걀을 매일 한 알씩 먹이고 있습니다. 어린이들에게 달걀을 많이 먹여야 키가 빨리 크고 몸이 튼튼해집니다."

1980년대 들어 단백질과 지방이 풍부한 오리생산에 주력하도록 했는데, 이는 가축 사육두수와 축산물 생산량을 통해 알 수 있다.

〈표 4-1〉 북한의 가축사육두수 (1980~90년)[13]

(단위 : 천 두)

년도	소	양	염소	돼지	닭	오리	말	토끼
1980	950	290	490	4,200	17,950	2,000	37	0
1981	960	300	510	4,300	18,050	2,000	38	0
1982	970	310	540	4,500	18,100	2,100	40	0
1983	1,000	330	560	4,600	18,150	2,200	40	0
1984	1,025	340	580	4,700	18,300	2,300	40	0
1985	1,100	350	600	4,800	18,450	2,400	40	0
1986	1,150	360	610	5,000	18,600	2,500	41	0
1987	1,200	368	620	5,200	19,000	2,600	42	0
1988	1,250	372	630	5,400	19,500	2,700	43	0
1989	1,100	420	640	5,500	20,000	2,800	44	0
1990	1000	500	650	5,800	21,000	3,000	44	0

〈표 4-2〉 북한의 축산물 생산량 (1980~90년)[14]

(단위 : 천 톤)

년도	쇠고기	양고기	염소고기	돼지고기	닭고기	오리고기	토끼고기	우유	달걀
1980	30.8	1.4	2.2	165.0	32.5	3.6	0.0	54.0	105.0
1981	31.5	1.5	2.3	175.0	33.0	3.6	0.0	60.0	107.0
1982	32.3	1.5	2.4	175.0	33.6	3.8	0.0	62.0	110.0
1983	34.5	1.6	2.5	185.0	35.2	4.0	0.0	68.0	115.0
1984	35.6	1.7	2.6	185.0	36.3	4.2	0.0	70.0	120.0
1985	37.5	1.7	2.7	195.0	37.4	4.4	0.0	75.0	125.0
1986	39.0	1.8	2.7	200.0	39.6	4.6	0.0	80.0	132.0
1987	41.3	1.9	2.8	205.0	41.8	4.8	0.0	83.0	135.0
1988	42.0	1.9	2.8	215.0	44.0	5.0	0.0	85.0	137.0
1989	38.0	2.3	2.9	220.0	46.2	5.2	0.0	86.0	140.0
1990	34.5	2.6	2.9	225.0	47.3	5.6	0.0	88.0	145.0

13 한국정책금융공사, 『북한의 산업』, 2010, p. 543.

14 위의 책, p. 544.

4) 과일 및 남새생산

북한은 과일, 남새생산에도 큰 관심을 돌렸다. 북청군이나 과일군을 비롯한 전문 과일농장을 조직하는 방법으로 과일재배 면적을 확대하는 사업에 주력했다. 배추, 무 등 채소를 많이 먹을 수 있도록 협동농장 남새작업반의 역할을 강화하도록 했다. 이와 함께 농가의 텃밭에서 채소를 많이 심어 먹도록 했다. 이 밖에도 온실(비닐하우스)을 많이 짓고 계절에 관계없이 남새를 공급하도록 했다.

> "인민들의 식생활에서 남새가 매우 중요합니다. 사람들이 남새를 많이 먹으면 밥을 적게 먹게 되고 병에도 잘 걸리지 않습니다. … 남새온실을 짓고 여러 가지 신선한 남새를 많이 생산하여 공급하여야 합니다."[15]

주민건강에 대한 북한의 이러한 관심은 과일과 채소의 생산량 증가를 통해 알 수 있다.

15 김일성, "부침 땅의 지력을 높여 농업생산에서 일대 전환을 일으키자(조선민주주의인민공화국 중앙인민위원회 제9기 제3차 회의에서 한 연설, 1990.11.30.-12.3.)" 『김일성저작집』 제42권(평양 : 조선노동당 출판사, 1995), p. 459.

〈그림 4-3〉 북한의 채소 생산 추이 (1961~2006년)[16]

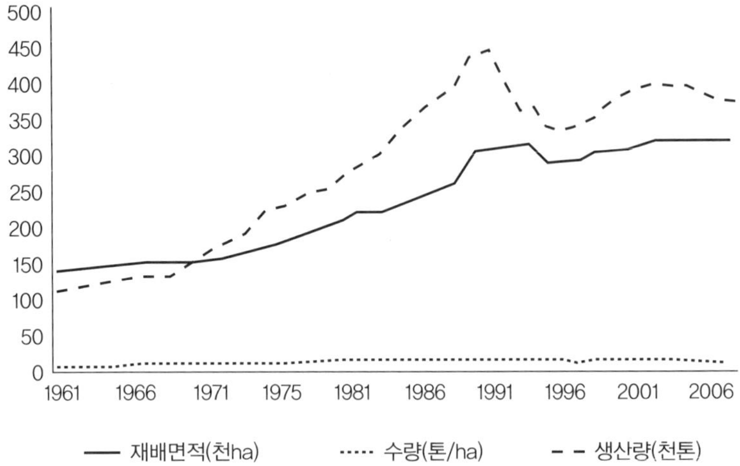

〈그림 4-4〉 북한의 과일 생산 추이 (1961~2006년)[17]

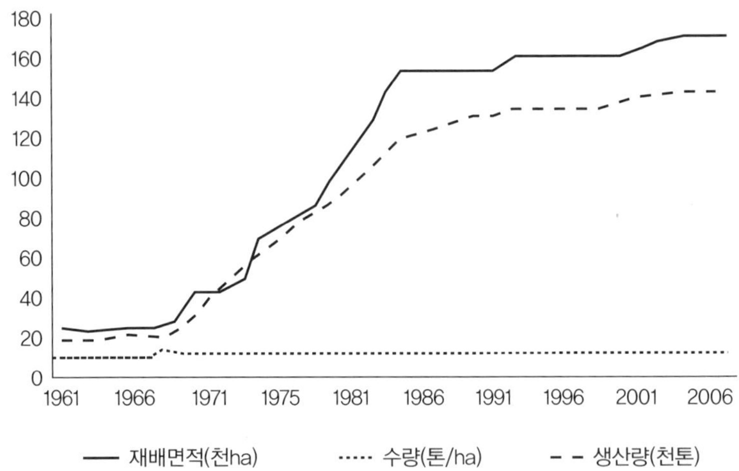

16 위의 책, p. 547.

17 위의 책, p. 548.

나. 성장식품

1) 어린이 식료품공장을 통한 영양식품 생산

이 시기 북한은 주민들의 신체왜소를 극복하기 위한 사업으로 먼저 어린이 식료품공장건설에 관심을 두었다.

> "평양시에는 이미 좋은 어린이 식료품공장이 많이 꾸려져 있습니다. 다른 도와 시, 군들에서도 달라붙어 평양시에서와 같이 어린이 식료품공장을 꾸려야 하겠습니다. 그리고 거기에 필요한 원료를 떨구지 않고 보장해주기 위한 대책을 철저히 세워야 합니다."[18]

또한 어린이 식료품공장운영에서 각종 원료를 이용한 다양한 어린이 식료품을 생산하도록 했다.

> "어린이 식료품공장에서는 양배추가루, 시금치가루, 홍당무가루, 토마토가루, 과일가루, 당콩가루, 흰쌀가루, 찹쌀가루, 고기뼛가루 같은 것을 많이 만들어야 합니다. 앞으로 바다가 양식을 많이 하면 다시마가루, 물고기가루, 섭조개가루 같은 것도 많이 만들어 어린이들에게 먹여야 합니다."[19]

---

18 김일성, "공업적 방법으로 소금을 생산할 데 대하여(경제부문 책임일꾼 협의회에서 한 연설, 1991.8.23.)" 『김일성저작집』 제43권(평양 : 조선로동당출판사, 1996), p. 209.

19 김일성, "과학교육사업과 인민보건사업에서 새로운 전환을 일으킬데 대하여(조선로동당중앙위 제6기 13차 전원회의에서 한 결론 1988.3.7.-11.)" 『김일성저작집』

북한은 과일을 말리거나 사탕을 넣고 졸이는 방법으로 가공하여 오랫동안 보관해두고 먹을 수 있게 함으로써 청소년들에게 맛좋은 과일을 사철 공급하도록 했다. 이 밖에도 명태를 냉동하여 저장해두고 명란젓이나 창란 등 여러 가지 가공품을 만들어 공급하도록 했다.

김일성은 식료가공공업을 발전시키는 것이 어린이들을 튼튼히 키우는 데 매우 중요한 의의를 가진다고 하면서 지방공업부문에서 어린이 식료품을 많이 만들데 대해 강조했다.

> "어린이들을 튼튼하게 잘 키우려면 칼시움, 단백질을 비롯한 여러 가지 영양물질이 들어있는 어린이 식료품을 많이 만들어 공급하여야 합니다. 모든 도, 시, 군들에 어린이 식료품공장을 꾸려야 하겠습니다."[20]

어린이 식료품공장은 생산목적의 측면에서 보면, 어린이들의 영양 및 신체발육에 필요한 식료품을 생산하는 식료공장의 한 형태이다. 이 시기 북한이 어린이 식료품공장 건설에 관심을 둔 것은 어린이들을 사회적으로 키우는 것을 국가시책의 하나로 내세우고 있어 이들에게 필요한 영양식품을 생산·보장하는 문제에 관심을 두지 않을 수 없었기 때문이다.

2) 보라콩 재배 및 섭조개 양식

북한은 이 시기 지방 자체 원료에 의한 식품생산을 강화하도록 했

제43권(평양 : 조선로동당출판사, 1995), pp. 56-57.

20 위의 글, 같은 쪽.

는데 이를 위해 내세운 대책이 보라콩과 줄당콩을 많이 심어 어린이들에게 공급하는 것이었다.

> "보라콩과 줄당콩에는 단백질과 리진을 비롯한 필수아미노산이 많이 들어있기 때문에 그것을 어린이들에게 먹이면 키가 빨리 크고 뼈가 굵어지며 몸이 튼튼해집니다. 보라콩과 줄당콩은 어른들이 먹어도 좋습니다."[21]

북한은 보라콩 50알에 달걀 한 알과 맞먹는 단백질이 들어있으며 사람의 몸에 필요한 식물성 단백질이 더 많이 있다고 하면서 닭공장을 지어 단백질 문제를 풀 생각만 하지 말고 보라콩과 줄당콩을 심어 단백질 문제를 해결할 데 대하여 강조했다. 보라콩이나 줄당콩은 고산지대에서 잘 자라는 농작물이므로 북한의 지대적 특성에 맞는 단백질 생산방법이라 할 수 있다. 또한 섭조개 양식을 통한 단백질 공급문제 해결에 관심을 두었다. 이는 김일성이 섭조개 양식을 통한 단백질 생산문제를 어린이 장래문제와 결부시켜 볼 데 대해 강조한 것에서 찾을 수 있다.

> "우리는 섭조개 양식문제를 단순히 수산물 생산문제로만 보지 말고 우리 혁명과 우리 민족의 장래와 관련되어있는 어린이들을 튼튼히 키우기 위한 중요한 문제로 보고 섭조개 양식을 대대적으

21 김일성, "양강도를 아름답고 살기 좋은 낙원으로 꾸리자(조선노동당 양강도위원회 전원회의 확대회의에서 한 결론, 1979.7.26.)" 『김일성저작집』 제34권(평양 : 조선로동당출판사, 1987), p. 327.

로 하여야 하겠습니다."[22]

북한은 동물성 단백질을 보충할 수 있는 우유생산량이 많지 않고 부침 땅이 적어 식물성 단백질인 콩도 많이 생산되지 못하는 조건에서 섭조개양식이 필요하다고 강조했다.

> "섭조개 양식을 많이 하여야 어린이들에게 단백질을 충분히 먹여 그들을 키가 크고 몸이 튼튼하게 잘 키울 수 있습니다. … 섭조개에는 단백질, 칼시움을 비롯하여 어린이들의 성장에 필요한 여러 가지 영양소가 많습니다. 어린이들이 섭조개를 많이 먹으면 튼튼히 자랄 수 있습니다."[23]

3) 뼛가루 제품생산

북한은 어린이들의 성장이 나라의 미래와 관련되는 중요한 문제라고 하면서 탁아소, 유치원 어린이들과 초등학교, 고등중학교 학생들에게 물고기를 많이 먹일 것을 강조했다. 어린이들에게 칼시움 성분을 비롯한 여러 가지 영양분이 들어있는 수산물을 많이 먹이면 키가 커지고 뼈가 굵어진다고 하면서 뼛가루 제품을 많이 공급할 데 대해 강조했다.[24]

---

22 김일성, "수산업을 더욱 발전시키며 소금생산을 더욱 늘일데 대하여(경제부문책임일군 협의회에서 한 연설, 1989.3.20.-21.)" 『김일성저작집』 제41권(평양 : 조선로동당출판사, 1995), pp. 342-345.

23 위의 글, 같은 쪽.

24 김일성, "과학교육사업과 인민보건사업에서 새로운 전환을 일으킬데 대하여(조선로동당중앙위 제6기 13차 전원회의에서 한 결론 1988.3.7.-11.)" 『김일성저작집』

당시 뼛가루 제품공급에 대한 북한 당국의 관심은 바닷가 주변 지역 청소년들의 키가 다른 지역에 비해 큰 것을 경험한 데서 비롯되었다.

> "신포시 어린이들은 물고기와 바다 나물을 많이 먹기 때문에 다른 지방의 어린이들보다 키가 큽니다. 어린이들에게 단백질과 칼시움이 많이 들어있는 물고기와 바다 나물을 먹여야 그들을 튼튼하게 키울 수 있습니다. 앞으로 돼지뼈와 소뼈 같은 것도 버리지 말고 가루를 내여 여러 가지 식료품에 넣어 어린이들에게 먹여야 합니다. 어린이들에게 단백질과 칼시움이 많이 들어있는 식료품을 먹이면 키가 빨리 크고 건강해집니다."[25]

4) 리진제품에 대한 관심

리진제품은 청소년들에게 필요한 성장식품이다. 리진제품으로 제일 처음 알려진 것은 필수아미노산이다. 아미노산에는 필수아미노산과 불필수아미노산이 있다. 필수아미노산은 몸 안에서 만들어지지 않으므로 그것이 들어있는 음식물 섭취가 요구되는 반면, 불필수아미노산은 몸 안에서 만들어지므로 꼭 먹어야만 하는 영양분이 아니다. 필수아미노산에는 리진, 메티오닌, 트리프토판, 트레오닌, 로이신, 이소로이신, 발린 등이 있다. 리진은 뼈가 빨리 잘 자라고 든든하게 하는 작용을 하므로 어린이들의 성장과 발육에 아주 좋다. 리진은 주로 물고기, 달걀노른자위, 감자, 콩류, 시금치, 효모 등에 많다.

제41권(평양 : 조선로동당출판사, 1995), p. 38.

25 위의 책, 같은 쪽.

이 시기 북한에서는 청소년들의 신장이 작아지는 것을 막기 위해 일본에서 수입한 "리진"을 넣은 빵을 하루에 한 개씩 점심시간에 공급하기도 했다. 그만큼 이 시기 리진제품 공급을 통해 신체왜소를 극복하는 데 관심이 높았다.

북한의 이러한 대책은 평양시 어린이들을 중심으로 리진빵을 만들어 먹인 경험에 기초한 것으로 보인다.

> "평양시 어린이들은 리진을 넣은 빵을 먹기 때문에 지방의 어린이들보다 키가 크다고 합니다. 어린이들이 리진을 넣은 빵과 단백질이 많이 들어있는 식료품을 먹으면 키가 빨리 자랍니다. 어린이들에게 단백질이 많이 들어있는 식료품만 먹여도 키가 훨씬 큽니다."[26]

> "어린이들에게 리진을 먹이면 키가 빨리 크고 발육이 좋아집니다. 내가 그전에 평양시 당 책임비서에게 과업을 주어 평양시에서 리진을 자체로 생산하여 가지고 리진빵을 만들어 어린이들에게 매일 먹이도록 했는데 그 후부터 평양시 어린이들이 키가 빨리 크고 발육이 좋아졌습니다."[27]

---

26 김일성, "화학공업을 더욱 발전시키며 일꾼들속에서 우리식대로 살아나가는 혁명적 기풍을 세울데 대하여(화학공업부문 책임일꾼협의회에서 한 연설, 1987.3.20.)" 『김일성저작집』 제40권(평양 : 조선로동당출판사, 1994), pp. 283-284.

27 김일성, "과학교육사업과 인민보건사업에서 새로운 전환을 일으킬 데 대하여(조선로동당중앙위 제6기 13차 전원회의에서 한 결론 1988.3.7.-11.)" 『김일성저작집』 제41권(평양 : 조선로동당출판사, 1995), p. 38.

북한은 이러한 경험에 기초하여 이 시기 리진공장을 건설하여 청소년들에게 리진을 넣어 만든 식품을 더 많이 공급하려고 시도했다.

> "리진공장을 건설하여야 하겠습니다. … 리진공장을 곡산공장이 있는 도들에 다 건설하도록 하여야 하겠습니다. 리진공장을 건설하는 것은 어렵지 않습니다. 리진공장은 발효공정이 기본인 것만큼 탱크와 관만 있으면 얼마든지 건설할 수 있습니다. 탱크를 만들어 놓고 관을 늘인 다음 펌프장을 꾸리면 됩니다."[28]

다. 국가의 식품공급제 운영

1) 식품공급제 운영의 일반적 행태

북한의 식품공급제도는 사회적 신분[29]과 연령 그리고 지역적 특성(평양시와 지방도시, 도시지역과 농촌지역)에 따라 차별적으로 운영되고 있는데, 이는 식품 공급대상과 내용(품종과 질)을 통해 구분할 수 있다. 즉 일

---

28 김일성, "화학공업을 더욱 발전시키며 일꾼들 속에서 우리식대로 살아나가는 혁명적 기풍을 세울데 대하여(화학공업부문 책임일꾼협의회에서 한 연설, 1987.3.20.)" 『김일성저작집』 제40권(평양 : 조선로동당출판사, 1994), pp. 283-284.

29 노동당이 부여한 직업과 사회활동, 사회생활영역에서 행사할 수 있는 권리를 말한다. 김병욱·김영희, "선군시대 북한주민들의 사회적 신분변화," 『정책연구』,통권162호(2009), pp. 179-181. 사회적 신분을 규정하는 데서 기본은 출신성분이다. 자본주의 체제의 경제적 불평등이 소득의 불평등에서 시작되어 교육의 불평등, 직업의 불평등으로 이어진다면, 북한사회는 출신성분으로부터 출발한다. 정은찬, "북한의 경제적 불평등에 관한 연구"(경북대학교 박사학위논문, 2012), p. 149.

반 공급제도와 특별 공급제도, 주식물 공급제도와 부식물을 비롯한 기타 식품공급제도이다. 일반 공급제도는 말 그대로 일반주민, 특별공급제도는 간부를 대상으로 한 공급이다. 북한은 일반 공급제도에 속하는 주민들에게는 일반 공장, 기업소나 농장에서 생산된 일반식품을, 특별 공급제도에 속하는 주민들에게 특정한 공장, 기업소에서 생산된 질 좋은 식품을 공급하도록 했다. 특정한 식품을 생산하는 단위로는 일반 공장, 기업소 및 농장, 수산사업소의 3호 직장(작업반)과 룡성맥주 공장이나 락원식료공장, 혜산들쭉술가공공장 등을 들 수 있다. 여기서 3호(직장)작업반은 공업부문이나 농업부문, 수산업부문 등 식품생산과 연관된 단위들에 조직되어 있다. 생산자들은 해당 당위원회에서 신원이나 생활정형 등을 토대로 선발한 사회적 성분이 좋은 주민들로 구성되어 있으며, 정기적으로 검진을 받아야 하는 등 관리가 엄격하다. 3호작업반 외에 8호와 9호(직장, 작업반)도 있는데 여기서는 과거 김일성과 김정일 전용 식품을 생산했다.

한편 주식물 공급제도에는 흰 쌀, 강냉이, 감자, 고구마 등이, 부식물을 비롯한 기타 식품공급제도를 통해서는 간장, 된장, 식용유, 과일, 채소, 수산물 등이 공급된다.

북한주민들은 국가가 발급한 구매권(상품권)을 가지고 주거하고 있는 지역의 식료품 상점이나 공업품 상점에서 해당 상품을 공급받는다. 1990년대 중반부터 경제난으로 평양시를 제외한 기타 지역은 김일성 부자의 생일 외에는 국가에 의한 식품공급이 거의 없다.

2) 주식물 및 부식물 공급제도

주식물인 식량에 대한 공급제도는 내각 수매양정성을, 부식물을 비롯한 기타 식품 공급제도는 상업성을 중심으로 하여 이루어져 있다. 이에 따른 식량공급체계는 아래와 같다.

〈그림 4-5〉 북한의 식량공급체계

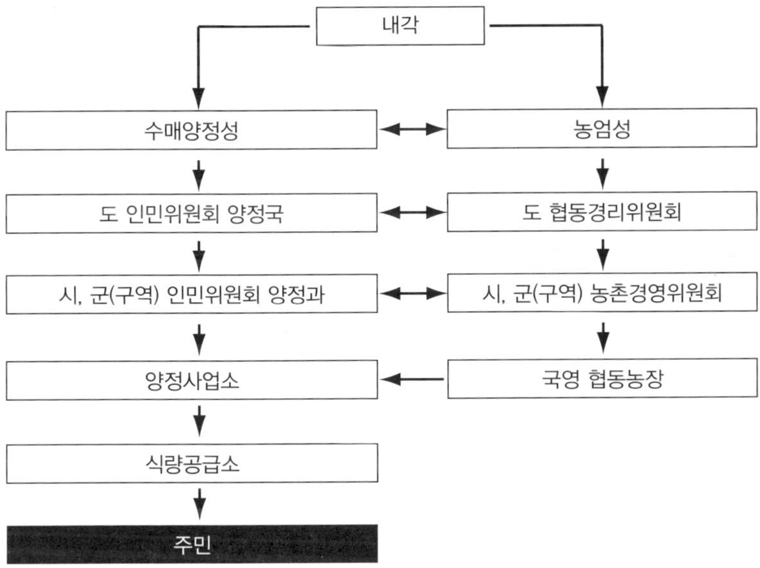

북한 당국은 국가가 주민들에게 양곡을 책임지고 공급하는 것이 지속적인 정책이라면서[30] 그 유효성에 대해 강조하고 있다.

> "지금 우리나라에서 실시하고 있는 식량배급제도는 참으로 좋은 제도입니다. 우리나라에서는 누구에게나 꼭 같이 세상에 태어나서부터 늙어 죽을 때까지 국가에서 식량을 공급해주고 있습니다. 우리는 이 세상 그 어디에서도 찾아볼 수 없는 가장 좋은 식량배급제도를 절대로 없애지 말아야 합니다."[31]

---

30 조선민주주의인민공화국 양정법 제3조, 제7조

31 김일성, "함경북도 당위원회 앞에 나서는 과업에 대하여(함경북도 당위원회 전원

북한에서 부식물 공급사업은 사회주의 상업의 일환으로 진행되고 있는데 사회주의 상업에 대해 주민들에 대한 물질문화적 수요를 충족시키기 위한 공급사업이라고 정의하고 있다.[32] 아래의 〈그림 4-6〉에서 보는 것처럼 식품은 중앙 및 지방 산하 공장·기업소에서 생산되는데 이를 생산한 공장, 기업소는 유통기관인 도매관리국이나 도출하사업소 혹은 지구도매소, 시·군 상업관리소와 판매계약을 맺는다. 계약된 식품은 상업유통기관을 거쳐 상점들에 공급되고 주민들에게 판매된다. 어린이용 특수식품은 시, 군 상업관리소 산하 탁아유치원 공급소가 탁아소와 유치원들에 공급한다.

〈그림 4-6〉 부식물 및 기타 식품공급체계[33]

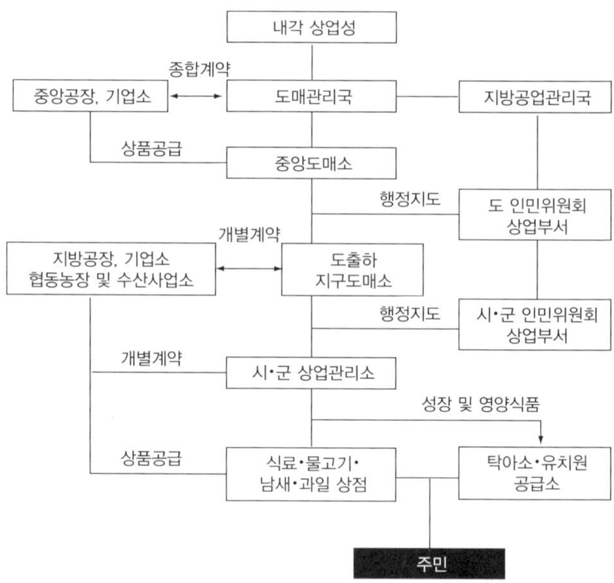

회의 확대회의에서 한 연설, 1992.9.4.)" 『김일성저작집』 제43권(평양 : 조선노동당 출판사, 1996), pp. 428-429.

32 김일성, "사회주의하에서의 상업은 본질상 인민들에 대한 공급사업이다." 『김일성저작집』 제18권(평양 : 조선노동당출판사, 1989), p. 233.

33 김영희, "북한의 소매상업유통체계 변화와 전망", 한국산업은행 보고서(2007).

3) 일반 공급제와 특별 공급제

가) 1980년대 이전 일반주민 식량공급 기준과 대상

1980년대 이전 북한주민들이 식량을 획득할 수 있는 통로는 국가공급과 텃밭 혹은 소토지에 의한 것이었다. 대부분의 도시근로자들은 경작할 수 있는 텃밭이나 소토지가 없어, 식량을 획득할 수 있는 통로는 국가공급밖에 없었다.

북한은 어린이로부터 시작하여 노인에 이르기까지 나이, 직종, 사회보장 및 연로보장 등에 준하여 식량공급 기준을 정하고 매달 두 번에 걸쳐 식량을 공급했다. 1980년대 이전 식량공급 기준은 아래 표와 같다.

〈표 4-3〉 식량공급 기준[34]

급수	하루공급량	대상자
1	900g	중공업 · 유해직종노동자, 비행사, 벌목공
2	800g	탄광 · 광산의 채탄공 · 굴진공, 중장비 운전자, 임산노동자, 특수병종 군인
3	700g	사무원, 대학교수, 교원, 일반노동자, 일반병종군인, 대학생 등
4	600g	공로가 있는 정년퇴직자, 투병중인 환자, 경로동자, 사회보장자
5	500g	중학생
6	400g	소학생
7	300g	일반 정년퇴직자, 가두여성, 유치원생, 기타 부양자
8	200g	2~4세 어린이
9	100g	1세 이하의 유아

34 통일교육원, 『북한이해』(서울 : 통일교육원, 2003), p. 279.

북한의 이러한 연령, 직종 등에 따른 차등적인 식량배급제는 "식량배급은 일률적으로 정할 것이 아니라 대상에 따라 다르게 정해야 합니다."라고 한 김일성의 지시에 의해 실시되었다.[35]

당국이 정한 식량공급 기준대로 주민들에 대한 공급이 이루어졌다면 극도의 식품 부족이 발생하지 않았을 것이다. 일반 노동자가 하루 700g을 공급받으면 한 끼에 230g 정도 소비하는 것인데 결코 적은 양이 아니기 때문이다.

그러나 북한은 주민들에게 공급되는 식량을 "전시 비축미"나 "애국미" 지원 등의 명목으로 지속적으로 공제했다. 이로 인해 성인 노동자의 하루 공급량은 700g에서 1973년에는 608g, 1987년에는 547g으로 감소했다. 따라서 한 달 공급량은 기준량인 21kg에 미치지 못하는 16kg에 불과했다. 남한주민 4인 가족의 한 달 쌀 소비량이 20kg인 점을 고려하면 북한주민 1인당 식량공급량이 적은 것은 아니다. 북한주민들은 단백질, 지방질이 포함된 식품이 부족하여 주식물 섭취에만 매달리다 보니 1인당 식량소비가 남한주민보다 많다.

나) 간부공급 기준과 대상

북한에서 간부들에 대한 식료품 공급제도는 1일 공급대상, 1주(週) 공급대상, 2주 공급대상, 월 공급대상으로 구분되어 있는데 직급에 따라 공급내용과 전담기관이 달랐다.

---

35 김일성, "당면한 식량문제를 해결할 데 대하여(북조선 임시인민위원회 제2차 회의에서 한 연설, 1946.2.27.)" 『김일성저작집』 제2권(평양 : 조선로동당 출판사, 1979), p. 94.

노동당 정치국 위원, 후보위원, 노동당 비서 및 부장, 조직지도부 부부장, 서기실 요원, 호위담당 고급장교 등 주요 간부들은 호위총국이 식품공급을 전담하고 매일 식품을 공급했다. 1일 공급대상에 대한 공급은 호위총국 공급과가 전담했다. 전용 식료품 운반차량을 이용하여 매일 백미 700g, 두부 3모, 육류·채소·담배·맥주 등은 필요한 양만큼 충분히 공급하여 주었다.

1주 공급대상에는 노동당 부장(조직지도부는 과장까지), 정무원 부총리, 인민무력부와 사회안전부의 장령급 군인 등이 해당된다. 이들에 대한 식품공급은 노동당 재정경리부에서 담당했다. 식량은 백미와 잡곡을 7:3의 비율로 공급하여 주었으며 기타 육류, 채소, 맥주, 담배 등도 정상적으로 공급했다. 2주 공급대상에는 노동당 중앙부서 과장, 지도원급 등이 해당되는데 이들에 대한 공급도 노동당 재정경리부에서 전담했다. 식량은 백미와 잡곡을 6:4의 비율로 공급했는데 이는 위에서 언급한 간부공급에 비해 쌀 비율이 낮다. 기타 육류(돼지고기 또는 닭고기) 4kg, 생선 10kg, 담배 30갑, 기타 채소·식용유 등도 직접 공급했다. 이늘 3개의 계층은 특별계층으로 분류돼 일반주민보다 상당히 높은 물질생활을 누릴 수 있는 식품공급을 받아왔다.

1~3계층에 포함되지 않은 간부들은 자신의 직위와 직종에 따라 1호~4호공급소에서 공급카드에 기초해 월 공급량 범위에서 직접 식료품을 조달하는 방법으로 공급했다. 1호 공급대상에는 정무원(현재의 내각) 부장과 부부장이, 2호 대상에는 최고인민회의 부의장, 연합기업소 지배인 등이, 3호 대상에는 정무원 각 부처 국장, 책임지도원급이, 4호 대상에는 정무원 각 부처 과장급, 항일투사 유가족, 영웅칭호자 등이 포함된다. 공급품목에는 식량, 육류, 생선, 달걀, 채소, 맥주, 기름 등이 있다.

〈표 4-4〉 1~4호 대상에 대한 식품공급 기준

구분	1호공급	2호공급	3호공급	4호공급
공급대상	정무원 부장, 부부장	최고 인민회의 부의장, 연합기업소 지배인	무원 각 부처 국장, 책임지도원 급	정무원 각 부처 과장급, 항일투사, 유가족, 영웅
식량	700g/1일	700g/1일	700g/1일	700g/1일
육류	6kg	4kg	2kg	1kg
생선	10kg	5kg	1kg	1kg
계란	5개	15개	15개	15개
맥주 · 식용유	각 3ℓ	각 2ℓ	각 1ℓ	각 1ℓ
담배	30갑	5갑	5갑	30갑

자료 : 동아일보 1992년 5월 21일자 "식량배급 5개 순위 분류, 성분, 직위, 직종에 따라 질량 차이" 수정 보충

북한의 이러한 차등적인 식품공급제도는 간부들에 대한 충성을 유도하여 충복을 만들자는 데 목적이 있었다. 간부들에 대한 이러한 식량 공급정책은 본인은 물론 자녀, 가족들의 신체건강에 긍정적 영향을 주었다.

라. 상비식품 공급에 대한 북한의 관심

북한은 이 시기 식품 부족을 해결하기 위해 다양한 대책을 마련했다. 먼저 상비상품을 무조건 공급하도록 했다. 상비상품이란 주민들의 소비생활에서 반드시 있어야 할 상품으로 상점에서 정상적으로 공급 할 수 있도록 갖추고 있어야 할 상품이다.[36] 상비상품에는 간장, 된장, 기름,

36 백과사전출판사,『조선대백과사전』13권(평양 : 백과사전출판사, 2000), p. 495.

소금, 남새, 수산물 등 식료품과 천, 신발, 바느질 실, 성냥, 학용품과 같은 공업품들도 속한다.

북한은 상비상품을 떨어뜨리지 않고 공급함으로써 식품 부족에 대한 주민들의 불만을 억제하려고 했다.

> "상비상품은 상점들에서 떨구지 말고 정상적으로 갖추어놓고 팔아주어야 할 상품입니다. … 지금 상점들에서 간장, 된장, 소금, 치약, 칫솔, 비누를 비롯한 상비상품들을 제대로 공급하지 못하여 인민들로부터 의견이 제기되고 있습니다."[37]

다음으로 상업부문에서도 식료가공품을 자체로 생산하여 주민들에게 공급하려고 노력했다.

> "식료품은 식료공장들에서도 생산하고 상점들에서도 만들어야 합니다. 상업부문에서는 식료가공반을 잘 운영하여 근로자들에게 깨끗하고 맛있는 여러 가지 부식물을 더 많이 생산하여 공급하여야 하겠습니다."[38]

또한 상업부문에서 국가에서 원자재를 받지 않고도 생산할 수 있도록 원료기지 조성사업을 전개해 나가도록 했다.

---

37 김정일, "주민들에 대한 상품공급사업을 개선하는데서 나서는 몇 가지 문제에 대하여(상업부문 책임일꾼들과 한 담화, 1984.8.3.)" 『김정일선집』 제8권(평양 : 조선로동당출판사, 1989), p. 138.

38 위의 글 p. 140.

"상업부문에서는 앞으로 빈 땅을 적극 찾아내어 원료기지 면적을 늘리는 한편 이미 조성하여놓은 원료기지를 효과적으로 리용하여 식료품 원자재를 더 많이 생산하여야 하겠습니다."[39]

상업부문에서의 이러한 사업이 지속적으로 진행되도록 대중운동을 전개했다. 이 운동은 한때 북한에서 대단히 떠들썩했던 "정춘실 따라배우기 운동"이다. 이를 계기로 모든 상업부문에서 버려진 땅을 개간하여 옥수수와 콩을 심는 등 식품원료를 생산했고 식료가공반을 통해 가공식품을 만들어 해당 지역 주민들에게 공급했다.

북한은 이 시기 식품 부족문제를 해결하기 위해 간부를 비롯한 특정 종사자에 대한 식품공급을 제한하기 위한 대책도 강구했다.

"식료품상점들에서 식료품을 많이 팔아주게 하려면 간부들에 대한 식료품공급제도를 없애야 합니다. 지금 일부 기관들에서 부식물을 따로 공급하고 있는데 앞으로는 누구나 다 식료품을 상점에서 사다 먹게 하여야 합니다. 물론 희귀한 식료품 같은 것은 일정한 기간 특수한 부문에 따로 공급하여야 합니다. 예를 들어 쵸콜렛과 같은 것은 많이 생산하지 못하기 때문에 비행사들에게 우선적으로 공급해 주어야 합니다."[40]

---

39 위의 글, 같은 쪽

40 김정일, "인민생활에 깊은 관심을 돌릴데 대하여(조선로동당 중앙위원회 책임일꾼들과 한 담화, 1983.3.2.)" 『김정일선집』 제7권(평양 : 조선로동당출판사, 1996), p. 403.

마. 어린이 콩우유 공급

북한은 이 시기 탁아소, 유치원 어린이들에게 우유나 콩우유를 만들어 먹일 데 대해 강조했다. 어린이들이 성장에 필요한 칼시움을 섭취하는데 우유나 콩우유가 효과적이다. 그것은 우유속에 몸에 흡수되기 쉬운 형태의 칼슘이 풍부하게 포함되어 있을 뿐 아니라 다른 식품에 비해 몸에 대한 흡수 능력이 높기 때문이다.[41] 그러나 우유를 생산하려면 젖소를 많이 길러야 한다. 이 경우 사료소비량이 많고 방목지도 필요하므로 북한의 실정에서는 우유생산용으로 사육하기에는 경제성이 낮은 측면이 있다. 북한에서 소는 젖 생산이나 육류생산을 목적으로 기르는 것보다 생산수단으로 이용할 수 있는 부림소를 기르는 데 더 큰 목적이 있다. 따라서 소젖을 대체할 수 있는 영양식품을 생산하여야만 했다. 북한은 콩을 많이 심어 우유를 많이 먹이도록 하는 데 관심을 두었다.

> "어린이들에게 콩국을 먹이기 위해서도 콩은 많이 있어야 합니다. 콩국은 비록 소젖과 성분은 좀 다르지만 영양가는 결코 소젖보다 못하지 않습니다. 우리나라에 아직 젖소가 적은 조건에서 어린이들에게 소젖을 먹이지 못하는 대신 콩국이라도 먹여야 할 것입니다.[42]

41 가와타시 아이요시 저, 이종환 옮김, 『키크는 비결』(서울 : 자유시대사, 2000), p. 43.

42 김일성, "사회주의농촌건설을 더욱 다그칠데 대하여(전국농업대회에서 한 연설, 1969.2.7.)" 『김일성저작집』 제23권(평양 : 조선로동당출판사, 1983), p. 300.

북한은 콩을 많이 심어 이것을 원료로 하는 영양우유를 만들어 공급하기 위한 대책을 시도했다.

> "어린이들에게 우유를 먹이기 위한 투쟁도 벌여야 하겠습니다. 수확고가 높은 콩 종자를 얻어내고 콩 농사를 잘하여 어린이들에게 콩우유를 만들어 먹여야 합니다. 콩은 자체로 많이 생산하지 못하면 다른 나라에서 사다가라도 어린이들에게 콩우유를 만들어 먹여야 합니다.[43]

바. 식품 부족해결을 위한 지역의 자립체제 구축

북한의 식품생산 정책은 대규모의 중앙식품 공업과 중소규모의 지방식품 공업을 병행하여 발전시키는 것이다. 이러한 정책은 1958년 6월 당중앙위원회 전원회의에서 채택되었다.[44] 1962년 8월 지방 당 및 경제일꾼 창성연석회의와 1970년 2월 전국 지방산업 일꾼대회 이후 지방산업 공장 건설이 활발해지면서 지방의 역할이 강조되기 시작했다. 이에 따라 1965년 당시에는 전국에 2,000여 개의 지방산업공장들이 건설되었다.[45] 지방공업 발전을 위해 각 군에 지방공업경영위원회와 국가계획위원회 군

43 김일성, "과학교육사업과 인민보건사업에서 새로운 전환을 일으킬데 대하여(조선로동당중앙위 제6기 13차 전원회의에서 한 결론 1988.3.7.-11.)" 『김일성저작집』 제41권(평양 : 조선로동당출판사, 1995), pp. 56-57.

44 양문수, "북한경제의 시장화, 양태·성격·메커니즘·함의", 한울, 2010년, p.385.

45 김일성, "조선민주주의인민공화국에서의 사회주의건설과 남조선혁명에 대하여(인도네시아 알리 아르함 사회과학원에서 한 강의, 1965.4.14.)" 『김일성저작집』 제19권(평양 : 조선로동당출판사, 1982), p. 298.

위원회도 조직되었다.[46] 1980년에는 1965년에 비해 거의 2배(약 3,600개)로 늘어나 군마다 평균 18개 이상의 지방산업공장이 가동하게 되었다.

북한은 건설된 지방공장에 원료자재를 보장해 줄 수 있는 지역 자체의 원료생산기지 조성에도 관심을 두었다.

> "지방공업을 발전시키기 위하여서는 또한 도마다 원료기지를 튼튼히 꾸려야 합니다. 도들에서 중앙공업에만 의존하면서 자체로 원료기지를 튼튼히 꾸리지 않으면 지방공장을 발전시킬 수 없습니다. … 도들에서는 원료기지를 튼튼히 꾸려 지방산업공장들에 필요한 원료를 자체로 해결하여야 합니다."[47]

각 도, 군(구역)을 단위로 원료기지 사업소가 설립되어 소비품 생산에 필요한 원료를 생산하게 되었다. 또한 각 공장, 상업관리소, 급양관리소에도 원료기지가 조성되어 지역주민을 대상으로 한 소비품을 생산·보장할 수 있도록 했다. 북한은 식료가공공장들에서 그 지역 농장에서 생산되는 과일, 남새와 같은 농산물과 수산사업소와 수산협동조합에서 생산한 물고기로 식료품을 가공하여 공급하도록 했으며, 특히 어린이들의 건강에 좋은 다시마를 많이 가공하는 데 힘을 쏟도록 했다.

북한은 지역주민 식량공급에 대한 지방의 역할을 강조했다. 김일성

46 김일성, "당사업을 강화하며 나라의 살림살이를 알뜰하게 꾸릴데 대하여(조선로동당중앙위 제4기 제12차 전원회의에서 한 결론, 1965.11.15.-17.)" 『김일성저작집』 제20권(평양 : 조선로동당출판사, 1982), p. 2.

47 김일성, "지방공업부문 일꾼들의 책임성과 역할을 높일데 대하여(경공업부문 책임일꾼협의회에서 한 연설, 1980.5.3.)" 『김일성저작집』 제35권(평양 : 조선로동당출판사, 1987), p. 137.

은 1970년 6월에 있었던 함경북도 농업일꾼대회에서 함경북도가 식량자급을 할 데 대해 요구했다. 1972년 2월에는 자강도를 현지지도하면서 인민생활을 책임지고 있는 호주로서 지방인민위원회가 도의 식량문제를 해결할 데 대해 지시했다. 1972년 6월에는 다시 함경북도를 현지지도하면서 부식, 채소, 육류 등의 공급문제를 언급했다. 북한은 어린이 영양식료품 생산에서 지방의 역할을 촉구했다. 김일성은 1982년 2월 2일 도당위원회 책임비서협의회와 1984년 5월 노동당 정치국회의에서 어린이 식료품을 많이 생산할데 대해 강조했다. 1987년 10월 3일 개최된 중앙인민위원회 제8기 8차 회의에서 탁아소, 유치원, 어린이들에게 영양식료품을 많이 생산하여 공급할 데 대해 언급했다. 먼저 도영공장을 건설해 도적으로 보장하고 이어 시, 군 공장을 건설해 시, 군의 어린이 영양식료품 수요를 보장하도록 했다. 그러면서 다음 해 1년 동안에 모든 도와 시, 군들에서 어린이 영양공장을 꾸려놓을 데 대해 지시하기도 했다. 북한은 콩우유 생산에도 관심을 두었다. 김일성은 1988년 3월 노동당 제6기 13차 정원회의에서 콩우유를 정상적으로 생산공급할 데 대해 강조했다.

1970년대 후반기에 들어 북한은 지방무역을 발전시켜 지역주민들의 식품 부족을 푸는데 관심을 두었다. 1977년 2월에 또한 각 도행정위원회 산하에 무역상사를 내오도록 했다.[48] 1985년 2월 18일에는 정무원, 도 책임일꾼협의회에서 도들에서 변강무역에 필요한 수출품생산기지를 꾸리도록 지시했다.[49]

북한의 이러한 대책은 식품 부족에 대한 중앙의 책임을 약화시키고

---

48 장의남, "위대한 수령 김일성 동지의 현명한 령도밑에 진행된 지방무역을 확대발전시키기 위한 투쟁" 『역사과학』, 2호(2010), p. 8.

49 위의 책, p. 9.

지방에 떠넘기려는 의도라 볼 수 있다. 중앙정부가 국방공업에 우선적 관심을 두어야 하는 조건에서 국방과 연계된 중공업은 국가가 맡고 경공업과 관련된 식품 부족은 지방정부가 맡아 하는 식의 책임분담이라 할 수 있다.

3. 식품의 구입지위 박탈

시장은 주민생활과 밀접한 연관이 있다. 시장거래를 통해 생활에 필요한 현금소득을 얻을 수 있게 하고 식료품 등 소비품을 수요대로 구입할 수 있는 지위를 보장해 줄 수 있는 장소가 바로 시장이기 때문이다.

광복 전 북한의 시장은 모든 사람들이 판매자가 되어 소득을 창출하고 구매자가 되어 소비할 수 있는 곳이었다. 식생활에 필요한 식량을 비롯한 모든 식품을 구입할 수 있는 통로는 오직 시장뿐이었다. 해방 후 중요산업 국유화를 통해 국유화된 산업분야 종사자들의 생활안정을 위한 식량배급제, 간장, 된장 등 기초식품과 가공식품 등 식품공급제를 도입했다. 이와 함께 1947년 2월 '인민시장 규정 실시에 관한 포고'를 통해 시장을 공식적으로 인정했다. 주민들이 식품을 구입할 수 있는 통로가 시장과 국가배급제로 이원화됨에 따라 시장에 대한 주민들의 의존도는 낮아지게 되었다. 1950년 초에는 생산재와 소비재도 거래할 수 있는 인민시장을 식량을 포함한 농축산물만 거래하는 농촌시장으로 전환했다. 1958년 북한의 모든 소유가 국유 및 협동적 소유로 전환되어 농업협동화의 틀이 마련된 후 내각결정 140호에 따라 농촌시장을 폐지하고 양곡을 제외한 잉여농축산물만 거래하는 농민시장을 설치했다.

북한은 농민시장을 협동농장들의 공동경리[50]와 협동농민들의 개인 부업경리[51]에서 생산된 농산물과 축산물 일부를 농민들이 일정한 장소를 통하여 주민들에게 직접 파는 상업의 한 형태[52]로 정의하고 있다. 국영 및 협동상업만으로 필요한 상품을 충족시킬 수 없게 되자 이를 보충하는 차원에서 농민시장을 군 소재지에 하나씩 설치하거나 거리가 먼 경우 리(理)에 도 설치하도록 했다. 농민시장에서 거래할 수 있는 품목을 빗자루, 바가지와 같은 일용품과 참깨, 들깨, 달걀 같은 부식물에 국한했으며 농민들의 휴무에 맞춰 10일장 형태로 운영하도록 했다.

북한이 시장운영을 장려하지 않은 것은 시장에 대한 부정적 인식 때문이다. 김일성은 '사회주의 경제의 몇 가지 이론문제에 대하여'에서 농민시장을 자본주의 잔재가 많으며 봉건사회에서 생겨난 뒤떨어진 상업 형태라고 하면서 원칙적으로는 없는 것이 좋지만 모든 것을 완전히 공급해주지 못하는 현실에서 완전히 없앨 수는 없으며 남아있는 것이 오히려 좋은 측면도 있다고 했다. 그러면서 농민시장은 국가가 모든 소비품을 생산하여 공급할 수 있고 공산화가 완전히 실현될 때에는 없어질 것이라고 했다.

---

50 공동경리는 생산수단을 통합하고 생산자들의 공동노동에 의하여 운영되는 경리이며, 여기에는 협동농장, 수산협동조합, 생산협동조합, 편의협동조합 등이 있다.

51 개인부업경리는 협동농장원들이 텃밭이나 개인적 노동에 기초하여 보충적 수입을 목적으로 하는 경리를 말한다. 개인부업경리에는 남새생산, 약초재배, 집짐승 기르기, 빗자루 같은 것을 만드는 가내수공업 등이 속한다. 개인부업경리의 생산물은 그것을 생산한 사람들의 소유물로 되며 따라서 그것은 생산자의 의사에 따라 자체로 소비하기도 하며 농민시장에 내다 팔거나 바꿀 수도 있다.

52 김일성, "사회주의 경제의 몇 가지 리론문제에 대하여(과학교육부문 일꾼들이 제기한 질문에 대한 대답, 1969.3.1.)" 『김일성저작집』 제23권(평양 : 조선로동당출판사, 1983), p. 465.

"나라가 공업화되고 기술이 높이 발전하여 인민들이 요구하는 모든 소비품이 넉넉하여질 때에만 그것이(농민시장) 없어질 수 있습니다. … 국가적으로 인민들이 요구하는 모든 물건을 넉넉히 생산 공급할 수 있을 정도로 생산력이 발전하고 협동적 소유가 전민소유로 될 때에만 농민시장과 암거래는 없어지고 상업은 완전히 공급제로 넘어갈 수 있을 것입니다."[53]

시장에 대한 당국의 부정적 인식과 이에 따른 대책 때문에 북한주민들은 식품을 구입할 수 있는 지위를 상실하게 되었다.

4. 검박한 사회주의 식생활양식 확립

가. 검박한 생활교양 및 처벌

북한은 이 시기 검박한 물질생활과 배급주의에 대한 배격을 통해 사회주의 식생활양식을 확립하는데 관심을 두었다. 검박하고 소박한 생활은 곧 "절약"을 위한 목적과 연계되었다. 북한의 공식문헌에서는 "혁명적으로 일하며 생활한다는 것은 혁명의 요구에 맞게 안일과 해이를 반대하고 모든 사업을 대담하고 통이 크게 벌려나갈 뿐 아니라 생활을 검소하고 절도 있게 해나간다는 것을 의미한다." 면서 청년들은 "생활을 검박

53 위의 책, pp. 468-470.

하게 하며 국가와 사회재산을 극력 아끼고 나라살림살이를 깐지고 알뜰하게 꾸리는데 주인답게 참가하여야 한다."고 쓰고 있다.[54] 이와 함께 검소하고 소박한 생활을 위해 허례허식을 없앨 것을 강조했다. "청년학생들은 특히 사치와 허례허식을 배격하고 생활을 검박하게 꾸려나가야 한다. 청년학생들은 몸차림을 검소하게 하고 생활을 소박하게 하면서도 사회주의 생활양식과 현대적 미감에 맞게 깨끗하고 문화적으로 하여야 한다."[55]

북한은 물욕에 대한 강한 경계와 함께 후유증에 대해서도 강조했다. "우리의 새세대들은 어려서부터 개인주의, 물욕을 모르며 개인의 리익보다 사회와 집단의 리익, 당과 혁명의 리익을 더 귀중히 여기며 그것을 위하여 모든 것을 다 바쳐 투쟁하도록 교양하여야 한다"[56] 면서 남조선에서 발생하는 범죄와 타락상은 "지나치게 물질을 중요시 하고 개인쾌락주의를 추구하는 잘못된 사고방식 때문이라고 쓰고 있다.[57] 그러면서 검소하지 못한 생활을 지속하게 되면 사회의 낙오자로 될 수 있음을 강조했다.

나. 사회주의 식생활양식에 따른 소비자 지식제공

이 시기 북한은 사회주의 식생활양식을 장려하기 위해 관혼상제를 간소화 할 것을 요구했다. 이는 「근로자」에 발표된 고정웅의 글에서 찾아볼 수 있다.[58] 결혼이나 돌생일을 하면서 쓸데없는 격식을 차리고 요란

54 《노동청년》, 1983년 2월 25일.

55 《노동청년》, 1983년 10월 18일.

56 《노동청년》, 1983년 8월 27일.

57 《노동청년》, 1983년 1월 5일.

58 고정웅, "사회주의적 문화생활양식을 확립하는 것은 사회주의사회발전의 필수적

한 상차림을 하며 많은 사람을 청하여 식량을 낭비하는 것은 낡은 사회에서 물려받은 잔재라고 서술하고 있다. 관혼상제를 요란하게 지내는 것은 봉건사회에서 일도 하지 않고 허례허식을 일삼던 착취계급들이 가문의 '위세'를 뽐내기 위해 퍼트린 낡은 관습이라고 쓰고 있다. 그러므로 낡은 관혼상제 관습은 사람들을 구속하는 요소로 되어 안일하고 해이한 생활기풍을 조성시킨다고 강조하고 있다.

이러한 인식은 김일성이 결혼식에서 나타나고 있는 현상들에 대한 비판에서도 찾아볼 수 있다.

> "… 잔치하는 것을 보아도 허례허식이 많고 낭비가 많습니다. 잔치할 때에 음식을 많이 차려 낭비하는데 이것은 착취사회가 남겨놓은 낡은 생활유습입니다. 결혼식 때 음식을 많이 차려놓고 먹는 것 보다는 음식을 차리는데 쓰는 돈으로 옷장, 이불장을 비롯한 가구들과 부엌세간 같은 것을 사놓는 것이 더 좋을 것입니다."[59]

북한은 관혼상제의 규범도 시대의 요구에 맞게 혁명적이고 문화적인 것으로 되어야 한다면서 가까운 친척들과 동지들이 단란하게 모여 문화적으로 축하해 주는 방법으로 소박하게 할 것을 요구했다.

> "생일은 누구에게나 다 있는데 모든 사람들의 생일을 다 축하하

요구," 『근로자』, 8호(1981), pp. 25-26.

59 김일성, "농업생산에서 새로운 앙양을 일으킬데 대하여(전국농업부문 열성자 대회에서 한 연설, 1973.8.9.)" 『김일성저작집』 제28권(평양 : 조선로동당출판사, 1984), pp. 428-429.

자면 큰일 나지 않겠습니까. 물론 생일날에 친구들 몇 사람이 모여서 즐겁게 지내는 것은 좋은 일입니다. 우리는 그런 것을 반대하지 않습니다. 그러나 생일을 성대하게 쇠는 것은 반대합니다."[60]

5. 체육의 대중화·생활화를 통한 키 크기 운동 전개

가. 사회적 분위기 조성

북한은 청소년들의 신체증진을 위해 키 크기 운동을 대중적 운동으로 전개했다. 이를 위해 사회적 분위기 조성사업에 힘을 넣었는데, 이는 두 가지 방향에서 추진되었다. 하나는 체육의 대중화, 생활화를 위해 진행되는 "체육월간"과 "모범체육군 쟁취운동"을 통한 지역단위 활동이었고 다른 하나는 사로청조직이 주관하는 "모범체육학교 쟁취운동"과 과외체육을 통한 활동이었다.

김일성은 체육의 대중화, 생활화를 위해 체육월간과 모범체육군 창조운동을 활발히 전개할 데 대해 강조했다.

"우리나라에서 오래전부터 실시해오고 있는 인민체력 검정사업

---

60 김일성, "조선민주주의 인민공화국 인민경제발전 2차 7개년계획(1978-1984)에 대하여(조선민주주의 인민공화국 최고인민회의 법령 최고인민회의 제6기 제1차회의에서 채택, 1977.12.17.)"『김일성저작집』 제32권(평양 : 조선로동당 출판사, 1986), p. 189.

은 광범한 청소년학생들과 근로자들을 체육활동에 적극 참가시켜 그들을 로동과 국방에 튼튼히 준비시키기 위한 좋은 방도의 하나입니다.…

체육지도기관들과 근로단체들에서는 모든 시, 군들에서 모범체육군을 창조하기 위한 전망목표를 바로 세우고 청소년학생들과 근로자들을 적극 발동하여 그것을 어김없이 실현하도록 하여야 합니다."[61]

북한은 학교체육 사업을 강화하기 위해 모범체육학교 쟁취운동을 제시했으며 학교에서 사회적인 키 크기 운동을 전개해 나가도록 했다.

"모범체육학교 쟁취운동은 학교체육 사업을 강화하기 위한 중요한 방도의 하나입니다. 학교들에서는 모범체육학교 칭호를 쟁취하기 위한 투쟁목표를 단계별로 세우고 그것을 실현하기 위한 사업에 모든 교원, 학생들이 적극 떨쳐나서도록 하여야 합니다."[62]

북한은 1977년에 들어 사로청조직을 내세워 기계체조 종목을 통한 키 크기 운동을 밀고 나가도록 했다.

"사로청조직들은 학교와 공장들에 철봉, 평행봉을 비롯하여 키 크기 운동을 할 수 있는 기재들을 많이 만들어놓고 키 크기 운동

61 김정일, "체육을 대중화하며 체육기술을 빨리 발전시킬 데 대하여(체육부문일꾼들과 함 담화, 1986.5.19.)" 『김정일선집』 제8권(평양 : 조선로동당 출판사, 1998), p. 407.

62 위의 글, p. 405.

을 대대적으로 하여야 하겠습니다.[63]

이어 1980년 초에 들어서는 과외 체육활동을 통해 키 크기 운동을 전개해 나가도록 했다. 모든 학교에서 1~2시간씩 키 크기 운동을 기본으로 하는 과외 체육활동을 정상화 하도록 했다.

> "청소년들 속에서 체육을 대중화, 생활화하고 키 크기 운동을 비롯한 여러 가지 과외체육 활동을 널리 벌리도록 하여야 하겠습니다."[64]

과외 체육시간에는 달리기를 한 후 "키 크기 맨손체조"를 하도록 했고 철봉, 농구, 예술체조 등을 키 크기 운동종목으로 정하고 학교의 실정에 맞게 진행해 나가도록 했다.[65] 북한은 노동신문을 통해 학교들에서 진행되고 있는 키 크기 운동에 대한 소개사업도 진행했다. 학교들에서 철봉, 평행봉을 충분히 마련해 놓고 학생들의 체질과 취미에 맞게 진행하도록 하고 있으며 체육수업 시간과 과외활동 시간에 여러 가지 형식과 방법으로 진행하고 있다고 소개했다.[66]

---

63 김일성, "사로청조직들 앞에 나서는 몇 가지 과업에 대하여(사로청중앙위원회 일꾼들앞에서 한 연설, 1977.2.25.)" 『김일성 저작집』 제32권(평양 : 조선로동당 출판사, 1986), p. 64.

64 김정일, "청소년사업에 대한 당적 지도를 더욱 강화할 데 대하여(도, 시, 군 당위원회 청년사업부 일꾼강습참가자들에게 보낸 서한 1981.7.13.)" 『김정일선집』 제7권(평양 : 조선노동당출판사, 1996년), p. 110.

65 백과사전편찬위원회, 『광명백과사전』 제20권(평양 : 백과사전 출판사, 2008), p. 64, p. 172.

66 《노동신문》, 1988년 3월 8일.

나. 철봉, 평행봉을 통한 키 크기 운동 강화

북한은 이 시기 학교에서 기계체조를 통해 키를 크게 하는 데 관심을 두었다.

> "륙상과 철봉운동, 평행봉운동을 비롯한 기계체조는 청소년들의 성장발육을 촉진시키는데 좋은 운동입니다. 학교들에서는 학생들이 륙상과 기계체조를 많이 하여 키를 크게 하고 몸을 단련하도록 하여야 합니다."[67]

철봉은 다른 운동과 달리 철봉에 매달려 여러가지 운동을 하게 되므로 신장이 늘어나는데 도움을 준다. 학교체육시간에 달리기, 철봉, 평행봉과 같은 운동을 장려했는데 남녀 구분 없이 철봉도 하고 평행봉을 하도록 했다. 그리고 수업이 끝난 다음 방과 후 체육활동을 학급별로 진행하도록 했다.

6. 개별주민 신체왜소로 국한

위에서 살펴본 것과 같이 신체왜소가 발생한 이후 북한은 농민시장

---

67 김정일, "체육을 대중화하며 체육기술을 빨리 발전시킬데 대하여(체육부문일꾼들과 함 담화, 1986.5.19.)" 『김정일선집』 제8권(평양 : 조선로동당출판사, 1989), p. 403.

에서 양곡판매를 금지하는 것을 비롯해 식품수요에 대한 시장기능을 억제했으며 사회 전반에서 사회주의 생활양식의 요구대로 허례허식을 없애고 검소하게 생활할 것을 강조했다. 이는 자율적인 식생활 환경을 억제하는 부작용이 있으나, 저소비의식을 형성하는데 기여한 것으로 보인다.

또한 이 시기 신체왜소 극복에 긍정적 영향을 미치는 대책도 세워졌다. 이러한 대책으로 어린이 영양 식품과 성장식품생산, 식품획득지위 차별화 실시, 상비상품 보장, 식품공급에서 지방의 자립적 역할 강화를 들 수 있다. 북한은 『어린이보육교양법』제정을 통해 어린이들에게 성장식품을 무조건 공급하도록 법적으로 규제했다. 한편 어린이 영양관리를 위한 전문연구소가 신설되었고 김일성이 직접 나서서 어린이 식료품공장 건설을 추진했다. 이 시기 김일성의 노작에 리진제품, 뺏가루 제품, 어린이 영양 식품이라는 단어가 자주 등장하는 것을 찾아보게 된다. 북한은 식품 부족의 상황에 대처해 주민들에 대한 식품공급제 운영의 효과를 높임으로써 신체왜소의 확산을 막고자 했다. 1970년대 이후 특권경제가 등장하는 것에 상응해 간부와 일반 주민에 따라 식품공급 지위를 차별화했다. 중앙정부가 국방공업에 대한 관심을 우선하고 있는 조건에서 지방 식품공업의 자립체제를 강화해 지역의 식품 수요를 지역 자체로 해결해 나가도록 했다. 이 시기 북한은 주민들에게 상비식품만은 무조건 공급하도록 했다.

이상에서 본 것처럼 북한은 1980년대 이전 국가에 의한 식품공급을 정상화하는 속에 선택과 집중을 통해 부족한 식품을 적절히 분배했다. 이러한 대책으로 인해 개별주민 신체왜소로 국한될 수 있었다.

2장 | 1990년대 : "고난의 행군"에 따른 신체왜소 확산에 대한 대응

1990년대 들어 북한사회는 수십만에서 수백만 명으로 추정되는 아사자가 발생할 정도의 식품난에 처하게 되었다. 북한은 "고난의 행군"[68] 시기로 정하고 허리띠(벨트)를 졸라매고 중대한 난관을 극복해 나갈 것을 주문했다. 식량을 대체할 수 있는 대용식품 개발과 시장기능의 용인, 국가의 식품공급에 대한 책임 분담 등 식품난을 극복하기 위한 다양한 대응책을 제시했다. 이와 함께 "가는 길 험난해도 웃으며 가자"는 구호를 제시하고 주민들에게 식품난이 극복될 수 있다는 낙관적 희망을 심어주기도 했다.

68 북한에서 "고난의 행군"기간은 김일성 사후인 1995년부터 2000년까지를 말한다. 이 기간 중 1998년 8월 강성대국 선포 전까지는 "고난의 행군"기간, 1999 2000년까지는 고난의 강행군이라 부른다. 북한은 2000년 10월 당창건 55주년을 기해 종료되었음을 선언했다. "고난의 행군"은 1938년 말 -1939년 김일성이 이끄는 항일빨찌산이 만주에서 혹한과 굶주림을 겪으며 일본군의 토벌작전을 피해 100여 일간 행군한데서 유래됐다. 고난의 행군 정신은 1990년대 계속되는 경제난과 기아를 극복하기 위해 주민들의 희생을 요구하고 사회적 이탈을 막기 위해 김정일에 대한 충성을 강조하는 내용으로 제시되었다.

1. 식품 및 신체건강 관련 법제화

가. 식품 관련법제 현황과 배경

“고난의 행군”과 더불어 북한은 식품난을 해소하기 위한 제도적 대책을 강구에 관심을 두었다. 제일 먼저 『수산법』, 이어서 『양정법』과 『농업법』을 제정했다. 1998년 12월에는 『양정법』을 수정했고, 1999년 2월에는 『수산법』을 수정·보충했다.

〈표 4-5〉 1990년대 농수산 관련 법제 현황

구분	제정 및 수정 · 보충	구성
수산법	– 최고인민회의 상설회의 제49호(1995.1.18) 제정 – 최고인민회의 상임위원회 정령 제383호(1999.2.4) 수정 · 보충	5장49조
양정법	– 최고인민회의 상설회의 결정 제84호(1997.2.19) 제정 – 최고인민회의 상임위원회 정령 제252호(1998.12.10.) 수정	6장56조
농업법	– 최고인민회의 상임위원회 정령 제290호(1998.12.18.) 제정	6장78조
양어법	– 최고인민회의 상임위원회 정령 제288호(1998.12.18.) 제정	6장49조
상업법	– 최고인민회의 상설회의 결정 제13호(1992.1.29.) 제정 – 최고인민회의 상임위원회 정령 제381호(1999.1.28.) 수정 · 보충	9장89조

북한은 1995년 1월 제정한 『수산법』을 4년도 못되어 수정·보충했다. 이는 수산물 생산에 대한 관심과 더불어 수산부문에서 나타나는 무질서한 현상을 바로 잡으려는 데 있는 것으로 보인다.

당시 북한에서는 외화난으로 기름을 수입해 오지 못해 많은 배들이 바다에 나가지 못했고 이는 수산물 생산량의 감소로 이어졌다. 이와 관련해 북한은 양어장, 자연어장 관리를 잘하지 못하여 단위당 생산량을 늘리지 못했거나 수산자원 조성 및 증식계획을 실행하지 못한 경우에는 다른 기관, 기업소, 단체에 넘겨주도록 명시했다(제47조). 개인 및 기업들의 고기잡이를 통한 사경제활동이 강화되면서 불법적 행위들이 많아졌다. 북한은 계획에 반영되지 않은 경우 배를 만들지 못하게 했고(제25조), 국가의 승인 없이 어선을 빌려주지 못하도록 했다(제44조). 주민들이 마구잡이로 해초를 뜯어 식품이나 장사에 이용하는 것과 관련해 승인 없이 물고기보호에 이로운 해초를 뜯지 말도록 명시했다(37조). 북한은 해마다 4월과 7월을 "수산자원 보호월간"으로 정하고 수산자원 보호와 관련한 교양사업과 감독통제 사업을 강화하도록 했다(제31조).

1990년대 초 아사를 동반하는 식량난으로 인해 식량공급에 대한 주민들의 불만이 많았다. 당국은 알곡생산이 늘어나지 않는 조건에서 양정부문에 대한 통제를 통해 이러한 문제를 해소하려고 했다. 이러한 의도를 반영한 것이 1997년 2월에 제정된 『양정법』이다. 북한은 식량공급 대상을 축소하는 방법으로 식량배급제 운영에 대한 국가의 책임을 덜어보려고 했다. 기관, 기업소, 단체의 부업지[69]에서 일하는 성원을 공급대상에서 제외시켰으며 남새, 공예작물 같은 비 알곡작물을 전문으로 생산하는 기관, 기업소, 단체의 종업원에 대한 식량은 해당단위에서 보장할 수 없는 경우에만 양정기관에서 공급하도록 했다(제46조).

1998년 12월에 제정된 『농업법』은 농업생산 및 생산물 관리, 농업

69 북한에서 기관·기업소·단체가 소유하고 있는 부업지는 1960년대 김일성이 대안의 사업체계와 더불어 공장, 기업소에서 종업원들에 대한 후방사업을 책임질 데 대해 지시하면서 생겨났다. 초기에는 부식물 해결을 위해 경작되었으나 1990년대 식량난 이후 강냉이나 감자 등 주식물 해결에 이용되고 있다.

부문에 대한 지도통제를 전면적으로 명시한 법령이다. 이 법은 "고난의 행군"과 더불어 드러난 "주체농법"을 보완, 전력사정으로 인한 농업생산 환경의 변화 등을 반영하여 제정된 것으로 보인다. 농업법 제24조에서는 "국영농목장과 협동농장, 해당 기관·기업소·단체는 적지적작, 적기적작의 원칙에서 작물과 품종을 배치하고 영농공법에 따른 작업을 제철에 질적으로 조직하여야 한다."고 명시했다. 또한 전력공급 기관, 기업소가 영농시기 전력을 원만히 공급하고 중소형발전소 건설을 통해 농업부문에 요구되는 전력을 보충하도록 명시했다(제39조).

북한은 기름부족으로 원·근해 어업이 어려워지고 있는데 상응해 주민들의 물고기 수요를 보장하는 문제에 관심을 두었다. 1998년 12월 『양어법』을 제정해 이러한 문제를 해결해보려 했다. 이는 양어법 제정의 목적을 인민생활을 향상시키는데 이바지한다고 명시한 것에 알 수 있다(제1조).

북한은 또한 식품공급과 관련한 "사회주의 상업법"을 제정했다. 상업법은 1992년 1월 29일 최고인민회의 상설회의 결정 제13호로 채택되었고 1999년 1월 최고인민회의 상임위원회 정령 제381호로 수정·보충했다. 북한은 상업법을 통해 사회주의 상업은 주민들에 대한 공급사업이고 물질문화적 수요를 충족시키기 위한 사업(제1조)이라는 것을 밝혔으며 모든 상업기관들이 생산기업소들에서 상품을 정확히 인수하여 주민들에게 공급하도록 하고 있다(제9조). 또한 식료품을 생산하는 기관, 기업소, 단체가 국가계획대로 식품을 생산하여 골고루 공급하도록 하는 것과 수산 기관, 기업소, 단체에서 주민공급용 수산물을 넘겨받아 해당 지역 주민들에게 골고루 공급하여야 함을 밝히고 있다(제14조). 이와 함께 식료상점에 냉동시설을 갖추어 식료품 보관을 잘 하도록 하고 있다(제71조). 북한이 1990년대에 들어 주민공급과 관련된 상업법을 제정한 것은 식품을 비롯한 상품생산량이 감소하고 있는 상황에서 법 제정을 통해 식품공급의 제도와 질서를 세워 적은 양을 골고루 공급하기 위한 목적이 있는 것으로 보인다. 또한 1999년 개정된 상업법에서는 시장을 잘 꾸리고 운영하는 내용이 있는데, 이는 다년간의 "고난의 행군"으로 국가의 식품공급체계가 마비된 상황에서 식품공급의 대안으로 시장운영을 제시한 것으로 보인다.

나. 신체건강 관련 법제 현황과 배경

북한은 이 시기 들어 주민들의 신체건강과 관련한 제도적 대책을 세우는 사업에도 관심을 두었다. 이러한 사업으로 1997년 3월 『체육법』과 1997년 12월 『의료법』 제정, 1999년 3월 『인민보건법』과 『어린이보육교양법』에 대한 수정·보충을 들 수 있다.

〈표 4-6〉 1990년대 신체건강 관련 법제 현황

구 분	제정 및 수정 · 보충	구성
체육법	– 최고인민회의 상설회의 결정 제85호(1997.3.12) 제정 – 최고인민회의 상임위원회 결정 제251호(1998.12.10) 수정	6장54조
인민보건법	– 최고인민회의 법령 제5호(1980.4.3) 제정 – 최고인민회의 상임위원회 정령 제488호(1999.3.4) 수정 · 보충	7장51조
어린이 보육교양법	– 최고인민회의 상설회의 결정 제7호(1976.4.29) 제정 – 최고인민회의 상임위원회 결정 제488호(1999.3.4) 수정 · 보충	7장52조
의료법	– 최고인민회의 상설회의 결정 제103호(1997.12.3) 제정 – 최고인민회의 상임위원회 정령 제251호(1998.12.10) 수정	5장51조

1990년대 "고난의 행군"으로 생계가 어려워지면서 주민들과 청소년들의 신체증진을 위한 체육사업이 마비되었다. 이러한 환경에 대처해 북

한은 『체육법』제정을 통해 이러한 문제점을 해소하려고 했다. 동 법에서는 대중체육 연구의 중심을 청소년들의 키를 크게 하고 몸을 균형적으로 발달시키는 것으로 정했다(제32조). 과거 체육의 대중화에 생활화를 결합하도록 했다. 기관, 기업소, 단체별로 비상설적인 군중체육조직을 만들었으며 체육월간과 체육의 날을 정하도록 했다. 이에 따라 북한에서는 해마다 10월 15일을 체육의 날로 기념하고 있다. 체육의 날에는 통상 사이클, 줄다리기, 공을 안고 달리기, 100m 달리기 등 경기가 펼쳐진다. 북한은 체육의 날을 통해 주민들의 체력 강화와 조직성, 규율성을 높이고 집단주의 정신을 독려하고 있다. 또한 『인민보건법』 개정을 통해 주민들에게 국가의 보건정책의 우월성을 선전하고 "고난의 행군"으로 발생한 보건사업의 문제점을 바로잡으려 했다. 성장촉진제 공급을 원만히 하여 어린이들의 신체왜소를 극복하기 위한 대책도 제시했다. 이는 "해당 기관, 기업소 단체는 어린이들에게 건강과 발육에 필요한 비타민과 성장촉진제와 같은 영양제를 원만히 공급하여야 한다." 고 명시한 것에서 알 수 있다.(제25조)

또한 1999년 3월 『어린이보육교양법』을 수정·보충했다. 1990년대 "고난의 행군"으로 부모들이 아사로 죽거나 가족이 흩어져 고아가 생겨났음에도 국가의 재정난으로 탁아소, 유치원이 제대로 운영되지 않았다. 북한은 『어린이보육교양법』 수정·보충을 통해 어린이 보육교양에 대한 당국의 관심을 보여주려 했다. 이와 함께 국가가 처한 재정난에 상응해 어린이 보육관리에서 국가의 책임보다는 해당 단위의 책임을 강조하려 했다. 이는 기관, 기업소, 단체들에서 내부예비를 절약하여 지원할 데 대해 강조한 것에서 알 수 있다.(제59조) 또한 어린이 보육교양에서 나타나고 있는 문제점에 대한 법적통제를 강화하려고 했다.

이 시기 경제난으로 인해 의료부문 지출이 감소한 조건에서 의료사업에서는 많은 문제점이 발생했다. 전염병 보균자가 의료사업을 하거나 국가의 승인없이 자택에서 의료활동을 하는 현상도 나타났다. 북한은 『의료법』제정을 통해 이러한 문제점을 극복하고자 했다. 의료자격자에 대한 정기적인 검진제도를 내왔으며(제14조) 의료자격을 가졌다고 해도 의료기관에 근무하지 않는 자는 환자를 치료할 수 없도록 했다.(제24조)

이처럼 북한은 1990년대에 들어 식품 및 신체건강과 관련한 법 제정을 통해 주민들의 신체왜소를 해소하는 데 관심을 두었다.

2. "고난의 행군"에 따른 식품정책

가. "고난의 행군" 시기 식품 부족 해결방향

이 시기 북한은 극도의 식품 부족에 처할 수 있는 심각한 위기에 직면했다. 당시 상황에 대해 북한은 "한 국가, 한 민족이 완전히 괴멸해 버릴 수 있는 때였다"면서 "선전포고 없는 전쟁, 총포성이 울리지 않는 세계적인 대전"[70]이었다, "우리 당이 50년 동안 혁명과 건설을 령도하여 왔지만 최근 시기와 같이 어려운 환경이 조성된 때는 없었다"[71]고 평가하고 있다.

---

70 황창만, "우리 당은 준엄한 시련 속에서 단련된 불패의 당이다,"《노동신문》, 2000년 10월 5일.

71 동태관, "우리는 영원히 잊지 않으리라 : 백두의 령장 김정일장군의 "고난의 행군" 혁명실록을 펼치며,"《노동신문》, 2000년 10월 3일.

이러한 위기로는 북한 역사상 처음으로 들이닥친 대기근, 사회주의권의 붕괴에 따른 안보 및 위기, 김일성의 사망을 들 수 있다. 1990년대에 들어 북한에서는 100년 만에 한번 오는 대홍수를 겪었다. 당시 880mm 이상의 집중호우로 520만 명의 이재민이 발생했고 152억 달러의 재산피해가 발생했다. 이듬해인 1996년에는 700mm 이상의 집중호우가 또다시 발생하여 50만 명 이상의 이재민이 생겼으며, 1997년에는 유례없는 가뭄까지 겹쳤다. 1990년 북한과 소련의 무역량은 24억 달러였으나 1991년도엔 3억 6천6백만 달러로 전년대비 85%나 감소했다. 1992년에는 무역량이 3억 4천2백만 달러로 감소를 보였으며, 1994년에 이르러 1억 달러 이하로 대폭 축소되었다. 중국과는 1992년 1월 26일 『1992년도 조·중 무역협정』을 체결하여 당해 연도부터 경화에 의한 결제방식을 적용키로 합의했다.[72] 사회주의권의 붕괴로 인한 사회주의 시장의 파산으로 북한은 원료, 연료, 자재공급지를 잃게 되었는데 이로 인해 경제난이 가중되었다.[73]

경제난속에 북한은 식품생산에 대한 투자보다 우상화 사업과 군사력 강화에 더 많은 예산을 집중했다. 김일성 사후 김정일의 지시에 의해 만들어진 '영생관'에 든 비용은 8억 9천만 달러로 추정하고 있다. 이 시기 사회주의권이 붕괴하면서 위기감을 느낀 북한은 국방력 강화의 필요성을 더욱 강조했다. 북한은 "경제는 주저앉았다가도 다시 추설 수 있지만 군사가 주저앉으면 나라의 백년기틀이 허물어지게 된다."[74]고 하면서 국방

72 통일원, "1995년도 상반기 북한경제 동향,"(서울 : 통일원, 1995), p. 224.

73 김영희·김병욱, "북한 경제난의 원인과 실태," 『탈북자와 함께 본 북한사회 : 북한문제의 딜레마와 해법』, 세종정책총서(2012-6), p. 108.

74 《노동신문》, 1991년 12월 28일.

력을 강화하는데 박차를 가했다. 북한은 재래식 군사력의 열세에서 벗어나기 위해 독자적인 SCUD 미사일과 핵개발에 광분했다. 북한 당국으로써는 아사를 막는 것 보다 체제수호가 우선이었다. 이러한 상황에서 북한은 식품생산에 대한 국가의 투자가 없이도 해결 가능한 대용식품 개발과 식품공급에서 국가의 책임분담, 국제사회의 지원을 통한 식량해결 등에 관심을 두었다.

나. 대용식품 개발 및 구황식품 섭취

1990년대 들이닥친 대기근에 따른 극도의 식품 부족을 타개하기 위해 북한 당국은 주민들에게 구황식품[75]을 먹도록 했다. 당시 사용된 구황식품에 대해서는 북한 문헌에서도 소개되고 있다. 구황식료품으로 산에 나는 칡과 둥굴레, 마, 우엉, 토란, 얼레지, 나리 등 흔한 산나물과 머루, 다래, 들쭉, 산 대추, 돌배, 돌 복숭아, 개암, 도토리, 솔 꽃, 은행 등 수십 가지의 산열매가 이용되기도 했다.[76] 이와 함께 거주지 주변에서 해결할 수 있는 대용식품 개발에도 관심을 두었다. 효모젖산균을 가지고 나뭇잎이나 풀 등을 발효처리 한 다음 낟알가루와 섞어 식품을 만들어 먹는 방법이 널리 도입되었다. 어떤 작물이든지 풀씨에는 영양물질과 기름함량이 많다. 이 시기 여러 가지 풀씨로 대용식품을 만들어 먹기도 했

75 일상생활에서는 식용으로 사용하는 경우가 거의 없고 식량이 부족할 때 일시적으로 사용하는 식품을 말한다. 한국식품과학회편, 『식품과학기술대사전』(서울 : 광일문화, 2008), p. 123.

76 사회과학출판사, 『사회주의생활문화사 연구』(평양 : 사회과학원출판사, 2010), p. 244.

는데 이것을 재료로 만든 떡, 엿, 기름, 간장까지 생겨났다.[77] 북한은 대용식품 가공방법을 주제로 한 방식상학을 자주 조직했고 인민반 모임이나 회의를 통해 널리 전달하도록 했다.

당시 일반가정들에서 통용되었던 대용식품으로는 벼 뿌리를 캐서 삶은 다음 건조시켜 제분기에 빻아 옥수수가루나 밀가루로 빵을 만들어 먹는 방법이나 가둑나무 잎을 같은 방법으로 가공하여 먹는 방법이었다. 이러한 대용식품은 벼 뿌리와 가득나무 빻은 가루와 곡물가루의 비율을 잘 섞어야 하는데 곡물이 부족하여 벼 뿌리나 가득나무 가루를 더 많이 섞어서 음식을 만들다 보니 변비가 오거나 이상 증상이 발생하는 경우가 많았다. 이외에도 자체로 대용식품을 개발한 것이 벼겨(쌀을 도정할 때 나오는 벼 껍질)와 곡물가루를 섞어서 음식을 만드는 방법이다. 벼겨로 만든 음식은 벼뿌리로 만든 음식보다 소화가 잘 안되고 변비가 심각하게 발생하여 변을 볼 때 고통을 겪는다고 한다. 이러한 실태와 관련해서는 WCC 콘라드 라이저 총무의 기자회견을 통해서도 알 수 있다.[78]

> "문제의 심각성은 옥수수대, 약초 등에 강냉이나 밀가루를 약간 섞은 대용식품으로 사용하고 있는 것입니다. 대용식품을 1년 반 전부터 먹고 있어 지금부터 부작용이 생겨나고 있는데, 위궤양에서부터 시작해서 장기 설사병 같은 것들이 나타나고 있습니다. 현재 영양실조에 걸린 아이들이 18%가 되는데 병원에 가서 적당한 치료를 받을 수 있는 기구도 없고 약품도 없습니다."

---

77 《노동신문》, 1998년 11월 26일.

78 www.headstone.pe.kr(1999년 4월 22일 기독교회관 2층 강당에서 있었던 WCC 콘라드 라이저 총무의 남북한 방문 기자회견 내용)

북한주민들이 식품 부족을 해소하기 위해 대용식품을 사용하는 사례는 최근에도 찾아볼 수 있다.[79] 2011년 북한에 대한 긴급식량조사를 위해 파견되었던 미국의 5개 NGO들의 방문결과에 따르면, 대용식품으로 고구마 줄기, 말린 무잎, 풀잎, 그리고 산나물을 이용하고 있었다. 이 식품들은 매우 적은 영양소를 포함하고 있었고 소화 장애를 일으키는 원인으로 되었음에도 배고픔을 참기 위해 어쩔 수 없이 이용하고 있었다고 한다. 조사팀은 군 행정지역을 돌아보던 중 물에서 자라는 대용식물과 뿌리를 얻으려고 주민들이 강둑의 얼음을 깨는 것을 목격하기도 했다고 한다.

다. 양어생산

북한은 이 시기 물고기를 많이 기르는 것이 김일성의 유훈이라고 하면서 다른 나라들에서 수백만 마리의 물고기와 물고기 알을 들여와 기후풍토에 순화시키도록 했다. 또한 "양어를 과학화, 축산화 하자"라는 구호아래 군중적 운동으로 전개해나가도록 했다. 양어에 필요한 어종을 선택함에 있어 생산성이 높은 물고기 종류와 품종을 선택하도록 했고 해당 지대의 물 조건(물량과 물 온도), 종자 물고기를 구입할 수 있는 가능성, 먹이조건, 노력, 자재, 자금의 보장 가능성 정도를 타산하여 양어를 진행하도록 했다.[80]

북한은 양어장 운영과 함께 물고기 사료난을 해결할 수 있는 대책

79 우리민족서로돕기운동, 『미 5개 NGO의 북한 식량상황보고서』, 우리민족서로돕기운동,(2011), p. 9.

80 조선로동당력사연구소, 『우리당의 선군시대 경제사상해설』(평양 : 조선로동당출판사, 2005), p. 174.

도 강구했다. 노동신문은 ① 풀-소-물고기-비료, ② 먹이-닭-돼지-물고기-비료, ③ 풀-양-돼지-물고기-비료, ④ 풀-젖소-버섯-지렁이-닭-돼지-물고기-거름 등의 양어방법은 물고기 먹이문제를 쉽게 해결할 수 있는 방법이라고 소개하고 있다. 예컨대 '풀-소-물고기-비료' 양어방법은 풀로 소를 기르고, 소의 배설물을 발효시킨 후 물고기 먹이로 사용하고 물고기 양어장 바닥의 흙은 비료로 쓸 수 있다는 것이다. 보통 2~3마리의 소를 1년간 기르면 그 배설물로 150~200kg의 물고기를 생산할 수 있다고 강조했다.[81]

김정일은 신설된 여러 양어장을 직접 현지시찰 하면서 열대메기, 칠색송어, 잉어 등 각종 민물고기 양어생산을 격려했다. 1998년 12월 11~14일《노동신문》보도에 따르면, 황해남도는 한 달여 동안 도내 모든 시·군에서 20~30정보의 양어장과 종어장을 건설했다고 한다. 용연군은 용정리에 있는 기존의 5정보 칠색송어 양어장을 잉어 등 각종 물고기를 입체적으로 기를 수 있는 20정보 대규모의 양어장으로 확장했다. 배천군은 예의저수지 주변에 있는 25정보 규모의 양어장 기본공사를 끝냈으며, 은천군은 수정천 기슭을 따라 16개 못으로 된 양어장과 열대메기 종어장 등을 조성했다고 보도했다.함경남도 영광군에서는 자동리에 이미 20정보의 양어장을, 자강도 시중양어사업소는 10여 정보의 양어장을 확장하는 등 북한 전역에서 양어장을 자체적으로 건설하기 위한 공사를 하고 있다고 이 신문은 전했다.[82]

---

81 《연합뉴스》, 1998년 3월 20일.

82 《연합뉴스》, 1999년 12월 28일.

라. 평양시 어린이 콩우유 생산

북한은 이 시기 신체왜소가 확산되는 것을 막기 위해 평양시 어린이들에 대한 콩우유 공급에 관심을 두었다. 이는 김정일이 1992년 경제부문 책임일꾼들과 한 담화를 통해서도 알 수 있다.

> "평양시 어린이들에게 먹일 콩우유를 빨리 생산하여야 하겠습니다. 콩우유는 단백질과 칼시움, 철을 비롯한 광물질과 여러 가지 비타민이 많아 어린이들의 발육에 매우 좋습니다. … 나는 일꾼들이 어린이들에게 콩우유를 먹이기 위한 대책을 세우지 않기 때문에 먼저 평양시 어린이들에게 만이라도 콩우유를 먹이기로 결심하고 당중앙위원회 경공업부장에게 다른 것은 좀 못하더라도 콩우유 기계를 사다가 콩우유를 생산하여 평양시 어린이들에게 먹이도록 하라고 했습니다."[83]

북한 당국은 국제사회의 지원속에 평양어린이식료품공장을 정상화하는데 관심을 두었다. 이 공장에서는 젖가루(분유), 영양암가루(이유식), 콩산유(두유를 발효시킨 것)와 채소, 물고기, 다시마 등으로 만든 10여 종의 영양가루를 생산·공급하고 있다. 이 시기 이곳에서 생산된 콩우유가 평양시내 1천여 개의 탁아소, 유치원, 인민학교(초등학교), 중학교(중고등학교)들에 공급되었다. 콩우유가 공급됨에 따라 유치원 일과표와 인민학교

83 김정일, "경공업을 발전시키며 경제관리 연구사업을 잘할 데 대하여(4.15에 즈음하여 생산한 경공업 제품을 보고 경제부문 책임일꾼들과 한 담화, 1992.4.4.)" 『김정일 선집』 제13권(평양 : 조선로동당출판사, 1998), p. 19.

와 중학교 시간표에 '기쁨의 콩우유 시간'을 정해놓고 운영하도록 했다.[84]

또한 "어린이는 나라의 왕이다"는 구호에 어울리게 "왕차"도 운영했다. 왕차는 평양 어린이 식료품공장 콩우유 직장에서 생산된 우유를 평양시안의 모든 탁아소와 유치원, 인민학교 학생들에게 직송하는 운송차를 말한다. 생산된 우유는 매일 오전 9시까지 송달되는데 여름에는 냉우유를, 겨울에는 더운 우유를 공급한다. 하루 우유 급식량은 200g인데 어린이들은 새참시간, 학생들은 수업 휴식시간에 먹는다. 북한은 "고난의 행군"시기에도 평양시 어린이들에 대한 우유공급은 중단하지 않았다고 선전하고 있다. 보도에 따르면 1992년 6월부터 1999년 6월까지 7년 동안 평양시 어린이들과 학생들에게 10만 여톤의 콩우유를 공급했다고 한다.[85] 이러한 성과는 국제사회, 남한의 대북민간단체의 노력이 적지 않다. 1998년 WFP(세계식량계획)에서도 평양어린이식료품공장에 영양 식료품 가공설비를 기증했다.[86] 사단법인 어린이어깨동무는 평양 어린이 식료품 공장에 '어깨동무 콩우유 생산라인을 만들어 주었다.[87]

마. 식품공급에 대한 국가의 책임 분담

1) 기관, 기업소별 자체 식품보장

북한 당국은 1990년대에 들어서면서 국가의 식량공급 책임을 기

84 《평양방송》, 1993년 6월 1일.

85 《평양방송》, 1999년 6월 6일.

86 《통일뉴스》, 2002년 4월 5일.

87 《프레시안》, 2007년 10월 19일.

관·기업소에 위임했다. 기관, 기업소 자체 능력으로 식량을 조달하여 배급기준에 따라 공급하도록 했다. 이에 따라 각 공장, 기업소가 자체의 특성에 맞게 종업원들의 식량배급에 발 벗고 나섰다. 외화를 벌 수 있는 단위는 외화로, 외화가 없는 단위는 종사자들의 현금을 모아 곡창지대에 가서 쌀을 싼값에 대량 구매했고 이를 시장에 팔아 원가를 보상하고 나머지는 시장가격보다 싼 값으로 종업원들에게 공급하기도 했다.

> "제가 다니던 기업소는 원래 외화를 벌고 있었기 때문에 외화 수입으로 무역회사들이 수입하는 식량을 사서 배급표에 한해 공급하여 주었습니다. 그래서 본인은 물론 가족에 해당한 배급을 못 타본 적이 없습니다. 이때로부터 외화를 버는 기업이 제일 인기가 있었습니다."[88]

또한 기관, 기업소에 식량을 생산할 수 있는 부업지를 할당하여 주고 이곳에서 생산된 알곡을 국가배급 몫으로 공급하도록 했다.

수산사업소나 수산협동조합들은 꽃게잡이 철이나 조개잡이, 오징어철을 이용하여 잡은 어패류들을 시장에서 식량과 바꾸어 종업원들에게 공급하기도 했다. 북중 국경지역의 공장, 기업소들은 중국과 변경무역을 통해 과일, 식용유, 밀가루와 같은 식품을 수입하여 시장에서 팔고 남긴 이윤으로 식량을 구입하여 종업원들에게 공급하기도 했다. 식량배급이 공장, 기업소의 능력에 따라 이루어지다보니 식량을 정상적으로 공급해주는 기업이 있는가 하면 전혀 해결해 주지 못하는 기업도 있었다.

기관, 기업소별 식량공급 대책은 전 국민이 평등하게 분배받는 사

---

88 탈북민 K씨 인터뷰, 2012년 4월 8일.

회주의 원칙과는 대치되나, 식량난에 대한 책임을 국가가 기업에 분담하여 국가의 어려운 식량부족을 해결하려는 고육직책이었다.

2) 지역별 자체 식품보장

북한은 1990년대 들어 중앙의 식량공급의 책임을 지방에 위임했다. 도, 시, 군(구역)을 단위로 식량은 물론 여타 식품을 구입하여 지역주민들에게 공급하도록 했는데 이를 위해 지방무역을 강화하도록 했다. 지방무역은 지방산업공장을 가동시키는데 필요한 원자재를 구입하는데 필요한 자금을 지역 내 수출자원을 동원하여 해결하기 위한 활동이다.

당시 지역의 특성에 따라 다양한 방법으로 지방무역활동이 진행되었다. 평안도 일대 무역관리국들에서는 서해안을 이용해 조개, 꽃게, 실뱀장어 등 수산자원을 이용해 식용유, 옥수수 등을 수입했다. 함경도 일대 무역관리국들에서는 낙지나 명태를 비롯한 수산물을 이용해, 자강도나 양강도 등 북부지역의 무역관리국들에서는 산에서 나는 송이·고사리·잣 등을 수출원천으로 하여 옥수수·밀가루·식용유를 수입했다. 일부 지역들에서는 "백도라지"라고 불리는 양귀비를 심어 외화를 벌어들이기도 했다.

지역내 수출원천을 동원하기 위한 활동은 군(구역)외화벌이 사업소를 중심으로 이루어졌다. 외화벌이 사업소가 주민들로부터 수출원천을 수집하여 해당 도 인민위원회 무역관리국에 넘겨주면 도 인민위원회 무역관리국은 이를 수출하여 식량이나 식용유, 식품원자재를 수입해왔다. 해당 시·군 인민위원회에서는 수입물품을 받아 지역주민에게 공급할 식품을 생산하거나 식량이나 식용유 등은 직접 공급해 주었다.

지방무역이 강화되면서 중국과 인접한 지역에서의 변경무역이 활성화되었는데 이로부터 국경지역 주민들의 생활수준이 여타 지역주민들보다 높아지는 경향이 나타났다.

3. 식품의 구입지위 용인

북한은 1999년 「상업법」을 개정하면서 시장을 잘 꾸리고 관리운영할데 대해 명시했다. 1992년 제정된 「상업법」에서는 시장을 사회주의 상업의 보충적 형태라고 했으나 개정된 헌법에서는 이러한 문구를 삭제했다.[89] 이는 시장이 상업을 보조하는 역할에서 벗어났다는 것을 의미한다. 이러한 움직임은 1990년대 중반 식량공급이 중단되면서 시장이 자연스럽게 식품을 비롯한 모든 상품을 유통하는 장소로 변화된 것과 관련된다. 북한의 시장에는 알곡, 수산물, 축산물, 과일, 가공음식 등 북한사람들의 표현대로 "고양이 뿔 내놓고 다 있다"고 할 정도로 돈만 있으면 뭐든지 살 수 있는 환경이 마련되었다.

> "식량배급이 끊어지니 자연스럽게 시장에 물건이 나오더군요. 처음에는 식품보다도 가장집물(장식장, 이불장, 선풍기 등)이 많이 나왔는데 아마 주머니에 돈이 없으니 우선 돈이 있어야 농촌에 가서 쌀이라도 사올 수 있다고 생각했던 모양이에요. 그렇게 돈이 조금 생기니 그것으로 쌀을 사야겠는데 시장에 쌀이 없었죠. 다들 농촌에 가서 저들이 먹을 것만 사왔으니 시장에 나올 수가 없었어요.

89 장명봉 편, 『2011 최신 북한법령집』, 북한법 연구회, 2011, p. 350.

사람들이 쌀을 요구하니 어떤 사람은 농촌에 가서 쌀을 날라다 조금 붙여(마진) 팔았는데 안전원 가족도 시장에서 사먹어야 하니 단속을 하지 않더라고요. 농민시장은 말할 것도 없고 시장 밖에도 온통 장사꾼들로 북적거렸어요."[90]

"시장에 없는 게 없이 다 있었어요. 세상에 … 그렇게 많은 장사물건이 있다는데 놀랐어요. … 농촌에서 쌀만 가져다 파는 사람, 바다가에서 물고기만 전문 날라다 장사하는 사람, 돼지고기도 한 마리 통째로 놓고 파는 사람, 집에서 콩기름을 짜서 넘겨주는 사람, 중국에서 수입해온 귤·바나나·사과·배와 같은 과일만 파는 사람, 집에서 음식을 만들어 파는 사람, 정말 돈만 있으면 모든 걸 해결할 수 있었어요. 오죽하면 사는 사람보다 파는 사람이 더 많다고 했겠어요? 그 정도로 장사가 왕성했어요. … 담당 안전원(경찰)이 노동자 규찰대랑 같이 가끔 단속을 하는데 식량 단속은 거의 안했고 음식과 약 같은 것을 단속했던 것 같아요. 얼마동안은 또 잠잠하다가 명절이나 농촌동원기간이 되면 또 단속하고 그랬죠."[91]

위의 증언에서 읽을 수 있듯이 돈만 있으면 본인 의사에 맞는 식품을 살 수 있는 환경이 조성되었다. 식량, 가공식품, 공산품 등 모든 상품을 거래하는 종합시장으로 합법화 한 것은 아니지만 시장활동을 용인함으로써 개인들의 노력으로 신체왜소가 해소될 수 있는 길이 열리게 되었다. 그러나 이는 장사를 통해 현금소득을 마련할 수 있는 주민에게 국한

90 탈북민 C씨 인터뷰, 2011년 2월 7일.

91 탈북민 A씨 인터뷰, 2011년 2월 7일.

되었다.

북한주민들의 현금소득은 대체로 3가지 방법으로 이루어진다. 우선 근로자가 국가 기관·기업소·단체에서 노동을 제공하고 받는 생활비(급여), 해외 친인척으로부터 받는 합법 및 불법 송금, 시장활동 즉 사경제 활동을 통해 벌어들인 현금수입이 있다. 당시 근로자들의 평균 생활비는 80~120원정도, 당시 흰쌀 1kg에 25~40원으로 식량 2~5kg구입할 수 있는 정도에 불과했다. 그러나 시장활동을 통해 한 달에 1,000~10,000원의 수입을 올릴 수 있었다. 일부 북한주민들은 시장을 통해 돈도 벌었고 번 돈으로 고기와 달걀, 생선 등을 식탁에 올릴 수 있었고 흰쌀밥도 먹을 수 있게 되었다.

북한이 시장기능을 용인한 것은 당시의 환경에서 어쩔 수 없는 선택이었지만, 신체왜소를 해소하는데 긍정적 환경을 마련해 주었다고 볼 수 있다.

4. 검소한 우리식 식생활양식 확립

가. 배금주의 교양을 통한 유도

북한은 이 시기 언론매체들을 통해 붕괴된 동구사회주의권 주민들 속에서 나타나는 배금주의 경향과 자본주의 사회상을 비판하는데 열을 올렸다. 중앙사로청 기관지 《노동청년》은 소련의 수많은 청년들이 "자본주의에 대한 환상에 사로잡혀 달러의 덕택으로 '호화로운 생활'을 누려보려고 자기를 낳아 키워준 조국을 떠나 자본주의 나라들에 돈 벌러 가는 현상이 나타나고 있다."[92]고 보도했다. 《노동신문》은 "자본주의 물질생활에 현혹되면 혁명의 배신자가 된다"(1997년 10월 22일), "물욕을 고취하여 사람들의 혁명정신을 마비시킨 사회주의 배신자들의 죄행"(1996년 10월22일) 등의 기사를 내보냈다. 기사는 "자본주의 사회에서 인간의 가치는 그 인간이 가진 돈과 재물에 따라 평가된다. 돈이나 물건을 만들어내는 것도 사람이며 그것을 쓰는 것도 사람이다. 사람의 가치를 돈이나 물건으로 재는 것은 황금만능의 자본주의 사회에서만 있는 일이다."고 서술하고 있다.[93]

일부 주민에게서 나타나는 위법행위에 대해 비판하면서 "경제도덕생활과 문화정서생활을 청렴결백하고 건전하게 하지 못하면 돈과 물건에 유혹되어 저속하고 방탕한 생활에 물젖게 되며 사상적으로 타락한 시대의 락오자가 될 수 있다"고 강조했다.[94] 청렴결백하게 살기 위해서는 "사업과 생활을 티가 없이 깨끗하게 하며 탐욕과 사기협잡, 부화방탕 등 온갖 부정적인 것과 인연이 없이 고상하게 생활하여야 한다"고 쓰고 있다.[95]

북한은 주민 대다수가 생계난에 직면하고 있는 당시 상황에서 황금만능주의 경향에 대해 경계하도록 했다. 자본주의 사회가 황금만능의 사회라는 것에 대해 비판의 강도를 높였다. "자본주의 사회에서 돈은 사람들의 경제활동을 지배할 뿐 아니라 사람 자체의 인격과 사회관계 전체를 지배하는 만능의 역할을 한다. 자본주의 사회에서 돈은 무엇보다 먼저 인간의 가치와 존엄을 규정하는 척도로 되고 있다."[96] 이와 함께 일부

92 《노동청년》, 1993년 2월 6일.

93 《노동청년》, 1993년 6월 23일.

94 《노동청년》, 1993년 7월 6일.

95 《노동청년》, 1993년 5월 13일.

96 《노동청년》, 1993년 6월 23일.

청년들 속에서 배금주의 경향이 나타나고 있음을 신랄히 지적했다. "제 호주머니 불굴 생각을 하며 딴 짓을 하는 청년"이나[97] "제 맡은 일과 관련한 기술 실무적 문제는 잘 몰라도 농민시장 가격이나 외국제 물건 이름과 가격은 환히 꿰뚫고 그게 큰 자랑거리나 되는 듯 입 다물 줄 모르고 주절대는 청년도 있다."[98]고 하면서 이렇게 "돈밖에 모르는 자는 자본주의 사상을 가진 자이다.[99]"고 규정짓기도 했다. 북한이 이 시기 청년층에 대한 비판의 수위를 높인 것은 이들에게서 발생한 문제점이 북한 사회에 부정적 영향을 미치고 있는 것과 관련된다. 1995년 북한에서는 "중앙사로청 사건"이라는 것이 발생했는데, 당시 중앙사로청 위원장이었던 최룡해가 좌천되고 수십 명의 중앙간부들이 공개 처형당하거나 정치범 수용소로 끌려갔다.[100]

이 시기 공식적으로 출판된 기사에서는 "돈, 딸라"라는 단어가 자주 등장하는 것을 찾아볼 수 있다. 북한은 "청년들이 경제도덕생활을 청렴결백하게 하지 못하면 돈과 물건에 유혹되어 저속하고 방탕한 생활에 물젖게 된다. 돈과 물건에 맛을 들이면 혁명을 할 수 없다."고 강조했다.[101]

북한은 대학생들이 "순박성을 지녀야 안일 해이해지거나 돈과 재물에 유혹되지도 않고 직심스럽게 공부에 열중하게 될 뿐 아니라 일을 해도 누가 보건 말건 성실하게 하며 일상생활에서도 호의호식을 바람이 없이 검박하고 건전하게 살아나가게 된다."고 서술하고 있다.[102]

97 《청년전위》, 1998년 1월 8일.
98 《청년전위》, 1998년 1월 8일.
99 《노동청년》, 1993년 8월 21일.
100 《뉴데일리》, 2011년 9월 20일.
101 《노동청년》, 1993년 5월 13일.
102 《청년전위》, 1998년 6월 7일.

나. 항일투쟁 일화를 통한 교양

북한은 신문과 방송을 통해 시기적 상황에 맞게 결혼식을 비롯한 관혼상제를 항일유격대식으로 조촐하고 신속하게 치를 것을 요구했다. 노동신문은 항일빨찌산들의 결혼식과 관련한 일화를 소개했다. "콩나물 잔칫상"이란 표제하의 기사에서는 광복 후 빨찌산 대원이었던 노총각의 결혼식에 깃든 사연을 소개하기도 했다.[103] 김일성은 결혼식을 잘 준비하려고 전우들이 많은 돈을 꿔온(빌려온) 사실에 대해 보고받고는 "수많은 빨치산 대원들이 밥 한 그릇, 물 한 사발을 떠놓고 결혼식을 치렀다."고 하면서 "결혼식을 반드시 항일유격대식으로 하여야 한다."고 했다.

북한은 주민들에게 이를 따라 배워 결혼식을 소박하게 하고 축하객들은 신혼부부들을 뜨거운 가슴으로 축하해 줄 것을 촉구했다. 당시 빨치산 대원들의 결혼 잔치상에는 콩나물과 두부, 콩떡과 함께 술 몇 병만이 놓였다며 "비록 콩나물 반찬과 두부가 기본인 음식상이었지만 빨치산 맛이 진하게 풍기는 이 결혼 잔치상은 여느 잔치상보다 더 훌륭하고 의의가 깊었다."고 쓰고 있다. 이어 "사전에도 없고 누구도 들어본 적이 없는 빨찌산식 콩나물 결혼 잔칫상은 이 세상 그 어떤 잔치상에도 비기지 못할 것"이라고 강조하면서 주민들 속에서 나타나고 있는 결혼식을 보란 듯이 치러보려는 특전특혜를 경계하고 항일유격대식으로 치러야 한다고 역설했다.

103 《노동신문》, 1998년 5월 2일.

5. 학교출석률 저하에 따른 키 크기 운동 침체

북한은 식품 부족으로 인해 학생들의 신체가 왜소해지자 각급 학교들에서 "키 크기 체육활동"을 적극적으로 전개해 나갈 것을 촉구했다. 『민주조선』은 "청소년학생들 속에서 키 크기 운동을 강화하는 것은 당의 체육활동의 기본목표"라 하면서 키 크기 운동소식을 전했다.[104] 신문은 "모든 학교들에서 성장발육이 한창인 어린 학생들을 맡아 키우는 실정에 맡게 체육수업의 질을 높이는 것과 함께 과외체육 활동을 힘있게 벌려 모든 학생들의 키를 크게 하고 몸을 조화롭게 발달시켜 나가도록 해야 한다"고 강조했다.

이어 학생들의 키 크기 운동을 강화하기 위해서는 어린학생들의 연령, 심리적 특성에 맞는 여러 가지 체육놀이 시설들을 만들어 모든 학생들이 흥미를 갖고 참가해야 한다면서 그 방도에 대해 밝혔다. 학생들의 소질과 취미에 맞는 다양한 과외체육 활동을 조직하고 담임교원들의 책임성과 역할을 강화하며 학급별, 학년별로 경기를 했다. 또한 키 크기 운동에 이용할 수 있는 철봉, 농구대를 비롯한 여러 가지 체육기재들을 갖추어 놓도록 했다.

이 시기 북한이 학생들로 하여금 과외체육 활동에 흥미를 갖고 참가하는 데 관심을 둔 것은 식량사정으로 인해 참여하는 학생이 적었기 때문이다. 이러한 이유로는 학생들과 교사들의 출석률이 낮은 것과 관계된다. 적지 않은 학교들에서는 학생들이 배가 고파 출석을 안 하거나 수업도중 조퇴하는 사례가 많았는데 교사들의 경우도 예외는 아니었다. 당

104 《민주조선》, 1998년 6월 9일.

시 교사 생활처지에 대한 탈북민들의 증언을 보면, "선생님들이 장사도 못하고 배급도 제대로 받지 못해 제일 힘들고 불쌍했다.", "선생님이 학교에 출근할 수 있도록 돕기 위해 선생님 집에 가서 아기를 봐주거나 김장을 도와주기도 했다", 선생님들이 "학생들 앞에서 너무 살기 힘들다고 호소하면 아이들이 부모님께 말해서 조금씩 돈이나 식량을 모아주기도 했다"는 내용도 있다.[105] 이 시기 북한은 식량난으로 인한 교사들의 무단이탈이 학생들에 대한 통제마비로 이어지는 것을 막기 위해 별도로 땅을 나눠줌으로써 교사들의 복직율을 높이려 했다.[106]

6. 주민 전반의 신체왜소 확산

위에서 살펴본 것과 같이 이 시기 식품 부족이 절정에 달했음에도 북한 당국은 이를 해결하기 위한 근본적인 대책을 강구하지 않았다. 식품생산을 늘이기 위한 투자확대보다 법적 통제와 함께 우상화 의식강화나 체제수호에 우선 관심이 있었다. 이는 이 시기 식품생산과 관련한 각종 법제화 조치에서 찾아볼 수 있으며 주민들의 기근을 해소할 수 있는 막대한 자금을 김일성의 시신을 보관하는 기념궁전 건설에 쏟아 부은 것에서 알 수 있다. 또한 사회주의권의 붕괴에 따른 피 포위의식에서 벗어나기 위해 핵무기와 미사일 개발에 치중했다.

105 사)북한인권시민연합, 『왕이라 불리는 아이들』(서울 : 생명과 인권, 2009), pp. 201-202.

106 위의 책, p. 202.

당시 수많은 아사자가 발생하고 신체왜소가 확산되는 조건에서 국가의 책임을 비상 강화해야 했으나 지방정권기관이나 기관·기업소의 몫으로 떠넘기는 한편 시장기능을 일부 용인하는데 그쳤다. 배급제가 마비되어 간부와 일반주민 모두 국가로부터 식품을 공급받을 수 있는 지위를 상실한 조건에서 시장을 통한 식품을 구입할 수 있는 지위를 보장해 주어야만 했다. 그러나 북한은 대용식품 개발과 국제사회의 지원을 유도하는데 관심이 있었다. "가는 길 험난해도 웃으며 가자"라는 구호를 제시하고 식품을 극력 아끼고 절약하는 생활을 하도록 강요했으며 이를 어기는 현상에 대해서는 비사회주의사상, 황색바람 등 국가정치에 반하는 행위로 규정하고 처벌 수위를 높였다. 대기근속에 북한이 세운 이러한 대책은 오히려 식품 부족을 가중시키는 요인으로 작용한 점도 있지만, 주민들의 저소비의식을 강화시키는 결과를 가져왔다.

1980년대 이전 일부 개별주민들 속에서 나타났던 신체왜소가 특정 주민과 지역에 무관하게 급속히 확산되었다. 이를 신체왜소 구분에서 보면 개별주민들에게서 나타났던 1기나 2기의 증상, 즉 체격변화가 주민 전반에서 나타난 것으로 설명할 수 있다.

이상에서 본 바와 같이 1990년대 북한에서 아사자 발생과 함께 신체왜소가 확산된 것은 당국이 식품 부족을 가중시키는 정책을 추진하고 저소비의식을 강화해 온 것과 연관되어 있다.

3장 | 2000년대 이후 : 경제난 지속에 따른 신체왜소 확산에 대한 대응

1990년대 중반에 시작된 경제난은 2000년대에 들어서도 지속되었다. "고난의 행군"이 끝나면서 아사자는 대폭 감소했지만 신체왜소 현상은 해소될 기미를 보이지 않았다. 북한은 경제난을 해소시킬 대응책을 마련했다. 2002년 7월 1일 경제관리 개선조치를 통해 국영기업과 협동농장에 경영 자율성을 부여해주는 한편 시장에서 식품을 자율적으로 구입할 수 있도록 시장기능을 수용했다.

1. 식품 및 신체건강 관련법 제·개정

가. 식품 관련법제 동향과 배경

북한은 2000년대 들어 식품관련 기구를 신설하거나 법 개정을 통한 제도수립에 관심을 두었다. 2001년 4월 수정·보충된 『양어법』에서는 양어장에서의 물고기 생산이 주민들에게 더 많은 물고기를 보장하기 위한 중요한 사업임을 명시했다(제27조). 이는 양어를 통해 신체왜소에 필요한 단백질이나 청소년들의 성장에 필요한 칼슘문제를 해결하기 위한 당국의 의도와 관련된다. 2002년 12월 채택된 『과수법』에서는 과일나무 모 생산으로부터 시작해 과수원 조성과 관리, 수확처리와 과수부문에 대한 지도통제를 내용으로 하고 있다. 과수원 선정을 해당 기관, 기업소, 단체가 자율적으로 하고 생산한 과일의 일부를 직매점을 통해 판매할 수 있게 함으로써 과일 생산을 높이도록 촉구했다(제20조와 제38조).

북한에서는 지속적인 식량난으로 축산물 생산이 더욱 감소되었고 축산농장에서 생산된 축산물을 불법으로 처분하는 경우가 많았다. 이러한 문제를 해소하기 위해 북한은 2006년 1월 12일 『축산법』을 채택했다. 『축산법』은 북한이 정권수립 이후 처음으로 축산물 생산 및 관리, 축산부문에 대한 지도통제를 전면적으로 명시한 법령이다. 동법에서는 축산농장들에서 "정해진 수량만큼 남겨두고 국가에 수매"함으로써 비법적으로 축산물을 조성하는 행위를 할 수 없다"고 규제했다(제48조).

1990년대 식량난이 심화되면서 북한사회에는 기관, 기업소, 단체들이 개간한 땅이 적지 않게 생겨났다. 이러한 땅들은 부업지, 원료기지 등 명칭으로 불리고 있는데 북한은 이에 대한 통제강화에 관심을 두었다. 2009년 12월에 제정된 『농장법』에서는 이러한 토지를 가진 기관, 기업소, 단체에서의 농장조직과 경영활동, 국가의 지도통제에서 나서는 문제를 전반적으로 명시하고 있다. 『농장법』에서는 농장에서 불법적으로 축산생산물을 조성하는 행위를 할 수 없으며 계약된 농업생산물을 유용하는 행위를 할 수 없도록 했다(제48조와 제49조). 또한 기관, 기업소, 단체의 부업농장에서 농업생산계획을 미달했을 경우에는 해당 토지를 회수하도록 명시했다(제60조). 이는 농축산물 생산에 대한 해당 기관과 국가농업지도 기관에 의한 이원적 지도체계를 확립하려는 것이었다.

〈표 4-7〉 2000년대 농수산 관련 법제 동향

구분	제정 및 수정 · 보충	구성
양어법	최고인민회의 상임위원회 정령 제2222호(2001.4.12.) 수정 · 보충	6장 49조

괴수법	최고인민회의 상임위원회 정령 제3453호(2002.12.4.) 제정	5징 56조
축산법	최고인민회의 상임위원회 정령 제1523호(2006.1.12.) 제정	5장 49조
수산법	최고인민회의 상임위원회 정령 제2227호(2007.5.8.) 수정 · 보충	5장 49조
농업법	최고인민회의 상임위원회 정령 제3103호(2002.6.13.) 수정 · 보충 최고인민회의 상임위원회 정령 제392호(2009.4.3.) 수정 · 보충	6장 78조
농장법	최고인민회의 상임위원회 정령 제483호(2009.12.10.) 제정	4장 62조
양정법	최고인민회의 상임위원회 정령 제1437호(2005.12.13.) 수정 · 보충 최고인민회의 상임위원회 정령 제392호(2009.11.3.) 수정 · 보충	6장 56조
상업법	최고인민회의 상임위원회 정령 제3052호(2002.5.22.) 수정 · 보충 최고인민회의 상임위원회 정령 제507호(2004.6.24.) 수정 · 보충	9장 89조

북한은 2009년 들어 사리원 곡산공장, 해주어린이 식료품공장, 함흥기초식품공장 등을 개보수 했고 평양시를 비롯한 평성, 신의주, 원산, 강계, 재령, 혜산 등 각 도별로 종합식료가공공장을 건설하도록 했다. 또한 같은 해 7월 14일 상업급양부문 일꾼 회의를 소집하고 식품 생산 및 기술혁신에서 모범을 보인 삼지연군의 삼일포특산물공장의 경험을 본받도록 했다.

이러한 가운데 2009년 7월 22일 식료일용공업성을 신설했다. 식료일용공업성의 신설은 민생난에 따른 기초식품의 생산과 공급의 중요성이 제기될 뿐 아니라 식품에 대한 주민들의 시장수요가 높아지고 이에 따라 개인수공업을 통한 식품 생산 증대와 관련된다. 북한이 경공업 여러 부문 중에서 식료일용부문만 분리시켜 별도의 성을 새로 내온 것은 식품문제 해결에서 기구강화에 대한 관심이 높아졌음을 보여준다.

나. 신체건강 관련 법제 동향과 배경

북한은 이 시기에 주민들의 신체건강과 관련된 제도적 대책을 강화하는 사업에도 관심을 두었다. 이러한 사업으로는 2000년 8월 『의료법』, 2001년 2월 『인민보건법』, 2005년 12월 『전염병예방법』 등에 대한 수정·보충을 들 수 있다.

북한은 2000년 8월 『의료법』 개정을 통해 의약품이 부족하고 치료시설이 제대로 운영되지 않는 조건에서 발생하는 문제에 대한 대책을 강구하고자 했다. 의료검사에서 사망과 같은 예견치 못했던 결과 발생을 예견하여 환자 또는 보호자의 동의를 받도록 명시했다(제13조).

2001년 2월에 수정·보충한 『인민보건법』에서 인민보건사업에 대한 국가의 책임, 즉 국가의 부상지원을 삭제하고 있다. 이는 여성들과 어린이들의 건강보호에서 구법에는 "깊은 관심과 배려를 돌린다"고 명시한 대신 "깊은 관심을 돌린다"(제11조)로, 또한 구법에서는 혁명투사, 혁명열사가족 등 유공자들의 건강관리에 "특별한 관심과 배려를 돌린다"를 "특별한 관심을 돌린다"로 수정한 것에서 찾아볼 수 있다. 2005년에 수정·보충된 『전염병예방법』에서는 식료품을 다루거나 어린이 보육교양 직종의 종사자들은 정기적으로 검진을 받아야 한다고 또다시 강조했다(제31조). 이는 의약품 부족과 전염병예방 감시체계가 제대로 운영되지 않아 간염이나 결핵환자들이 많이 생겨나고 이들이 식품 및 어린이 보육업종에 종사하는 것으로 인한 피해를 막기 위한 것으로 보인다.

북한은 신체건강과 관련한 행정적 처벌도 강화하고 있다. 2008년 5

월에 수정·보충된 『행정처벌법』에서는 어린이 관리를 무책임하게 하여 건강과 지능발달에 지장을 준 경우 처벌하도록 명시했다(제99조).

〈표 4-8〉 2000년대 신체건강 관련 법제 현황

구분	제정 및 수정 · 보충	구성
의료법	최고인민회의 상임위원회 정령 제1693호(2000.8.10.) 보충	5장 51조
인민보건법	최고인민회의 상임위원회 정령 제2054호(2001.2.1.) 수정 · 보충	7장 51조
전염병 예방법	최고인민회의 상임위원회 정령 제2054호(2005.12.13.) 수정 · 보충	5장 45조
행정처벌법	최고인민회의 상임위원회 정령 제546호(2004.7.14.) 제정 최고인민회의 상임위원회 정령 제1234호(2005.8.2.) 수정 · 보충 최고인민회의 상임위원회 정령 제1773호(2006.5.23) 수정 · 보충 최고인민회의 상임위원회 정령 제2109호, 제2161호, 제2279호, 제2482호(2007.1.8, 3.20, 6.26, 12.11.) 수정 · 보충 최고인민회의 상임위원회 정령 제2712호(2008.5.20.) 수정 · 보충	4장 199조

2. 선군시대에 따른 식품정책

가. 식량문제 해결 방향과 감자농사

북한은 1990년대 들어 식량문제 해결방향으로 종자혁명과 감자농사혁명, 두벌농사방침을 제시했다.[107] 종자혁명을 해야 적지적작, 적기적작

원칙에 따른 작물과 품종배치를 할 수 있다. 종자혁명의 기본방향은 비료를 적게 쓰면서 높은 수확을 내는 품종, 가뭄과 비바람, 냉해와 병충해와 같은 자연피해에 잘 견디는 품종을 얻어내는 것이다. 생육기일이 짧고 추위에 견디는 수확이 높은 품종을 얻어내면 지방별, 지대별 차이가 없이 두벌농사가 가능하다고 쓰고 있다. 두벌농사는 말 그대로 한 포전에서 작물을 한해에 연이어 두 번 재배하는 농사방법이다. 두벌농사를 하면 씨붙임(파종) 면적을 늘릴 수 있고 이에 따라 부침땅 면적이 늘어나므로 단위 면적당 소출을 높일 수 있다. 북한은 부침 땅 면적이 제한되어 있는 실정에서 땅의 이용률을 최대한 높이는 것이 식량문제를 자체로 풀기 위한 방도라고 하고 있다.[108]

감자는 기온이 낮은 고산지대에서도 잘 자라며 척박한 땅에서도 생산량이 높다. 양강도 대홍단농장에서는 1정보당 감자수확고가 30~39톤에 이르렀는데 이는 미국의 정보당 최고 수확량인 40톤과 유사했다. 감자 40톤이면 옥수수 10톤과 맞먹는다. 북한은 식량공급에서 옥수수와 감자의 비율을 1:4로 정하고 있다. 이처럼 감사생산을 잘하년 옥수수 대신 감자식량을 공급할 수 있다고 판단한 것으로 보인다. 감자는 이모작도 가능해 3월 중순경 파종하면 6월 하순경 쌀과 옥수수 생산에 앞서 수확할 수 있으므로 북한지역에서 춘궁기 식량문제를 해결할 수 있는 유일한 작물이기도 하다.[109] 이밖에도 감자는 옥수수에 비해 비료를 적게 주고 높고 안전한 수확을 낼 수 있는 장점이 있다.

---

107 김정일, 『당이 제시한 선군시대의 경제건설 로선을 철저히 관철하자』(평양 : 조선로동당출판사, 2005), p. 16.

108 오성길, 『행복의 창조자』(평양 : 평양출판사, 2006), p. 104.

109 부경생, 『북한의 농업』(서울 : 서울대학교출판부, 2001), pp. 51-52.

북한에서 감자농사는 1998년 10월 1일 김정일이 대홍단군 종합농장과 농업과학원 감자연구소를 시찰하면서 감자는 농업의 왕이라는 슬로건을 제시하면서 시작되었다. 당시 김정일은 "감자농사에서 혁명을 일으켜 먹는 문제를 풀려고 하는 것은 당이 내놓은 중요한 방침입니다. … 감자를 심어야 식량문제를 풀 수 있습니다. … 감자농사를 잘 지어 우리나라를 아시아의 〈감자왕국〉으로 만들어야 합니다"라고 강조했다.[110]

북한은 감자증산을 독려하기 위해 새로운 기구들을 내왔다. 농업성에 감자생산지도국을 내오고 산하인 도 농촌경리위원회에는 '감자생산처'를 신설하도록 했다. 또한 각 군별로 1개 농장에 감자분조를 1개씩 신설하도록 했다.[111] 또한 대홍단군에 농업과학원 감자연구소를 설립하고 건강한 종자를 배양해서 공급하기 위한 노력도 기울이고 있다.

나. 풀 먹는 집짐승 기르기

북한의 축산정책은 풀 먹는 집짐승을 많이 길러 고기, 알, 젖과 같은 축산물을 많이 생산하는 것이었다. 이는 김일성이 1962년 8월 평안북도 창성군 지방 당 및 경제일꾼 연석회의에서 제시한 것이다. 김일성은 "산을 낀 고장에서는 산을 잘 이용해야 한다"면서 풀 먹는 집짐승을 많이 길러 풀과 고기를 바꿔야 한다는 지시를 내렸다. 이에 따라 풀 먹는 집짐승 기르기운동이 전개되었는데 1990년대 중반에 들어 재현되었다.

---

110 김정일, "감자농사에서 혁명을 일으킬데 대하여(양강도 대홍단군을 현지지도하면서 일꾼들과 한 담화, 1988.10.1.)" 『김정일선집』 제14권(평양 : 조선로동당 출판사, 2000), pp. 428-430.

111 김완배, 『통일한국의 농업』(서울 : 서울대학교출판부, 2004), p. 64.

이 시기 풀 먹는 집짐승 기르기가 강조된 것은, 지난 시기와 같이 축산물 생산을 높여 식량문제 해소 보다 식량사정으로 인해 알곡용 사료를 먹는 집짐승을 기르기 어려웠던 사정과 관련된다.

김정일은 부침 땅 면적이 제한되어 있고 산이 많은 조건에서 고기문제를 풀기 위해서는 풀 먹는 집짐승을 많이 기르는 길밖에 없다고 했다[112]. 북한은 풀 먹는 집짐승을 많이 기르기 위해서는 풀판(초지)을 나라의 특성에 맞게 대대적으로 조성할 것을 강조하고 있다.

> "풀 먹는 집짐승을 많이 기르자면 풀판 조성을 잘하여야 합니다. 우리나라의 조건에서 풀판 조성은 자연풀판을 기본으로 해야 합니다. 농작물이 잘되지 않는 부침 땅을 풀판으로 리용하고 그 다음에는 농작물을 심어야 합니다."[113]

북한은 풀 먹는 집짐승을 기르기 위해 칡, 싸리, 분홍꽃 아카시아와 같은 영양가 높고 수확이 많은 풀판을 조성하는 사업을 벌이도록 했으며 주민들에 대한 과학기술 보급사업을 강화하도록 했다.

> "풀 먹는 집짐승을 전군중적 운동으로 기르자면 집짐승 기르기에 대한 과학기술보급 사업을 잘 하여야 합니다. 과학자, 기술자들은 인민들에게 집짐승 먹이풀에 대한 지식과 집짐승 병에 대한 지

112 오성길, 『행복의 창조자』(평양 : 평양출판사, 2006), p. 110.

113 김정일, "풀 먹는 집짐승을 많이 기를데 대한 당의 방침을 철저히 관철하자(조선노동당 중앙위원회 책임일꾼들과 한 담화, 1997.3.26.)" 『김정일선집』 제14권(평양 : 조선로동당 출판사, 2004), p. 299.

식을 보급하여야 합니다."[114]

이 시기 북한은 염소방목이 갖는 좋은 점에 대해 대대적으로 선전했다. 염소가 다른 집짐승에 비해 불리한 자연조건에서도 생존율이 강하며 먹이에 대한 요구도 높지 않다고 하면서 소나 양이 먹지 않은 풀, 나뭇잎가지도 잘 먹는다고 했다. 또한 소를 방목하기 어려운 20도 이상 되는 산비탈에서도 기를 수 있다고 강조했다.

염소를 많이 기르라는 당의 요구에 따라 청진염소목장, 함흥청년염소목장 등 전국 각지에 염소방목지들이 건설되었다. 또한 각 목장들에는 중학교 졸업 후 집단 진출한 청년들로 구성된 축산분조가 조직되었다. 북한 노동신문은 풀 먹는 집짐승을 많이 기르는데 대한 김정일의 방침이 제시된 이후 1995년~1998년 초까지 3년 동안에 전국적으로 염소 마리수가 2.7배 이상으로 늘어났으며 1만 마리 이상의 염소를 기르는 시, 군이 36개에 이르렀다고 보도했다.[115]

다. 과일생산

과일생산 증대 사업은 2000년 김정일이 "먹는 문제 해결을 위한 농업대책 지시"에서 비롯되었다. 김정일의 종자혁명 방침에 의해 과일종자들을 기후풍토에 맞게 개발하기 위한 사업들이 진행되어 키 작은 사과나무모를 생산하게 되었다. 키 작은 과일나무는 열매가 빨리 열리고 정보당 수확량도 많으며 맛과 겉보기가 좋고 관리 작업에 드는 노력도 절약

---

114 위의 책, p. 302.

115 《노동신문》, 1998년 8월 12일.

되는 장점이 있다

북한은 2008년 평양의 삼성구역에 735정보의 대규모의 대동강 과수종합농장 설립을 추진해서 2011년 2월 완공했다. 이 농장에서는 100여가지의 갈라 계통의 사과를 포함하여 '그리니스마스'라는 고급사과 품종 등 4~5만 톤을 생산할 수 있다. 또한 과일생산 뿐 아니라 말린 과일과 과일즙(과일쥬스)을 생산하는 공정도 함께 진행되고 있다. 이와 함께 2012년에 들어 각 지역별로 대규모 과수원을 건설하도록 하고 있다. 각 협동농장마다 과수작업반을 새롭게 내오고 기존에 있던 과수농장들도 생산량을 높일 수 있도록 원점에서 다시 정리하고 있다고 한다.[116]

과일생산에 대한 관심은 김정일의 과수농장에 대한 수차례의 현지시찰을 통해서도 알 수 있다. 김정일은 2011년 한해에만도 대동강 종합과수농장, 룡천과수농장, 덕성과수농장, 강원도 고산과수농장, 송화과수농장, 용전과수농장을 현지시찰 했다.

과일생산을 늘이기 위해 가격을 올바로 정하여 과일생산에 관심을 갖도록 내책을 세우도록 했다.

> "과수농장들에서 과일의 질을 보장하게 하자면 지금처럼 사과와 배 가격을 일률적으로 정하지 말고 크기와 맛에 따라 등급을 정하고 등급별 가격 차이를 많이 두도록 하여야 합니다. 그렇게 하면 과수농장들에서 량보다 질을 더 중시하고 과일 한 알을 생산하여도 충실하게 생산하기 위해 애쓰게 될 것입니다."[117]

---

116 《노컷뉴스》, 2012년 3월 15일.

117 김정일, "과수업발전에서 새로운 전환을 가져올데 대하여(황해남도 과일꾼을 현지지도하시면서 일꾼들과 한 담화, 2001.5.13.)" 『김정일선집』 제15권(평양 : 조선

이 시기 과일생산지 조성에는 남한 민간단체들의 도움도 적지 않았다. 제천시는 북한의 금강산총회사와 연계해서 북한 고성군 삼일포에 1만평 규모의 과수농장을 조성했다. 이 농장에 1,600주의 사과와 900주의 복숭아나무를 심었다.

북한은 과일생산을 늘이기 위해 과일군을 과일생산 중심기지로 꾸리는데 관심을 두었다.

> "과일군에 과수연구소를 내와야 하겠습니다. … 과일군 과수 농장들에서 과일을 많이 생산할 수 있도록 국가적 투자를 늘리고 과일생산에 필요한 영농자재들을 충분히 보장해주어야 합니다."[118]

과일군의 과일생산을 정상화하기 위해 많은 노력을 기울였다.[119] 품이 많이 드는 과수작업을 기계화하도록 수송기재와 배낭식 분무기를 보내주었다. 과일생산에 필요한 전력을 자체로 보장할 수 있도록 남천 1호 발전소도 건설하도록 했다.

라. 어린이 전문식품 공장 건설 확대

북한은 2000년대에 들어 평양시를 비롯한 지방의 각 도에 콩우유직장, 콩우유공장을 대대적으로 건설하도록 했다. 2003년 3월 조선신보

로동당 출판사, 2005), p. 158.

118 위의 책, pp. 159-163.

119 리종국, "위대한 령도자 김정일 동지의 현명한 령도밑에 과일군을 사회주의선경으로 꾸리기 위한 인민들의 투쟁," 『력사과학』 3호(2011), pp. 34-35.

인터넷 판은 평양시 순안구역에 현대적인 콩우유 공장을 건설하고 있다고 보도했다. 현재 평양 시내 탁아소와 유치원 학교에 공급되는 콩우유는 평천구역에 있는 평양어린이 식료품공장에서 생산하고 있다. 평양시뿐 아니라 양강도 혜산 어린이 식료품공장 공우유직장, 평안북도 신의주 콩우유공장, 사리원콩우유빵공장, 함경남도 함흥 기초식품공장 콩우유직장이 건설되어 준공되었다.

북한에서 어린이 식료품공장 건설 붐은 두 차례 일어났다. 한 차례는 1984년 김일성의 지시에 따른 것과 2000년 7월 김정일이 평양어린이 식료품공장을 시찰하면서 콩우유를 비롯한 어린이 식료품을 많이 생산하여 공급하라는 지시에 따른 조치였다. 두 지시의 차이점은 초기에는 어린이 식료품공장 건설이 북한 자체의 노력으로 진행되었다면, 이후로는 국제사회의 지원 속에 진행된 것이다.

마. 7.1경제조치와 식품생산

1) 7.1경제조치 실시 배경과 내용

2000년대 들어 북한은 장기적인 경제난이 가격사업을 현실발전의 요구에 맞게 하지 못한데서 발생한다고 보고 여기에 관심을 돌리게 되었다.

국정가격이 농민시장가격보다 싼 데로부터 상사행위를 부추기고 있었으며 상점에는 상품이 부족하지만 개인 장사꾼들에게는 상품이 쌓여있는 현상이 발생하고 있었다. 농민시장에는 고양이 뿔을 내놓고는 다 있다고 할 정도로 식품에서 공업품에 이르기까지 없는 것이 없었다. 심지어는 자동차 부속품과 국가의 주요원자재, 군수물자까지도 나왔다. 이러한 물품 대부분은 국정가격으로 빼돌려 시장에서는 비싼 가격으로 팔렸다.

북한은 국정가격과 농민시장가격 차이로 "개인들이 국가 돈주머니를 털어낼 수 있는 공간이 조성되었다. 솔직히 말하여 지금 국가에는 돈이 없지만, 개인들에게는 국가의 2년분 예산액이 넘는 돈이 깔려있다"고 밝혔다.[120] 또한 국가예산 가운데서 국가보상, 선물 등의 명목을 띤 비생산적 지출액이 생산적 지출액보다 더 많았는데 74%나 된다고 지적했다.[121]

북한은 경제관리운영에서 나타나고 있는 이러한 문제점을 해소하기 위해 '7.1경제관리개선조치'를 내놓았다. 7.1경제조치는 기본적으로 물가·임금·환율의 현실화, 기업의 경영자율권 확대 및 사회보장제도의 축소로 요약할 수 있다. 모든 생필품의 국정가격은 평균 25배 인상[122], 임금은 평균 18배 인상[123], 환율은 평균 70배 인상했다. 기업소 지배인의 의사결정, 즉 노동자들에 대한 임금결정, 노무관리 등에서 결정권을 부여[124]했으며 기업에서 계획을 세우고 제품가격도 국가가 제정한 범위에서 자체적으로 정하도록 했다. 이와 함께 제품생산에 필요한 원료자재를 물자교

---

120 강연 자료, "가격과 생활비를 전반적으로 다시 제정한 국가적 조치에 대한 이해를 바로 가질데 대하여", 조선인민군 출판사(2002. 7), p. 3.

121 위의 자료, p. 7.

122 예로 쌀(1kg) 8전→44원, 옥수수 6전→24원, 돼지고기 7원→180원, 계란 17전→8원, 버스요금 10전→2원

123 일반 노동자·사무원은 85원-110원→1,800원-2,000원, 탄광·광산근로자는 130원-140원→3,000원-4,000원, 대학교수 200원→4,000원-5,000원, 일반교원 120원→2,880원, 의사 80원-150원→1,200원-2,250원

124 과거에는 당위원회 집체적 지도라는 명목아래 사실상 당비서가 공장, 기업소 운영 전반을 주관해왔다. 북한도 이러한 현상을 극복하기 위해 당일꾼들이 행정대행 하여서는 안 된다고 강조해왔다. 7.1 경제조치를 통해 기업경영에서 당비서의 역할이 정치적 지도에 한정되고 지배인의 책임이 중시되도록 했다.

류시장이나 종합시장에서 구입할 수 있게 했으며, 계획 외 생산물에 대해서도 시장에서 판매할 수 있도록 했다. 결국 국영공장, 기업소들에서 생산된 일부 식품을 주민들이 시장을 통해 자율적으로 구입할 수 있는 길이 열리게 되었다.

2) 7.1경제조치에 의한 농업부문 변화

7.1경제조치 이후 농업부문 관리운영에서는 적지 않은 변화가 생겨났다. 이는 농장운영과 관련한 계획과 생산뿐 아니라 분조관리제 운영, 개별적 농장원들의 경작지 운영과 농산물 수매 변화에서 찾아볼 수 있다.

기존의 분조관리제를 가족 중심의 분조관리제로 전환했으며 국가수매를 줄이고 협동농장의 분배에서 자율권을 부여했다. 수확량의 70~80%를 수매하던 것이 50~60%를 수매하도록 했으며 계획초과분은 분조 자체 처분으로 소속 농민들에게 분배하도록 했다. 또한 벼, 옥수수를 제외한 나머지 작물에 대해서는 선택할 수 있는 권한을 부여했다. 협동농장에도 토지사용료를 부과했는데 지목별[125], 등급별[126]로 차등 부과했다. 농산물 가격을 재산정하여 농산물 수매가격과 판매가격 간 격차를 줄여 이중 곡가제를 축소했다. 식량가격을 현실화해서 쌀 판매가격을 8전/kg에서 44원/kg으로 550배 대폭 인상하고 수매가격은 82전/kg에

125 협동농장 토지, 기관 ·기업소 부업지, 개인 경작지 3부류로 구분하고 평당 1부류인 협동농장 토지는 54-36원, 2부류인 기관·기업소 토지는 88-60원, 3부류인 개인경작지는 12원의 사용료를 부과했다.

126 토지의 비옥도에 따라 1등급에서 3등급까지 구분. 평당 1등급은 40원, 2등급은 32원, 3등급은 24원이다.

서 40원/kg으로 50배 인상했다. 노동에 대한 분배에서는 평균주의를 없애고 생산실적에 의한 분배방식을 도입[127]했다.

개인 텃밭의 규모를 30평에서 400평으로 확대하고 농민들이 근로일수의 1/3은 텃밭농사에 할애하도록 개인경작 활동을 장려했다. 이와 함께 공장·기업소들에 협동농장 땅을 일정 배정하고 생산물 일부를 토지사용료 및 비료값의 명목으로 농장에 바치고 나머지는 종업원들의 6개월분의 식량을 공급하도록 하는 등 변화를 시도했다.

북한은 7.1 경제조치 이후 쌀 수매가격을 40원/kg에서 일부는 180원/kg에 수매 받는[128] 등 탄력적으로 적용하고 농장에서 계획 외 초과생산물을 종합시장을 통해 판매할 수 있도록 했다. 2006년 말부터는 전문수매상점을 통해 양곡을 판매할 수 있게 했다.

〈표 4-9〉 7.1 경제조치 전후 농업부문 변화

구분		7.1 경제조치 전	7.1 경제조치 후
농장	계획수행	· 계획의 일원화 · 분조관리제 실시 · 분조 평가제	· 계획수립 자율권 · 가족중심 분조관리제 · 토지사용료 신설 · 벼, 옥수수 제외한 작물선택권 허용
	수매	· 수확량×(70~80%) 수매 · 수매가격 82전/kg	· 수확량×(50~60%) 수매 · 수매가격 180원/kg, 40원/kg

127 새터민들의 증언에 의하면 축소된 분조별 생산계획이 높게 정해지고 영농조건(농자재 공급 등)이 미흡하여 계획을 초과하기가 쉬운 일은 아니라고 한다. 탈북 전까지 계획을 초과해본 적이 없고, 이로 하여 농장원들이 분배를 제대로 받지 못해 이전보다 생활이 더 힘들어 졌다고 한다.

128 2006년 4월 11일 진행된 최고인민회의 제 11기 4차 회의 〈국가예산보고〉에는 "농업근로자들의 생산열의를 더욱 높여 인민들의 식량문제, 먹는 문제를 원만히 풀기 위하여 거액의 양곡 수매보조금이 지출되었다."고 지적했다.

농장	분배	· 가동 일수에 의한 평균 분배 · 계획초과분 국가수매	· 실적에 의한 분배 · 계획초과분 분조 자율 처분 허용
농장	유통	· 농민시장 및 농산물 · 수매상점 · 직매점	· 농작물 판매 종류와 양의 규제 완화 · 종합시장을 통한 농산물 판매 · 전문 양곡수매상점 운영
개인		· 개인텃밭경작(30~40평) · 시장을 통한 처분	· 개인경작지의 허용, 면적확대(400평) · 근로일수 1/3을 개인경작에 이용 · 시장과 수매상점을 통한 처분

또한 협동농장에서 생산한 생산물을 시장에서 팔 수 있게 되었고 물자교류시장을 통해 필요한 영농자재를 구입할 수 있게 되었다.

7.1경제조치를 통해 농업부문에도 자율성이 보장되는 등 변화는 있었지만, 높은 국가계획과 비료부족 등으로 알곡생산에서는 성과를 거둘 수 없었다. 그러나 개인들은 비료, 종자 등 영농물자를 시장에서 해결할 수 있어 집단영농에 비해 많은 소출을 얻을 수 있었다.

바. 선군시대 식품공급

1) 평양시 주민들에 대한 식품공급

북한은 식량공급이 식량이 부족한 조건에서 균등한 분배를 위한 조치의 일환이라고 강조해 왔다.

> "지금 우리가 쌀을 비롯하여 몇 가지 요긴한 물품들은 로동자, 사무원들에게 공급제에 의하여 분배하고 있는데 물론 이것은 물건이 많아서 하는 공급제도 아니며 단일한 전민소유의 조건에서 하는 공급제도 아닙니다. 그것은 물건이 많지 못한 조건에서 사람들

을 골고루 먹이고 살게 하도록 통제하기 위하여 하는 것입니다."[129]

그러나 수도가 조선의 얼굴이라고 선전하면서 식품공급제의 실질적인 실행에 있어서는 평양시와 다른 지역과의 차별적인 정책을 실행하고 있다. 이는 평양시민에 대한 특혜를 제도화한 것에서 찾아볼 수 있다.

북한은 1998년 최고인민회의 상임위원회 정령 제286호로 평양시 관리법을 제정한 데 이어 2010년에 수정·보충했다. 동법에서는 식량을 제때에 정해진 양대로 공급해야 한다고 규정하고 있다. 식량공급을 위해 국가계획기관과 해당 기관, 기업소, 단체가 평양시에 공급할 식량을 '수도 폰트'로 계획화하고 우선 생산·보장하도록 하고 있다(제8조). 이밖에 식품 등 상품공급을 위해 국가계획위원회와 각급 인민위원회, 해당 기관·기업소·단체가 평양시 상업망에 넣을 상품생산을 계획화하고 어김없이 생산·보장하여야 한다고 밝히고 있다.(제51조)

식료품을 생산하는 공장·기업소로는 중앙공업과 지방공업이 있는데 지방공업은 해당 지역 주민공급용을 생산하게 된다. 그러나 중앙공업은 군인, 평양시 특별공급에 필요한 식료품을 생산하여 우선 공급하고 있다. 여기서 식료품생산 공장, 국영과수농장, 국영목장, 국영수산사업소 등에는 '수도공급 물자'라는 말이 따라다닌다. 즉 과일, 고기, 수산물, 식료가공품 모두 수도공급물자가 있다. 국가계획위원회에서 수도공급을 위한 생산 및 공급계획을 하달받고 그에 따라 평양시 상업부문을 통해 공급한다.

129 김일성, "사회주의경제의 몇 가지 리론문제에 대하여(과학교육부문 일꾼들이 제기한 질문에 대한 대답, 1969.3.1.)" 『김일성저작집』 제23권(평양 : 조선로동당출판사, 1983), p. 470.

식량은 평양시 농촌들에서 생산하도록 보장되지만 양이 부족한 경우 지방의 농촌들에서 생산한 식량을 그 지역주민들에게 공급하지 못하더라도 평양에 우선 공급하고 있다. 또한 흰쌀의 공급비율이 지방에 비해 높다.

경제난으로 식품공급량이 대폭 감소하면서 평양시 주민들의 식생활도 하락했다. 그러나 옥류관, 청류관, 음식점 거리 등 일부 영업점(급양)들만은 국정가격으로 운영되고 있었다. 이로부터 평양주민들이 골고루 영업점을 이용할 수 있도록 국정가격 표(티켓)를 인민반을 통해 세대별로 공급하는 대책을 마련하기도 했다. 당시 일부 평양 주민들은 국정가격 표를 5~10배의 암시장 가격으로 되팔기도 했다고 한다.

북한에서 평양시민에 대한 특혜는 명절공급에서도 찾아볼 수 있다. 이는 2012년 김일성의 생일 100돌에 공급한 품목을 보면 알 수 있다. 평양시 주민들은 식량공급(3일분) 외에 식용유 1kg, 통닭 1마리, 귤 10알, 설탕 1kg, 술(대홍단) 1병, 과자 2kg, 보통강 신발(세대인원별) 한 켤레, 신의주 화장품 한 세트, 수산물 1kg을 추가 공급했고, 가구당 대농강 맥주 20리터 구매권을 준데 반해, 함경북도 청진시와 평안북도 신의주시, 양강도 혜산시에서는 식량 3일분과 식용유 1병(500mL), 과자 1kg, 술 1병, 지방특산물 1종이 전부였다.[130]

식량공급이 정상적으로 이루어지던 시기에는 평양시 주민들이 지역주민들에 비해 상당히 생활조건이 좋았고 식생활수준도 높았다. 그러나 식품공급이 많이 축소되고 식량도 제대로 공급되지 않아 생활수준이 많이 하락했지만 그래도 지방의 공급수준에 비하면 괜찮은 편이다. 북한이 수도를 중심으로 공급을 강화하는 것은 수도에서 사는 자긍심을 느

130 《업코리아》, 2012년 4월 16일.

끼게 하고 철저한 충성분자로 키우는데 목적이 있다.

북한은 당, 보위부, 보안부, 검찰, 군, 내각 등 특수기관에 대해서는 여전히 식품공급을 별도로 하고 있다. 1990년대 식량난이 가장 심각하던 시기에는 본인에 해당하여 식량과 식품을 공급했지만, 2000년 이후에는 부양가족에 대한 공급을 진행하고 있는 것으로 알려졌다. 그러나 평양시와 특수기관 종사자들에 대한 식품공급도 양과 품종에는 제한이 있다. 따라서 이들도 수요에 의한 공급을 받지 못하고 있다.

2) 외부지원을 통한 식품공급

가) 기아가 어린이 건강에 미치는 영향

기아가 성인에 미치는 영향은 현재의 건강약화로 나타나지만, 어린이에게는 현재뿐 아니라 일생 큰 영향을 미친다. 이를 세 가지 측면에서 살펴보면 다음과 같다.[131]

첫째, 어린이 성장발달에 영향을 미친다. 성장기에 영양부족으로 성장지체를 경험한 어린이는 정서적 장애, 면역능력 저하 등 여러 기능적 장애가 쉽게 발생한다. 영양부족으로 인한 장애는 겉으로는 키, 체중과 같은 체격의 변화로 나타난다. 남북한이 유전적으로 같은 집단인 것을 고려하면, 남한 어린이에 비해 북한 어린이들의 전반적 성장발육 속도가 느린 것은 영양 수준의 차이 때문이라고 할 수 있다.[132]

---

131 어린이의약품지원본부, 『북한 어린이 건강실태보고서 : 전염성질환을 중심으로』 〈2002년 민간단체 지원사업 보고서〉. pp. 58-80.

132 위의 책, p. 68.

둘째, 영양소 부족에 따른 질병을 발병한다. 이러한 질병으로는 칼로리나 단백질부족으로 인한 마라스무스, 콰시오코르 등을 들 수 있다. 마라스무스에 걸리면 체중이 감소하며 피하 지방이 줄고 피부가 탄력을 잃게 된다. 콰시오코르는 칼로리 부족과 단백질이 동시에 부족한 경우 발병한다. 근육이 소실되며 여러 가지 질병에 걸리고 부종이 나타난다.[133] 이밖에도 비타민 부족에 의한 각막염, 야맹증, 괴혈병, 구루병 등을 들 수 있다. 이밖에도 철분부족에 의한 빈혈을 들 수 있다. 철분은 체내에서 산소운반에 관여하며 헤모글로빈을 생산하는데 중요한 역할을 하고 있다. 철분이 부족한 어린이는 활기가 없으며 금방 피로를 느낀다.

셋째, 신체의 면역력을 감소시켜 감염성 질환을 일으킨다. 이러한 질병으로는 폐렴과 같은 호흡기 감염증, 설사병을 들 수 있다. 어린이들이 설사에 걸리면 입맛이 떨어져 음식을 잘 먹지 않을 뿐 아니라 섭취한 음식에 들어있는 영양소를 체내에 충분히 흡수시키지 못해 병을 더욱 악화시킬 수 있다.

나) 콩우유 지원

기아에 따른 북한 어린이 건강을 회복하기 위한 국제사회의 지원은 1995년에 들어 시작되었다. 주로 한국의 대북지원 NGO들과 유엔 및 각국 정부들이 주도하는 방식이었는데 영양식품의 직접지원 혹은 현지공장 설립, 원자재 지원 등의 형태로 이루어졌다.

영양식품에는 영양빵, 고영양 비스킷, 콩우유가 대부분을 차지했다.

133 이홍진, "기아와 북녘 어린이들의 질병, 북한 어린이의 참상과 의약품지원에 대한 심포지움 자료," 북한어린이의약품지원본부(1997).

직접 지원은 초기에 많이 통용된 방법으로 수송비, 통관비, 상품검사비 등 부대경비가 많이 들고 북한 내륙지역까지 안정적으로 공급할 수 없는 단점을 가지고 있다. 대신 취약지역의 대상에 정확히 공급할 수 있는 장점을 갖고 있다. 현지공장 설립은 직접지원보다 초기 투자가 많고 지속적인 운영에서 어려움이 많으며 적정대상에 대한 공급을 통제하기 어려운 측면이 있다. 최근 들어 국내 NGO의 콩우유공장 설립을 통한 아동용 영양식품 지원이 두드러진다. 사단법인 평화 3000은 북한 어린이 영양 증진을 위해 2006년에 평양 장충동에 콩우유공장을, 2007년에는 평양시 사동구역 송신동에 두부공장을 건립했다. 생산원료를 지원하여 평양시 어린이들에게 콩우유와 두부를 지속적으로 공급해주고 있다. 전남도민 남북교류협의회는 2007년에 평양시에 콩 발효식품을 만드는 발효콩공장을 준공하고 청국장 가루 등을 생산해 하루에 16,000여 명의 어린이들에게 영양을 공급하고 있다.[134] 경남통일농업협력회는 2010년 5월 북한의 민화협과 함께 평양 락랑구역에 하루 4톤을 생산할 수 있는 "북녘어린이콩우유공장"을 건설했다.[135] 사단법인 푸른나무는 2011년 9월 대동강 평화콩우유빵공장, 문흥장애인콩우유빵공장, 사리원 콩우유빵공장 등에 지원을 아끼지 않고 있다.

북한의 어린이 영양문제 해결을 위한 지원이 지속적으로 진행되고 있으나, 주로 평양을 중심으로 이루어지고 있어 지방의 어린이와 소외계층 어린이 영양문제에 관심을 둘 필요가 있다.

134 《YTN》, 2007년 11월 1일.

135 www.gntongil.org(검색일 : 2011년 10월 25일)

다) 대북 식량지원에서 문제점

국제사회는 북한에 지원되는 식품들이 지원의 목적에 맞게 영양실조에 걸린 어린이들과 취약계층에게 공급될 것을 바라고 있다. 그러나 북한은 국제사회의 지원물자를 군으로 빼돌리는 경우가 적지 않다. 이로 인해 지원활동에서는 여러 가지 문제점이 제기되고 있다.

미국의 5개 비정부기구(NGOs)를 대표하는 수요조사팀은 2011년 2월 8일부터 15일까지 긴급식량지원과 관련한 조사를 진행했다.[136] 조사단 성원들이 가정이나 병원을 무작위로 선택할 수 없었고 인터뷰하는 동안 북한의 관리들이 항상 곁에서 내용을 정리하고 있어 응답자들의 진실한 답변을 듣기 어려웠다. 응답자 대부분은 마지못해 시장에서 거래하고 있음을 인정했고, 당국이 식량을 자체적으로 처분하는 것에 대한 비판을 제기하지 못했다. 조사팀에 한국어 능통자가 있었으나 북한이 선정한 통역과 동행한 관계로 응답내용에 대한 통역에서 차이가 수정되곤 했다.

이러한 조건에도 불구하고 조사팀은 교차확인과 주어진 질문에 대해 응답자가 일관성 있게 답변하는가를 판단하는 방식으로 관심을 기울였다. 이를 통해 정치적 성격의 응답과 그렇지 않은 성격의 응답을 구분했다.

이러한 사례는 미국의 대북 식량지원을 맡은 비정부 기구인 '머시코어'가 지난 2009년 8월 국제개발처(USAID)에 보고한 "코리아 미국식량지원 프로그램 2009년 결과보고서"에서도 찾아볼 수 있다. 이 보고서는 2008년 5월부터 2009년 3월까지 평안북도와 자강도에서 주민 88만 5천

136 우리민족서로돕기운동, 『미 5개 NGO들의 북한 식량상황보고서』, 2011년 2월, 우리민족서로돕기운동본부. p. 4.

명에게 곡물과 콩, 식용유 48,000톤을 분배하고 감시한 내용을 쓰고 있다. 보고서는 북미간 24시간 전에 통고할 경우 식량이 공급되는 모든 지역을 감시할 수 있도록 하는데 합의했으나 거부된 사례가 20~25%에 달했는데, 북한은 이에 대해 '필요한 허가를 주선해 주지 못한다'는 설명만 했을 뿐이라고 밝혔다. 또한 보고서는 북한이 분배감시단의 숫자를 제한하여 하루에 각 도에 최대 두개 팀의 현장감시단만 활동하게 함으로써 현장감시단의 숫자를 늘리겠다는 비정부기구의 요구는 받아들여지지 않았다.[137]

3. 식품의 구입지위 보장

가. 종합시장 운영을 통한 보장

북한의 종합시장은 김정일이 2003년 3월 3일, 13일, 4월 3일, 13일, 30일을 비롯하여 여러 차례 걸쳐 시장을 사회주의 경제관리와 인민생활에 필요한 시장으로 잘 꾸리고 운영하려는 방침에 의해 설립되었다.

북한 당국은 내각결정 24호(2003.5.5.)를 통해 개인이 생산하는 식품은 물론 기업소와 협동단체가 생산한 계획 외 초과분도 종합시장을 통해 팔 수 있게 했다. 시장은 전체 매대 수의 5%를 공장 기업소 몫으로 할당했고 계획 외 생산된 식품 중 30% 한도 내에서 판매할 수 있게 승인했

137 《노컷뉴스》, 2012년 1월 12일.

다.[138] 이에 대해 북한의 공식출판물은 이렇게 소개하고 있다.

"지금의 시장은 10년 전의 농민시장과 그 의미가 달라졌다. 지금 시장에서는 농토산물 뿐 아니라 식료품과 공업품을 비롯하여 생활에 필요한 모든 것들을 농장원들만이 아니라 모든 주민들이 다 사고 팔고 있다. 시장에서 거래되는 상품종류와 판매자가 그전과 완전히 달라진 조건에서 시장을 농민시장이라 하지 않고 그 지역의 이름에 따라 평천시장, 평성시장 등으로 고쳐부르고 있다."[139]

북한은 기업들의 이러한 활동을 뒷받침하기 위해 2004년 4월 수정·보충된 「재정법」을 통해 현금보유를 허용했고 현금이용 권한을 확대했다.[140]

북한은 종합시장을 시, 군의 실정에 맞게 개설하도록 했으며 상업관리소 소속이었던 시장을 구역, 군 상업과 직속 시장관리소에 배속시키고 독립채산제로 운영하도록 했다. 즉 시장사용료 수입으로 시출을 보상하고 국가예산에 이윤 일부를 납부하는 독립적인 국영기업소로 격상시켰다. 그러면서 1일장으로 운영하되 원유·생고무를 비롯한 전략물자, 생

138 권영경, "북한의 최근 경제개혁 진행 동향에 대한 분석," 『수은경제』,(서울 : 수출입은행, 2005 겨울호),

139 서재영 외, "우리당의 선군시대 경제사상 해설,"(평양 : 조선노동당 출판사, 2005), p. 199.

140 2004년 4월 22일 최고인민회의 상임위원회 정령 제416호로 수정·보충 된 재정법 제3부 36조에서는 "경영활동과정에 이루어진 순소득에서 국가납부 몫을 국가예산에 먼저 바치고 나머지를 자체충당금, 장려금, 상금기금 같은 경영활동에 필요한 자금으로 쓸 수 있다"고 규정하고 있다.

산수단 등 국가적으로 매매가 금지된 제품을 제외한 국내생산물, 수입상품 등을 매매할 수 있도록 거래 품목도 확대했다. 합법적인 거래대상은 개인과 협동농장에서 기관, 기업소, 단체로 확대시켰다. 종합시장의 매대를 임대하여 생산물 판매를 허용했고 계획 외 생산에 필요한 원료도 시장을 통해 구입하도록 했다. 이로부터 시장가격은 주민생활의 기본가격으로서 국정가격을 대체하게 되었다. 수입상품가격은 외화교환소의 환율(시장환율과 유사)을 적용하여 책정하도록 했으며, 식량공급소의 식량가격을 시장가격에 준하여 조절하도록 했다. 시장가격의 상승을 억제하기 위해 가격조절의 기초가 되는 쌀, 식용유, 미원, 설탕 등에 대해서는 한도가격을 적용했다.

이처럼 종합시장은 주민들에 대한 식품공급을 책임지는 상업의 보충적 형태가 아닌 상업을 대체하여 주민들에게 식량을 비롯하여 식품을 공급하는 장소로서 주민들의 식생활에 기여하고 있다.

나. 수매상점의 기능변화를 통한 식품 보장

이 시기에 북한은 수매상점의 기능을 변화시켜 주민들의 식품 수요 보장에 관심을 두었다. 이는 시장기능을 제도화하여 관리 가능한 시장화를 추진하려는 조치이기도 했다.

수매상점은 2004년 상업성 지시 제34호 "수매상점관리운영규정"에 의해 바뀌었다. 수매재생상점은 없애고 위탁수매상점을 취급 품종에 따라 공업품수매상점, 식료품수매상점, 수산물수매상점, 식료품과 공업품을 같이 취급하는 혼합수매상점 등으로 전문화했다. 식료품수매상점에서는 당과류와 맛내기(미원), 식용유·담배를 비롯한 식료품을, 수산물수매상점에서는 여러 가지 물고기와 젓갈류, 바다풀 등 수산물과 그 가공품들을, 농산물수매상점에서는 쌀이나 잡곡을 수매 받아 팔도록 했다. 이밖에도 단속통제기관에서 몰수한 식품들을 인수 받아 팔 수 있게 했다.

이러한 수매상점들은 상업관리소의 공업품상점이나 식료품상점내에 조직하도록 했다. 이로부터 국영상점들이 수매상점 혹은 위탁수매상점으로 전환되었는가 하면,[141] 평양시내에 있는 대규모 상점, 백화점의 일부 매대에서도 수매상품을 팔 수 있게 되었다.[142] 통일연구원이 발표한 "7.1경제관리개선조치 4년의 평가와 전망"에서는 국영상점의 수매상점 전환 비율을 70%이상으로 추정하고 있다.[143]

북한은 2006년 말부터 수매상점을 통한 양곡판매를 장려했다. 양곡수매상점은 국가에 납부금을 내는 조건에서 양곡거래를 허락받았다. 국가 또는 농촌에서 직접 쌀을 구매해 국가가 제정한 가격에 따라 판매하도록 하고 있다. 수매상점에서는 다른 상품과 마찬가지로 수요와 공급

---

141 "국영상점 입장에서 생각해보자. 위에서는 상품을 공급해 주지도 않으면서 계획목표를 달성하라고 닦달을 한다. 구체적인 방법은 가르쳐 주지 않으면서 무조건 돈을 벌라고 한다. 남들은 다 하는데 너는 왜 못하느냐. 무서워서 못한다고 하면 지배인 자리 내놓으라고 한다. 그래서 결국 수매상점을 운영하는 방향으로 갈 수 밖에 없다. 물론 완전히 드러내놓고 하기는 어렵다." 대외경제정책연구원, "북한경제의 대중국 의존도 심화와 한국의 노력방안",(2005), p. 162.

142 "2002년 말 정도에 평양시내 구역당에 지시문이 내려왔다. 국가에서 운영하던 식당들, 상점들이 현재 상품이 없이 운영하지 못하고 문을 닫고 있는데 이들 건물을 개인들에게 임대해 줘서 건물 값도 받고 하라는 내용이었다...동평양 백화점도 절반을 개인에게 넘겨주었으며, 평양 제2백화점도 1층에 몽땅 수매상점이 들어섰고, 적십자 병원 앞에 있는 속칭 100m상점도 절반씩 개인들에게 임대해 주어서 수매상점을 만들었다." 위의 글, 같은 쪽.

143 김영윤, 『북한 「7.1경제관리개선조치」 4년의 평가와 전망』(서울 : 통일연구원, 2006), p. 21.

에 따라 결정되는 협의가격을 적용해 국정가격보다는 높지만, 시장가격보다 낮게 정하도록 했다. 또한 외화로 외국에서 쌀을 수입하여 판매할 수 있도록 했다. 양곡수매상점이 생겨남으로써 국경지역들에서는 중국인 대방이 식량을 공급하고 북한 쪽 대방이 식량을 받아 판매한 다음 후에 대금을 지급하는 방식의 양곡수매상점이 운영되고 있다. 이를 북한주민들은 식량판매소라고 부르고 있다. 이러한 유형의 수매상점들에서는 북한산 양곡이 아닌 중국산 양곡만을 전문적으로 넘겨받아 위안화로 거래하고 있다.

북한은 수매상점의 기능을 확대해 알곡생산자들에게 합법적인 매매공간을 열어주어 시장의 식품가격 상승에 대한 통제수단으로 활용하려 했다. 또한 개별 주민들로부터 상품을 수매 받아 팔도록 했다. 이에 따르면, 북한은 수매기능을 활성화하기 위해 수매상점에서 상품을 수매받으면서 주민들의 신분을 확인하지 말도록 했다. 또한 수매자와 합의하여 상품가격을 정하며 합의한 판매가격에서 상업부가금을 뺀 나머지 금액을 수매자에 지급하도록 했다. 해당 거래은행과 연계하에 일정량의 현금을 보유하고 있으면서 주민들에게 직접 현금을 주고 수매 받도록 했다. 이밖에도 위탁판매기간을 30일로 정해, 정해진 기간에 팔지 못하면 연장할 때마다 판매 값을 수매자와 합의하여 낮추도록 했다.

식품 관련 직매점 기능을 활성화하기 위해 북한은 2003년부터 공공재산을 개인이나 기업들도 합법적 경영활동에 이용할 수 있도록 했다. 예컨대 공공재산 임대방식[144]을 들 수 있다. 북한은 내각결정 제24호를 통

144 공공재산 임대방식에서는 임대인이 이용권과 소득권을 전부 부여받는 형태로 재산권을 행사하게 된다. 임대인은 국가에 임대료를 납부하면 된다. 임강택·김성철, 『북한재산권의 비공식이행』(서울 : 통일연구원, 2003), p. 16.

해 무역회사들이 국영상점, 식당 등을 임대할 수 있도록 허용했다. 이에 따라 무역회사들이 국영상점이나 식당을 인수하여 운영하거나 개인들이 국영상점 내 매대를 임대받아 운영하고 있다.

4. 선군시대의 식생활양식 확립

가. 비사회주의 근절 및 처벌을 통한 유도

북한은 "고난의 행군"이 끝난 후에도 주민들 속에 사회주의 식생활양식을 확립하는데 지속적인 관심을 두었다. 이는 주민들 속에서 비사회주의적 현상이 많이 나타나고 있으며 이에 따라 주민들의 의식도 변화되고 있었기 때문이다.

북한은 경제강국 건설에서 가상 경계해야 할 문제가 물건과 돈을 탐내는 비사회주의적 현상이라고 하면서 이를 사상 변질의 첫 걸음으로 부르주아사상, 개인주의, 이기주의사상이 싹트게 하는 출발점으로 보고 있다.[145] 사회주의는 돈에 의해 움직이는 자본주의 사회와 달리 사람들의 사상정신력에 의해 고수되고 발전되는 사회여서 물욕은 사람들의 사상정신 상태를 흐려지게 한다는 것이다. 또한 제국주의자들이 사상 문화적 침투를 통해 물욕을 조성시키고 있으므로 이에 경계할 것을 인론기사를 통해 주문하고 있다. 이런 기사들로는 '제국주의 사상 문화적 침투를 철

145 우향숙, "비사회주의적 현상과의 투쟁을 강화하는 것은 강성대국건설의 중요요구," 『정치법률연구』3(2006), p. 28.

저히 막아야 한다'(2001.2.6), '제국주의의 사상 문화적 침투는 전략과 지배를 위한 수단'(2006.2.22), '제국주의 사상 문화적 침투책동을 짓부셔야 한다'(2007.7.15)를 들 수 있다.

북한은 미국이 원조를 심리전의 수단으로 삼고 있다면서 "우리 인민들 속에서 미국에 대한 환상을 조장시켜 반미의식을 마비시킴으로써 계급적 각성을 무디게 하고 우리 내부를 사상 정신적으로 와해 변질시켜 궁극에는 우리의 사회주의 제도를 뒤집어엎으려는데 있다"고 강조하고 있다.[146]

김정일은 사회주의 생활양식을 확립하는 것이 후대들을 위한 삶의 기반을 마련해주기 위한 사업임을 강조하고 있다. 김정일은 "오늘을 위한 오늘에 살지 말고 내일을 위한 오늘에 살자"는 정신을 갖고 일해야 한다면서 이 구호의 의미는 자기는 낙을 보지 못하더라도 조국의 앞날과 후손만대의 행복을 위하여 한 몸을 바칠 각오를 가지고 살라는 뜻이라고 지적했다. 그러면서 오늘의 낙을 바라면 혁명을 제대로 할 수 없으며 시대의 낙오자로 떨어지게 된다면서 혁명가에게 있어서 오늘보다도 내일을 위하여 살며 투쟁하는 것이 더 중요하다고 강조했다. 그러면서 우리 인민들이 풍족하게 잘 살지 못하고 온 겨레가 민족 분열의 고통을 겪고 있는 때에 개인의 안락을 추구하는 것은 시대적 양심이 없는 행위라고 지적하고 있다.[147]

북한은 주민들에게 청렴결백하게 살아나가는 것은 남의 물건을 탐

146 《노동신문》, 2003년 8월 14일.

147 김정일, "오늘을 위한 오늘에 살지 말고 래일을 위한 오늘에 살자(조선노동당 중앙위원회 책임일꾼들과 한 담화, 1996.1.14.)" 『김정일선집』 제14권(평양 : 조선로동당 출판사, 2004), pp. 134-135.

내지 않고 자기의 노력으로 생활을 개척해나가는 것이라 하면서 그렇지 않은 현상에 대한 강한 처벌도 암시하고 있다. 노동신문은 "우리 인민은 옛날부터 울타리 없이 살아왔으며 남의 재물을 탐내는 자를 증오하고 엄하게 처벌했다."[148]고 밝혔다.

나. 선군시대를 반영한 식생활지식 제공

1) 식량절약 차원의 음식물 가공

선군시대에 들어 북한은 음식물의 가짓수를 늘이기 위한 사업을 잘하여 주민들의 식생활 양식을 개선할 것을 강조하고 있다. 김정일은 "우리 시대에 음식의 가짓수를 늘이기 위한 사업을 잘하여 인민들의 식생활 양식을 개선하여야 한다."고 했다.[149]

이 시기 들어 식량과 부식물, 기초식품 생산을 늘리는 것과 함께 낡은 식생활 습성을 없애도록 강조하고 있다. 김정일은 "인민들의 식생활을 개선하여야 하겠습니다. 얼마 전에도 말했지만, 지금 우리 사람들의 식생활에서 고칠 것이 많습니다."고 지적했다.[150]

식생활에 남아있는 낡은 습성은 식생활을 되는대로 하는 낡은 사회의 유물을 말한다고 하면서 이러한 사례로 가정에서 식생활조직을 과학적으로 하지 않거나, 관혼상제 때 먹자판을 벌여 귀중한 낟알을 마구 낭비하는 현상이라든가 음식물가공을 과학기술적으로 하지 않아 소화

148 《노동신문》, 2003년 5월 10일.

149 조선여성, "녀성들은 식생활을 깐지고 알뜰하게 하자."《조선여성》8(2008), p. 52.

150 조선여성, "식생활에서 낡은 습성을 없애자."《조선여성》6(2004), p. 50.

와 영양분 흡수율을 낮추는 현상을 들고 있다.[151]

김정일은 흰쌀과 밀가루, 감자를 주식으로 하려는 것만큼 가루와 감자를 가지고 여러 가지 음식을 만들어 먹는 문제를 풀어야 한다고 강조했다.[152] 같은 음식재료를 가지고도 사람들의 기호와 구미에 맞으면서 영양가가 높게 가공하여 먹는 문제를 풀어야 한다고[153] 지적했다.

주식으로 밥이나 국수만 해먹으면 낟알은 낟알대로만 낭비되면서도 탄수화물의 섭취량이 많아져 당뇨병이나 뇌혈전 등의 병에 걸릴 수 있으므로 남새를 비롯한 여러 가지 부식물을 효과적으로 이용하여 낟알을 적게 소비하면서도 식생활을 다양하게 해야 한다고 강조한다. 밥도 낟알로만 지울 것이 아니라 사철 남새를 섞어 볶음밥, 비빔밥을 지어먹고 국수, 빵, 지짐(전) 등 다양하게 만들어 먹어야 한다고 강조한다.[154]

북한은 조선중앙 TV와 유선 라디오 방송인 제3방송[155]을 통해 '식량절약'을 강조하는 프로그램을 방영하고 있다. 조선중앙 TV는 매주 목요일 저녁 뉴스가 끝난 직후에 '사회문화 생활시간'이라는 제목의 프로그램을 이례적으로 편성해 방송하고 있다.[156] 이 프로그램의 내용 대부

151 위의 책, 같은 쪽.

152 김정일, "선군시대에 맞는 사회주의적 생활문화를 확립할 데 대하여(조선로동당 중앙위원회 책임일꾼들과 한 담화, 2003. 2.10.)" 제15권『김정일선집』(2005), p. 391.

153 위의 책, p. 392.

154 조선여성, "녀성들은 식생활을 깐지고 알뜰하게 하자."《조선여성》8(2008), p. 52.

155 제3방송은 북한의 전 가구를 연결한 스피커를 통해 운영되고 있다. 3방송은 내부 유선망을 거치지 않고는 들을 수 없으며 외부세계의 접근이 불가능하다. 비사회주의적 현상에 폭로, 위대성 선전 등 내부교양수단으로 이용되고 있다. 아침 6시와 1시대 저녁 9시대에 맞춰 시간제로 운영하는데 전기가 오지 않을 때에는 디젤 발동기를 돌려 운영하고 있다.

156 《데일리 NK》, 2011년 11월 3일.

분이 '식량절약'과 관련된 것이다. 방송에서는 "흰쌀밥보다 감자밥, 나물밥, 김치밥, 비빔밥이 건강에 좋고 점심과 저녁에는 국수나 빵을 주식으로 먹는 것이 좋다"고 하고 있다. 또한 "고기가 있어야 식생활 수준을 높일 수 있는 것처럼 생각하는 것은 잘못된 생각이다. 남새를 잘 가공하여 먹어야 한다"는 내용을 주입하고 있다. 또한 '식생활을 다양하게 하는 것이 식량절약의 큰 예비', '건강에 좋은 잡곡밥' 등의 프로그램도 재방영되고 있다.

이처럼 북한은 선군시대에 들어 식량 위주의 식생활에서 부식물을 위주로 하는 식생활로 전환할 것을 요구하고 있다.

2) 결혼식 간소화를 통한 절약

선군시대에 들어 관혼상제에 따른 사회주의 생활양식을 확산시키려는 북한의 의도는 "결혼식을 사회주의 생활양식에 맞게 검소하게" 하는 김정일의 요구에 따른 선전에서 찾아볼 수 있다.

북한은 결혼이 이성에 기초한 합법적 결합이라는 측면에서 법적 보호를 받는다는 법률적 의미와 함께 동지적 사랑이 결합한 이성애가 낳은 결과물이라는 윤리 도덕적 의미를 가진다고 주장한다.[157] 결혼은 청춘남녀 두 사람의 결혼이지만, 당사자 상호 간의 문제로 끝나는 것이 아니라 결혼식 날 조국과 인민 앞에 다진 맹세에 대한 약속으로까지 이어진다고 강조한다. 이와 함께 결혼식을 올바로 하는 것이 제국주의자들의 사상 문화적 침투를 막고 사회주의 생활양식을 철저히 확립하기 위한 데서

157 리순옥, "사회주의사회에서 결혼의 륜리도덕적 의미," 『철학연구』, 과학백과사전출판사, 4(2002) p. 36.

나서는 중요한 문제라고 언급하고 있다. 부르주아 사상은 출판물이나 방송을 통해 들어오는 것이 아니라 사회생활을 통해서도 들어오므로 결혼식을 간소하게 해야 한다. 결혼식은 새 가정을 이루는 신랑 신부가 사회적 의무를 자각하는 계기, 사회적인 축복을 받는 것이 기본이지 허례허식을 차리는 계기가 아니라고 강조하고 있다.[158] 여러 대의 차를 불러들이고 화려한 치장이나 멋 내기를 하며 진 탕치듯 식량을 낭비하는 것은 부르주아들의 허례허식이라고 강조하고 있다.[159] 김정일은 "허례허식은 낡은 사회의 유습이며 그것을 철저히 뿌리빼지 않고서는 혁명적인 생활기풍을 세울 수 없다"고 지적한 바 있다.[160]

북한의 출판물에서는 약혼을 〈식〉을 차려 크게 하는 것, 예장을 교환하는 것, 신랑과 신부에게 큰 상을 따로 차려주는 것, 여러 가지 명목으로 제사를 자주 하는 것, 까다롭고 복잡한 제사 절차 등은 의의가 없는 허례허식이라고 서술하고 있다.[161] 북한은 결혼식을 간소하게 해야 한다고 하면서 이러한 방도로 약혼식을 따로 하지 말 것을 강조하고 있다.[162] 그러면서 우리 민족의 결혼풍속에는 원래 약혼식이라고 따로 없었는데 19세기 말에 "신식 결혼식"이 퍼지면서 풍습이 생겨났고 하나의 절차로 되었기 때문에 생략해도 된다는 것이다. 일부 가정에서는 약혼식은

158 조선여성, "결혼식을 사회주의적 생활양식에 맞게 우리식으로 하자."《조선여성》7 (2006). p. 50.

159 같은 글, 같은 쪽.

160 조선여성, "선군시대의 요구에 맞게 관혼상제를 간소하게 하자."《조선여성》4(2007). p. 54.

161 조선여성, "관혼상제를 사회주의적 생활양식에 맞게 하자."《조선여성》7(2005). p. 49.

162 조선여성, "결혼을 간소화 하여야 한다."《조선여성》4(2005). p. 48.

작은 잔치, 결혼식은 큰 잔치라고 하면서 홍청대는 현상이 나타나고 있는데, 결혼잔치를 작은 규모에서 오붓하게 하는 등 결혼식을 간소화시켜야 한다고 강조하고 있다.

결혼식은 행동을 혁명하는 시대의 청춘들답게 해야 한다면서 결혼식에 먼저 김일성의 동상이나 초상화에 꽃다발을 드리고 예식을 시작해야 한다고 강조하고 있다.[163] 결혼식 상에 청량음료를 내놓고 과일과 떡을 차려도 우리의 것, 자기 지방의 특산물, 전통음식을 올려놓는 것이 우리의 방식이고 결혼식 날 사진을 찍어도 부모형제, 친척, 친구들과 나란히 찍으며 우리의 좋은 노래를 부르는 것이 좋다고 교양하고 있다.[164] 결혼식에서 허례허식을 없애기 위해서는 우리 민족의 미풍을 따르면서도 시대의 요구에 맞게 간소하면서도 소박하고 의의 있고 건전하게 치르도록 해야 한다.[165] 이처럼 북한이 선군시대에 들어 결혼식을 간소화할 데 대해 강조하고 있는 것은 당시의 심각한 식량난을 해결해 보려는데 있다.

5. 농구를 통한 키 크기 운동 강화

2000년대 들어 농구를 통한 키 크기 운동이 장려되었는데,[166] 그 출

163 조선여성, "결혼식을 사회주의적 생활양식에 맞게 우리식으로 하자,"《조선여성》, p. 50.

164 천리마, "결혼식을 우리식으로 고상하게," 『천리마』9(2006), p. 94.

165 조선여성"선군시대의 요구에 맞게 관혼상제를 간소하게 하자,"《조선여성》, 제4호(2007), p. 54.

166 백과사전편찬위원회, "광명백과사전," 제20권(평양 : 백과사전출판사, 2011), p.

발은 김정일이 1997년 1월 4일 국가체육위원회 책임일꾼들과 한 담화에서 "사회적으로 농구를 많이 하는 기풍을 세우도록 하여야 하겠습니다."는 강조에서 시작되었다.[167]

북한은 노동신문을 통해 농구를 통한 키 크기 운동을 적극 강조했다. 농구를 청소년 시기에 정상적으로 하면 같은 연령기에 비해 2cm 정도 더 자라게 된다면서 어떤 경우에는 10cm 이상 키가 더 자라는 경우가 있다고 소개했다.[168]

북한은 사회적으로 농구를 많이 하는 기풍을 세우기 위해 군에서 먼저 농구를 장려하였다. 김정일은 1997년 5월 19일 조선인민군 지휘성원들과 한 담화에서 인민군대의 체육을 발전시킬 것을 강조하면서 농구는 사람의 키를 크게 하고 동작을 빠르게 하며 투지와 의지를 키워주는 좋은 운동이라고 했다. 또한 장소에 크게 제한받지 않아 군부대에서 일반화할 수 있는 체육 종목이라고 적극 장려하도록 강조했다.

김정일은 사회적으로 농구를 많이 하는 기풍을 세우기 위해 학교에서 농구를 많이 하도록 했다. 학교들에서 학생들에게 어려서부터 공잡기를 비롯한 초보적인 기초기술 교육을 시켜 농구를 많이 하도록 장려했다. 또한 국가체육위원회에서 학교들에 농구전문 체육소조를 내오도록 했고 이러한 단위들에 농구훈련과 관련한 교수훈련 요강을 만들어 내려보냈다. 학교 농구전문체육소조 운동을 활발히 진행하기 위해 청년동맹과 교육성이 합동하여 밀고 나갔다. 학생들이 농구에 관심을 두도록 하

180.

167 김철만, "위대한 령도자 김정일동지의 현명한 령도밑에 진행된 1990년대 후반기 농구를 많이 하는 기풍을 세우기 위한 투쟁," 『력사과학』, 제3호(2009), p. 55.

168 《노동신문》, 1996년 3월 17일.

기 위해 1~2년에 한 번씩 '전국 중학교 농구경기대회'를 열었다. 또한 시, 군 인민위원회들에서 학교나 경기장, 운동장 등 청소년들이 많이 모이는 장소들에 농구시설을 만들어 주었고 농구공을 대대적으로 생산보장하기 위한 실무 대책도 세웠다.

농구에 대한 사회적 분위기를 조성하기 위해 기관, 기업소들에서 체육경기를 조직할 때마다 농구를 경기종목에 넣도록 했다. 출판보도부문에서 농구에 대한 과학영화와 경기규칙과 규정들을 소개하는 TV 편집물을 만들어 소개 선전하였다. 각도 체육위원회에서 도안의 농구전문가 및 체육부문 일꾼들을 위한 강습을 조직하고 농구기술을 발전시키기 위한 대책을 세우도록 했다. 이와 함께 해마다 분야별 및 단체별 농구경기대회를 열었다. 이에 따라 전국노동자 농구경기대회, 전국농업근로자 농구경기대회, 전국대학생 농구경기대회, 성·중앙기관 농구경기대회가 열리고 있다.

한편 청소년들의 키 크기 지도를 대상의 특성에 맞게 하도록 요구하고 있다.[169] 이와 관련해 나이와 남녀별 신체발육의 특성에 맞게 하도록 하고 있다. 6~9살에는 다리가 좀 더 빨리 자라므로 달리기, 너비 뛰기와 같은 운동을 강화하고 중학교 고학년에 올라갈수록 성장속도가 떨어지는데 이를 유지하기 위해서는 철봉, 평행봉 등을 시켜야 한다고 강조했다. 또한 남녀별 특성에 맞게 키 크기 운동을 하도록 하고 있다. 여학생들은 12~13살, 남학생은 13~15살 사이에 키가 많이 자라므로 이러한 시기에 다리운동을 많이 하도록 하여야 한다. 이밖에도 체질에 맞게 키 크기 운동을 진행하며 여기서 나서는 운동 부담과 양을 바로 정하는 문

169 김송환, "청소년들의 키 크기 운동 지도에서 나서는 몇 가지 문제," 『교원선전수첩』, 제2호(2004), pp. 142-145.

제 등을 제시하고 있다.

6. 신체왜소 확산의 둔화

위에서 살펴본 것과 같이 북한은 2000년대에 들어 선군시대에 상응한 식량문제 해결 방향을 제시하고 이를 실천하기 위해 노력하고 있다. 기본 전략은 감자를 통한 탄수화물 생산과 풀 먹는 집짐승 기르기를 통한 단백질 생산이라 할 수 있다. 또한 7.1경제조치를 통해 기업들의 식품생산과 지역 행정단위의 식품공급에도 일정한 자율성을 부여했다. 2003년 5월부터는 정권 수립 후 처음으로 종합시장을 합법화하여 주민들이 시장을 통해 식품수요를 해결하도록 했다. 그러나 식품생산은 1980년대 이전 수준에도 이르지 않았고 국가의 식량배급제도 역시 과거의 수준을 회복하지 못하고 있다. 따라서 신체왜소 확산을 억제하는데 양호한 조건이 조성되었다고 보기는 어렵다.

그러나 이 시기 들어 주민들의 건강상태가 1990년대에 비해 나아지고 있다는 것은 간접적인 증거를 통해 확인할 수 있다. 1990년대 초반부터 식량난이 악화되어 기대수명이 줄어들었는데 식량난이 절정에 달했던 1997~1998년 사이에 가장 낮은 수준을 기록(남자 1993년의 67.0세에서 1998년 59.5세로 감소, 여자는 1993년 74.1세에서 1998년의 66.4세로 감소)한데 이어 점차 개선되어 2008년에는 남자가 64.1세, 여자는 71.0세로 높아졌다. 그러나 1990년대 초반 수준을 완전히 회복하지 못하고 있다.[170] 또

170 통계청, 『2012년 북한의 주요통계지표』 p. 35.

한 신체왜소 확산이 둔화되고 있는 자료도 나오고 있다. 유니세프의 조사에 따르면, 어린이들의 키 성장 지연율이 1998년 62.3%에서 2000년 45.2%, 2004년 37%, 2006년 34%, 2009년 32%로 호전되고 있다.[171]

그러면 이 시기에 북한사회 신체왜소가 둔화된 것은 무엇 때문인가?

2000년대에 들어 배급제도가 일부 가동되는 중에 당국은 시장기능을 수용했다. 이에 따라 북한사회에는 특정기관이나 지역에 따라 식량을 배급 받을 수 있는 지위와 특정주민이나 지역에 무관하게 식품을 구입할 수 있는 지위도 보장되었다.

여기서 강조되어야 할 것은 당국이 시장을 수용한 것으로 인해 주민들 스스로 신체왜소를 극복해 나갈 수 있는 양호한 조건이 마련된 것이다. 이는 북한사회 신체왜소가 국가의 식품공급제의 정상적인 운영보다 시장의 적극적인 수용을 통해 극복될 수 있음을 보여준다.

171 http://www.unicef.or.kr/unicef/library/newsletter.asp(검색일 : 2012년 12월 20일) 확인

4장 | 연대별 대응의 특징

위의 논의를 통해 신체왜소를 극복하기 위한 북한 당국의 대응을 연대별로 살펴보았다. 여기서는 주제별, 주요 대책별에 따라 대응의 특징을 살펴볼 것이다. 이를 통해 각 장의 결론(개별적 신체왜소로 국한, 주민 전반 신체왜소 확산, 신체왜소 확산의 둔화)을 확인하려고 한다.

1. 주제별 대응의 특징

가. 기구 및 법제화

1980년대 이전 북한은 어린이들의 신체왜소 억제에 적지 않은 관심을 두었다. 이 시기 북한 당국의 주요 대응으로는 법 제정과 함께 어린이 영양과 관련한 전문연구소 신설을 들 수 있다. 1990년대 들어서 경제난으로 식품생산 및 공급 체계가 마비된 조건에서 법 제정을 통해 제기되는 문제를 해결하려 했다. 당시 북한이 발표한 식품생산 및 주민들의 신체건강과 관련한 법제정 건수는 8건에 달한다. 2000년대에는 식품 관련 법에 대한 수정·보충과 함께 전문부서의 역할을 강구했다.

〈표 4-10〉 기구 및 법제화를 통한 대응 비교

구분	1980년대 이전	1990년대	2000년대 이후
기구	· 농업담당 부총리제 신설 · 인민생활지도위원회 신설 · 어린이 영양관리 연구소	–	식료일용 공업성 신설
법제노	· 어린이보육교양법 제정 · 인민보건법 제정	식품관련 분야별 법 제정	분야별 법 제정 및 수정 · 보충

이를 종합하면 1980년대 이전에는 어린이 신장발육이나 식품 부족 해결을 위한 실질적인 대책이 강구된 반면 1990년대에는 식품 관련법 제정을 비롯해 형식적인 대책에 머물러 있었다. 이러한 차이가 신체왜소 확산 극복에 성공 혹은 실패로 이어졌다고 볼 수 있다.

나. 일반식품 및 필수영양식품의 생산·공급

북한은 신체왜소 극복을 위해 1980년대 이전에는 성장식품생산, 1990년대에는 대용식품 개발, 2000년대에는 어린이 식품생산에 관심을 두었다. 또한 1980년대 이전에는 국가공급체계, 1990년대 이후부터는 지방정권기관과 공장, 기업소의 책임을 통해 식품공급에 역점을 두었다.

〈표 4-11〉 식품생산 및 공급을 통한 대응 비교

구분		1980년대 이전	1990년대	2000년대 이후
식품	생산	– 성장식품생산 – 강냉이 생산	– 대용식품 생산	– 어린이식품공장운영 – 감자 생산
	공급	– 우유공급 개시 – 국가공급 강화	– 해당단위 책임 강화	– 해당 단위 책임제 – 평양시 중심 공급

북한은 신체건강에 필요한 영양식품 생산을 위해 1980년대 이전에는 다양한 영양식품 생산, 1990년대에는 국제사회의 지원에 의한 식품공

급, 2000년대에 들어서는 탄수화물과 지방질이 포함된 식품의 생산에 관심을 두었다.

〈표 4-12〉 영양소 생산을 통한 대응 비교

구분	1980년대 이전	1990년대	2000년대 이후
탄수화물	강냉이 생산		감자생산
단백질	돼기, 닭, 오리생산	– 국제사회 지원 – 지방 정권기관, – 기관 자체 대책	어린이 콩우유 생산
지방질			풀먹는 집짐승을 통한 고기생산
기타	리진, 뼛가루 제품생산 등	양어장 건설	–

이상을 종합하면 북한에서 성장식품 생산과 관련한 대책은 1980년대 이전에 많이 강조되었고 1990년대를 거치면서 경제난으로 식품생산과 관련한 구체적 활동이 이루어지지 않고 있음을 알 수 있다. 이를 통해 다른 연대에 비해 1980년대 이전에는 신체왜소 확산을 막기 위한 관심이 상대적으로 높았음을 확인할 수 있다.

다. 식품획득 지위 보장

북한은 신체왜소 발생 이후 확산을 막기 위한 대책을 강구했는데, 이를 식품획득을 위한 지위보장의 측면에서 찾아볼 수 있다.

1958년 생산관계의 사회주의 개조 이후 당국이 시장기능을 억제하면서 모든 주민들은 식품구입과 관련한 지위를 상실했다. 그러나 국가의 식량배급제와 부식물 공급제에 의해 누구나 식품공급과 관련한 지위를 보장받았다. 1970년대 이후 특권경제가 등장하면서 간부공급소를 비롯한 특정기관별 공급제 운영이 생겨나 식품을 공급받을 수 있는 지위에서 불평등이 보장되었다. 이러한 조치는 당시 식품 부족과 관련하여 공급의 효율성을 높임으로써 신체왜소의 증가를 막기 위한 대책이라 할 수 있다. 북한에서 이러한 분배구조가 가능한 것은 체제 운영 특성상 권력의 집중도가 높아 식품 부족의 환경이 조성되면 특정집단에 대한 집중분배가 용이하기 때문이다. 이로 인해 "몸이 좋고 배가 나온 사람은 간부라고 불릴 정도"로 특정주민과 그 가족집단에 비해 일반주민과 가족집단에서 신체왜소자가 많이 발생하게 되었다.

1990년대에 들어 국가공급체계가 마비되면서 극소수 핵심간부를 제외한 중간간부들은 일반주민과 마찬가지로 식품을 공급받을 수 있는 지위를 상실하게 되었다. 그러나 국가가 시장기능을 용인하면서 모든 주민들은 식품을 구입할 수 있는 지위를 보장받게 되었다. 북한 당국은 2000년대에 들어 배급제도가 일부 가동되는 시장기능을 수용했다. 이에 따라 식품을 공급받을 수 있는 지위가 일부 주민들에게 부분적으로 보장되었지만 구입할 수 있는 지위는 주민 모두에게 보장되었다.

이처럼 북한은 신체왜소를 해소하기 위해 이전에는 식품을 공급받을 수 있는 지위보장에 관심을 두었다면, 최근에는 식품을 구입할 수 있는 지위를 강화하면서 공급받을 수 있는 지위를 부분적으로 보장해 주고 있다.

〈표 4-13〉 식품획득 지위 보장을 통한 대응 비교

구분	1980년대 이전	1990년대	2000년대 이후
공급받을 수 있는 지위	1970년대 이전 : 평등보장 1970년대 이후부터 : 불평등보장	상실	부분적 보장
구입할 수 있는 지위	박탈	용인	보장

이상을 종합하면 1990년대에 식품을 공급받을 수 있는 지위가 사회 전반적으로 약화되었음에도 불구하고 구입할 수 있는 지위를 용인하는데 그친 것이 신체왜소의 확산에 영향을 주었음을 알 수 있다.

라. 저소비의식 확립

북한은 식품부족의 환경에 주민들을 적응시키기 위한 저소비의식을 확립하기 위해 노력해왔다. 이는 시대에 따른 식생활양식 제시와 이에 필요한 소비자 지식 제공에서 찾아볼 수 있다. 1980년대에 사회주의 생활양식에 맞게 검소하게 생활하도록 하는 교양사업에 많은 관심을 두었다면, 1990년대에는 사회주의 붕괴와 "고난의 행군"으로 인한 국가사정을 설명하면서 식품소비에서 높은 절약정신을 요구했다. 2000년대 이후에는 선군시대에 맞게 식생활을 검소하게 하면서도 의미있게 하도록 강조했다. 북한은 사회주의 식생활양식을 확립하는 데 필요한 소비자 지식을 제공하기 위해서도 노력했다. 이는 결혼식에 대한 지식제공에서 찾아볼 수 있다. 결혼식을 간소화하는 것이 1980년대는 낡은 사상의 인습에서 벗어나고 건전한 사회주의 생활문화를 조장하기 위해 요구된다고 했다면, 1990년대에는 제국주의 사상 문화적 침투, 2000년대에서는 비사회주의를 막는 데 필요하다고 강조하고 있다.

〈표 4-14〉 저소비의식 확립을 통한 대응 비교

구분		1980년대 이전	1990년대	2000년대 이후
생활양식 제시	구호	사회주의 생활문화 확립	우리식 생활문화 확립	선군시대 생활문화 확립
	낙관 고취	사회주의 완전승리	고난의 행군 승리	강성대국 건설

식생활양식 확립 활동	형식	식생활양식 확립 교양	식생활양식 확립 교양 및 통제	식생활양식 확립 강조
	내용	검박한 생활	절약속의 생활	의미있고 건전한 생활
소비자 지식 제공의 성격		낡은 사회 인습 배격	제국주의 사상문화 침투 배격	비사회주의

이를 종합하면 2000년대에 들어 저소비의식의 확립에 대한 요구가 약해지고 있음을 알 수 있다. 이러한 이유는 주민들이 식품 대부분을 시장에서 사들이고 있어 당국이 식품절약을 강요하기 어려운 환경이 조성된 것, 고난의 행군을 겪으면서 당국이 선전한 식품 부족의 해결이 거짓으로 드러나 낙관주의 선전이 효과를 보지 못하는 것에서 찾을 수 있다.

마. 집단적 키 크기 운동

1970년대 말 북한은 청소년들의 작은 키를 우려해 체육사업에 관심을 두게 되는데, 이러한 관심은 1980년대 들어 나타나기 시작했다. 1986년 북한은 학교체육 사업의 기본을 키 크기 운동으로 전환하도록 했는데 키 크기 운동으로 철봉, 평행봉 등 기계체조 종목을 강화하도록 했다.

북한은 1997년 『체육법』을 제정했고 체육월간에 이어 체육의 날까지 정하여 운영하도록 했다. 그러나 굶주림으로 출석하지 못하는 학생이 많고 죽으로 끼니를 해결한 학생들도 운동할 기력이 없어 체육활동에 불참하게 되면서 학교체육 사업은 실속있게 진행되지 못했다. 2000년대에 들어 농구, 배구 등 구기 종목을 통한 키 크기 운동을 장려하고 있으나 과거와 같은 자발적인 참여는 이루어지지 않고 있다.

이상을 종합해보면 키 크기 운동이 2000년대에 들어 저조해지고 있음을 알 수 있다.

〈표 4-15〉 키 크기 운동을 통한 대응 비교

구분	1980년대	1990년대	2000년대
키크기 운동	- 철봉, 평행봉 강화 - 과외체육 강화	- 체육의 날 운영	- 농구, 배구 강화 - 軍을 동원한 분위기 조성

2. 주요 대책별 대응의 특징

신체왜소를 극복하기 위한 주요 대책을 분야별로 살펴보면 다음과 같다. 아래 〈표 4-16〉에서 볼 수 있듯이 1980년대 이전에는 식품생산과 공급, 저소비의식 확립에 대한 관심이 컸다. 이로 인해 신체왜소가 확산되지 않고 개별주민 신체왜소로 국한될 수 있었다. 1990년대에는 다른 연대에 비해 신체왜소를 극복하기 위한 대책이 전반적으로 약했는데 이것이 신체왜소가 확산되는데 영향을 주었다. 2000년대에는 1990년대에 비해 신체왜소를 극복하기 위한 대책이 전반적으로 강화되는 속에 식품획득 지위를 보장하기 위한 대책에 중점을 둔 것으로 하여 신체왜소가 둔화되었다고 볼 수 있다.

〈표 4-16〉 신체왜소 극복을 위한 주요 대책 비교

구분		1980년대 이전	1990년대	2000년대 이후
기구 및 법제화		△	⊙	○
식품	생산	⊙	△	○
	공급	⊙	△	○

지위	공급지위	⊙	△	○
	구입지위	△	○	⊙
저소비의식		○	⊙	○
결 과		개별적 신체왜소로 국한	신체왜소 확산	신체왜소 확산 둔화

⊙ : 강함, ○ : 보통, △ : 약함

이상의 논의를 통해 5부 1장과 2장, 3장의 소결에서 밝혀진 내용(개별적 신체왜소로 국한, 주민 전반 신체왜소 확산, 신체왜소 확산의 둔화)을 확인할 수 있다.

5부

신체왜소 극복정책 평가

오늘날 북한사회 신체왜소는 공인된 사실이다. 북한은 인민을 위한 공화국의 명분에 맞게 주민들의 신체왜소를 극복하기 위해 적지 않은 대책을 취해왔으나 실패로 끝났다. 신체왜소를 발생시키는 경로를 차단하지 못함으로써 확산되는 결과를 가져왔다. 여기서는 주제별로, 그리고 권력의 의도와 정책집행 사이의 관계를 통해 실패 원인을 찾아보려 한다. 이를 통해 신체왜소 극복을 위한 대응의 진정성이 갖는 한계를 설명할 것이다. 이어서 실패의 은폐 원인과 푸코의 몸-권력을 통해 북한사회 신체왜소를 어떻게 설명할 수 있는지 살펴보겠다.

1장 | 주제를 통해 본 실패 원인

1. 형식적인 법제화

북한은 지난 기간 주민들의 신체왜소를 극복하기 위해 식품 부족을 해소하기 위한 일련의 대책을 내놓았다. 그러나 이에 따른 큰 변화를 발견하기 어렵다. 이는 식품 부족에서 가장 큰 문제로 나서는 식량문제에서 찾아볼 수 있다. 북한은 인구 증가에 의한 식량생산에서 과거의 한계점을 벗어나지 못하고 있는 것에서 찾아볼 수 있다.

김일성이 1967년 2월 전국농업일꾼대회에서 한 연설을 보면 당시 인구에서 알곡 50만 톤이 모자랐던 것으로 보인다.

> "우리는 올해에 지난해보다 알곡 백만 톤을 더 내기 위한 운동을 벌여야 하겠습니다. 알곡 100만 톤 만 더 내면 해마다 50만 톤씩 사오던 식량을 사오지 않아도 될 뿐만 아니라 예비를 남겨놓고도 오히려 50만 톤 가량 다른 나라에 팔 수 있습니다."

세계식량계획에서 추정한 자료를 보면 연간 최고 94만 톤(2000년)에서 최소 30만 톤(2005)까지 부족하다.[1] 북한은 근 40년이 넘도록 인구증가에 따른 50~100만 톤의 식량부족을 해결하지 못하고 있다.

식량부족에서 찾아볼 수 있듯이 그간의 신체왜소를 극복하기 위한 대응이 성과를 거둘 수 없었던 것은 형식적인 제도적 대책의 실행과 연관되어 있다. 북한은 1990년대 들어 식품 및 신체건강관련 법제정에 이어 2000년대에는 여러차례 수정·보충을 했다. 그러나 수정·보충된 총 조항을 보면, 식품생산 및 공급과 관련한 조항보다 관리나 지도통제 강화를 목적으로 한 조항이 더 많다.

1 김보근, 『통일정책연구』(서울 : 통일연구원, 2008), p. 346.

〈표 5-1〉 식품 및 신체건강 관련법 내용변화

구분		수정 보충	그 중			
			일반 조항	식품 부족해소	신체 건강증진	관리 및 통제
식품 관련법	양어법	10	1	1	–	8
	수산법	1	–	–	–	1
	농업법	46	–	–	–	46
	양정법	3	2	–	–	1
신체건강 관련법	의료법	1	1	–	–	–
	인민보건법	7	2	–	4	–
	전염병예방법	1	1	–	–	–
계		69	7	1	4	56

2. 식품생산에 대한 투자 제한

가. 국방공업 우선 투자

북한은 전 국토의 80% 이상이 산지여서 곡물 생산에 불리한 자연조건을 갖고 있다. 1인당 경작비율이 낮은 이스라엘이나 일본, 스위스를 비롯한 여러 나라들에서는 수입을 통해 식량수요를 해결하고 있다. 따라서 수입을 통해 식량난을 해결할 수도 있을 것이다. 그러나 군수공업에 필요한 외화보장이 우선이므로 식량수입은 항상 뒤로 밀려나고 있다.

또한 식품 부족 문제 해결을 위한 부문에 대한 투자에 관심을 두지 않고 있다. 이는 국방비 증가로 인해 주민생활이 풍족하지 못하다는 당국의 인정과 통계자료에서 찾아볼 수 있다. 김일성은 일찍이 군비부담으로 주민생활에 지장을 주고 있음을 인정했다.

> "크지 않은 우리나라가 자체의 힘으로 국방공업을 발전시키다보니 부담이 크지 않을 수 없습니다. 우리가 지금 있는 군수공장들을 다 경공업공장으로 전환하고 국방건설에 돌리는 자금과 자재를 인민생활을 높이는데 돌린다면 우리 인민은 지금보다 훨씬 더 잘 살 수 있을 것입니다. … 우리는 곤란을 좀 겪고 하려한 옷을 입지 못한다 하더라도 국방공업을 계속 발전시켜야 합니다."[2]

1966년까지만 해도 북한의 국가예산에서 군사비는 약 10% 정도를 차지했지만, 1967~1971년 사이에는 30%로 증가되었다. 북한은 공식발표를 통해 1970년 이후부터 현재까지 총예산에서 군사비가 차지하는 비중이 14~17%밖에 안 된다고 하지만 많은 연구자들은 30~50%는 된다고 예측하고 있다.[3] 이러한 상황에서 북한의 경제규모에서 인민경제와 군수경제가 차지하는 비율이 3대 7정도로 군수산업이 절대적으로 우세하다는 평가도 나오고 있다.[4]

1970년대 초 동서화해와 남북대화가 시작되면서 북한은 군사비를 종전의 절반 정도(예산 총액의 17% 이하)로 축소시켜 발표했는데 그렇다고 경제부문에 대한 투자가 증가한 것은 아니다. 그것은 군사비 지출에 들

---

2 김일성, "당면한 사회주의 경제건설방향에 대하여(조선노동당 중앙위원회 제6기 제21차 전원회의에서 한 결론, 1993.12.8.)" 『김일성 저작집』 제44권(평양, 조선로동당 출판사, 1996), p. 284.

3 권영경, "북한경제의 기본노선과 회복전략," 『통일로』, 통권 245호(2009), p. 61.

4 『조선일보』, 2001년 2월 11일.

어갈 예산을 인민경제비 지출에 포함시키는 방법으로 은폐했기 때문이다. 북한의 군수산업은 대부분 기계공업, 금속공업을 비롯한 중공업과 연관되어 있어 국방비로 소비될 예산을 경제비로 전환해 이용할 확률이 대단히 높다. 북한이 해마다 진행하는 최고인민회의에서 발표한 국가예산지출 자료를 통해 전체예산에서 국방비가 차지하는 비중을 알 수 있다.

〈표 5-2〉 북한 예산에서 국방비의 비중 (1967~1989년)[5]

연도	1967	1968	1970	1972	1975	1980	1985	1987	1989
%	30.4	32.4	31.3	17.0	16.4	14.6	14.4	13.2	12.0

나. 민수산업 군수화

김정일 집권 이후 북한은 표면상 가려졌던 경제국방 병진노선 대신 국방공업 우선 발전노선을 노골적으로 제시했다. 경제국방 병진노선 하에서는 군수산업부문과 민수산업부문이 분리되어 상호 병행적으로 운영되었다. 그러나 이 시기 국방공업 우선 발전노선이 제기되면서 경제구조 전반이 국방공업을 중심으로 개편되었다.

김정일은 "지금의 정세에서는 우리에게 사탕보다 총알이 더 필요합니다. 사탕은 먹지 않아도 살아나갈 수 있지만 총알이 없으면 사회주의를 지켜낼 수도 없고 살아나갈 수도 없습니다." 라고 강조했다.[6] 국방공업

5 IMF 보고서 내용, 통일부(2004), IMF(1997), 노동신문

6 김정일, "자강도의 모범을 따라 경제사업과 인민생활에서 새로운 전환을 일으키자(자강도의 여러 부문 사업을 현지지도하면서 일꾼들과 한 담화, 1998.1.16-21,

우선 발전노선으로 민수산업이 군수화되는 결과를 발생했다. 민수산업 군수화란 민수공장들이 전시에 무기나 전투기재, 군수 일용품을 생산할 수 있는 물질·기술적·제도적 토대를 갖추기 위한 기능을 뜻한다.[7]

북한은 1990년대 극심한 경제위기 속에서도 군사력 축소·조정보다 확장했다. 북한의 1990년대 군비증강 속도를 보면 1980년대에 비해 둔화되었으나, 비용 대비 효과가 크고 자원소모율이 적은 분야를 대상으로 선별적이고 집중적으로 이루어졌다.[8] 이는 "고난의 행군"에 따른 전력난, 원자재난 등으로 공장, 기업소의 가동률이 낮아진 조건에서 군부에 대한 급격한 수요를 증진시켰다. 이 경우 민수공장에 자재를 주어 생산할 수도 있으나 원자재와 생산된 제품의 소실을 막기 어렵다. 결국 식품을 생산하는 민수공장, 기업소를 군에 이관시키기도 했다.

김정일은 2004년 군 지휘성원들에게 사회의 기관, 기업소들에서 수산 기지와 외화벌이 기지를 꾸려놓고 불법적인 장사행위를 한다고 지적했다. 그러면서 군이 나서서 없앨 것은 없애고 넘겨받을 것은 넘겨받아 군에 소속시켜 놓아야 한다고 지시했다.[9]

2000년대 들어 이러한 경향이 두드러지게 나타나는 것은 북한이 선군정치와 함께 군사력을 경제발전의 주축으로 삼고 있기 때문이다.[10] 군

6.1, 10.20, 10.22.)" 『김정일 선집』 제14권(평양 : 조선로동당 출판사, 2000), p. 400.

7 김병욱, "선군경제운영과 민수산업 군수화" 『KDI북한경제리뷰』, 13권 6호(2011), p. 83.

8 성채기 외, 『북한경제위기 10년과 군비증강 능력』(서울 : 한국국방연구원, 2003), p. 34.

9 위의 글, 같은 쪽.

10 권영경, "북한의 경제개혁개방전략과 전망" 『김정일의 북한, 어디로 가는가』(서울 : 한울아카데미, 2009), p. 230.

사력에 의거해 전반적 경제운영의 유기적 순환을 보장하려는 북한의 의도는 민수산업을 군수화하는 결과를 가져오고 있다.[11]

선행연구에서도 이러한 결과를 예측한 바 있다.[12] 2000년대 국방공업 우선 발전노선이 1960년대 경제국방 병진노선과 유사한 전철을 밟을 위험성이 높다는 것이다. 그 근거로 국방공업 우선정책을 실현해 나가는 데서 정책목표인 국방공업을 정책수단인 경제과학기술의 발전보다 앞세우는 것을 들고 있다.

3. 식량절약 중심의 식품공급

북한은 비타민이나 광물질 등 영양소가 포함된 식품에 대한 공급을 식량절약을 위한 하나의 수단으로 간주하고 있다. 이는 김일성의 발인에서 찾아볼 수 있다.

> "과일에는 사람의 몸에 필요한 영양물질이 많이 들어있습니다. 그러므로 과일을 많이 생산하여 인민들에게 정상적으로 공급하는 것은 반드시 필요한 일입니다. 특히 어린이들에게 과일을 많이 먹이면 그들의 발육과 성장에 아주 좋습니다. 어린이들이 과일을 많

11 김병욱, "선군경제운영과 민수산업 군수화", p. 93.

12 박순성, "김정일 시대(1994-2004) 북한경제정책의 변화와 전망" 『북한연구학회보』, 제8권 1호(2004), pp. 71-72.

이 먹으면 밥을 적게 먹으므로 식량도 절약할 수 있을 것입니다."[13]

북한은 수산업발전도 부식물을 통한 식량절약을 위한 것으로 여기고 이 사업에 관심을 두었다.

> "식량을 절약하기 위하여서는 무엇보다도 부식물을 많이 생산하여야 합니다. 물고기를 비롯한 부식물을 많이 생산하여 인민들에게 공급하면 식량을 적지 않게 절약할 수 있습니다."[14]

"나는 물고기를 많이 잡는 것이 식량을 증산하는 것과 다름없다고 늘 강조하군 합니다. … 물고기를 150만 톤 잡으면 알곡을 300만 톤 거저 얻는 것과 같습니다. 물고기를 잡아 인민들에게 공급하는 것이 낫습니다."[15]

> "인민들에게 물고기를 넉넉히 공급해주면 식량도 많이 절약할 수 있습니다. 지난날 항일무장투쟁을 할 때에 보니 유격대원들이 부식물이 적으면 열흘 먹을 식량을 닷새 동안에 다 먹지만 부식물

---

13 김일성, "당사업을 강화하며 나라의 살림살이를 알뜰하게 꾸릴데 대하여(당중앙 4기 12차 전원회의에서 한 결론 1965.11.15-17.)" 『김일성저작집』 제20권(평양 : 조선노동당 출판사, 1982), p. 20.

14 김일성, "서해수산사업을 더욱 발전시킬 데 대하여(서해지구 수산부문 열성자 회의에서 한 연설, 1977.3.21.)" 『김일성저작집』 제32권(평양 : 조선노동당 출판사, 1982), p. 72.

15 김일성, "겨울철 물고기 잡이 준비를 다그치며 양어사업을 추켜세울 데 대하여(수산, 양어·부문 지도일꾼협의회에서 한 연설, 1981.5.18.)" 『김일성저작집』 제36권(평양 : 조선노동당 출판사, 1990), pp. 93-94.

이 많으면 열흘 먹을 식량을 가지고 열닷새동안 먹군했습니다."[16]

"우리나라에서 큰 투자를 하지 않고 인민들에게 먹일 수 있는 부식물은 수산물 밖에 없습니다. 그렇기 때문에 우리는 당 제6차 대회에서 500만 톤의 수산물을 생산할데 대한 과업을 내놓았습니다."[17]

위에서 열거한 김일성의 발언에서 찾아볼 수 있듯이, 북한에서의 식품 생산 및 공급은 식량절약을 목적으로 하고 있다. 이는 신체유지에 필요한 충분한 식량을 절대적으로 보장하기 위한 대책에는 관심을 두지 않음을 보여준다.

4. 식품획득을 위한 지위보장 미약

식품이 부족한 북한사회에서 주민들의 신체건강은 당국이 식품획득을 위한 지위를 어떻게 보장하는가와 큰 관련이 있다. 따라서 신체왜소를 극복하기 위한 북한의 대응이 왜 실패했는가도 식품획득을 위한 지위가 어떻게 보장되었는가를 통해 살펴볼 수 있다.

16 위의 책, pp. 93-94.

17 김일성, "조선노동당 중앙위원회 제6기 제10차 전원회의에서 한 결론(1984.12.10.)" 『김일성저작집』 제38권(평양 : 조선노동당 출판사, 1992), pp. 406-407.

가. 식품 공급을 위한 형식적 지위보장

1) 식량공급 내용의 변화

북한은 식량배급제 실시 이후 현재까지 그 폐지에 대해서는 한 번도 언급한 적이 없다. 일부에서는 식량배급제가 폐지되었다고 하지만 북한의 공식적인 발표는 없다. 국가가 가끔 식량이나 간장, 된장, 오리고기 등 식품을 국영상업을 통해 공급하고 있다. 식량공급기준인 일반근로자 하루 700g, 부양가족 300g은 아직도 유효하다. 그러나 1980년대 이후 식량공급에서는 약간의 변화가 있었다.

우선 식량공급 품종의 변화이다. 평양시를 제외한 여타 지역의 쌀 공급 비중이 10%미만이거나 없는 경우가 많다. 쌀을 제외한 공급 품종 가운데서도 옥수수가 많은 비중을 차지하고 있다. 이는 2005년 이후 5년 동안 수입된 곡물 가운데서 옥수수 약 56%, 쌀 33%, 밀가루 6%, 그리고 콩과 기타 잡곡이 5%를 차지하는 것에서도 알 수 있다.[18] 1980년대에는 흰쌀과 옥수수를 기본으로 공급했다. 그러나 1990년대에는 태국에서 수입한 안남미와 중국·미국 등 국제사회의 지원으로 들어오는 통옥수수와 통밀, 기업자체에서 해결한 통옥수수 위주로 공급했다. 2000년대에도 1990년대와 마찬가지로 수입 안남미, 국제사회 지원으로 들어오는 통옥수수와 통밀, 그리고 북한에서 감자혁명을 통해 생산된 감자 등을 주식으로 공급했다. 이처럼 1990년대 이후에는 흰쌀이 거의 공급하지 못했고, 실제 공급 품목은 안남미, 통옥수수, 통밀, 감자 등에 국한되었

18 WFP/FAO/UNICEF, "북한 식량안보 실태 조사 긴급보고서" 2011년 3월 24일, p. 10.

다. 안남미를 닭에게 먹이면 알을 낳지 못한다고 하는 데 이는 섭취하면 포만감만 있지 영양공급은 거의 없다는 의미이다. 그러나 안남미로 밥을 지으면 양이 많이 불어나기 때문에 식량이 부족한 환경에서 그 수요가 높다.

1980년대에서 2000년대로 가면서 옥수수쌀에서 통옥수수와 통밀, 감자 위주로 식량공급 품종이 변화되었지만 그 비율도 상당히 변화되었다. 실제로 1980년대에는 3:7 잡곡밥, 1990년대에는 통옥수수밥 혹은 죽, 2000년대에는 통옥수수 혹은 통밀과 감자를 3:7로 섞은 감자밥이 주로 식탁에 올랐다. 이와 같은 식량공급에서의 변화는 주민들의 식생활 변화를 가져오고 신체건강에 적지 않은 영향을 주게 되었다. 1980~2000년대까지 식량공급 변화를 보면 아래의 표와 같다.

〈표 5-3〉 식량배급제 운영의 변화

구분	1980년대 이전	1990년대	2000년대 이후
공급품종	흰쌀, 옥수수쌀	흰쌀, 옥수수 안남미, 통옥수수, 통밀	흰쌀, 옥수수쌀, 통옥수수, 감자
공급단위	식량공급소	– 식량공급소 – 기관 기업소 단체	– 식량공급소 – 기관 기업소 단체
공급원천	국영, 협동농장	– 국제사회 지원 – 알곡수입 – 국영 및 협동농장	좌동
식량가격	국정가격	국정가격	국정가격 협의가격

또한 4부에서 언급한 연대별 식품공급의 변화를 보면 두 가지가 두드러진다. 북한이 시종일관 수산물, 축산물, 채소, 과일생산을 강조했지만 실제로 이렇다 할 성과를 거두지 못한 것이 사실이다. 1980년대 초반

수산물이 조금씩 공급되고 그 이후에는 거의 공급되지 않았다.

이 시기 식품공급에서 가장 큰 변화는 1980년대에 부식물로 간주되었던 감자가 주식물로 바뀐 것이다. 또한 지방과 단백질이 풍부한 오리 생산이 전국적으로 확대된 것이다. 오리는 단기간에 그것도 바다풀과 들풀을 비롯해 곡물사료를 쓰지 않고도 빨리 크는 가축이기에 그 생산에 중점을 둔 것으로 보인다.

2) 식생활에서 식단가지수의 단순화

사람의 건강이 유지되려면 기름, 탄수화물, 비타민, 광물질 등 영양소를 골고루 섭취하여야 하며 이러한 영양소들이 신체에 필요한 칼로리를 보장할 수 있도록 배합되어야 한다. 일일 필수 칼로리는 나이와 체중, 노동의 종류와 노동조건에 따라 다르다. 또한 필수 칼로리를 섭취하기 위해서는 어떤 영양소를 어떤 비율로 받아들여야 하는 것이 중요하다. 필수 영양소의 양은 대체로 몸무게에 따라 정한다. 일반적으로 단백질, 기름, 탄수화물의 비율은 1 : 0.8 : 4~5 기준이다. 성장기에 있는 어린이들은 어른보다 단백질을 더 많이 먹어야 한다.

한 가지 음식을 먹었을 때보다 여러 가지 음식물을 섞어먹었을 때 소화흡수도 잘되고 몸 안에서 쉽게 피와 살로 된다. 예컨대 흰쌀에 함유된 단백질은 밥만 먹었을 때에는 84% 밖에 소화되지 않지만, 여러 가지 반찬과 함께 먹으면 92%까지 소화된다. 자료에 의하면 평야지대에 자라는 어린이들이 흰쌀밥을 충분히 먹는다고 해도 일부 어린이들의 키는 크지 않다고 한다.[19] 이는 흰쌀밥에 신체발육에 필요한 영양분이 다 포함되

19 최석을, "어린이 식료품가공공업의 특성과 그 발전의 필요성," 『경제연구』, 제1호

어 있지 않기 때문이다. 흰쌀밥을 먹지 못해도 신체발육에 필요한 영양분이 든 식품을 정상적으로 먹으면 키는 클 수 있다. 오늘날 성장촉진제, 영양강화제 등의 식품이 생산되고 있는 것은 이러한 이유 때문이다. 북한은 어린이 식료품공장을 건설하여 영양식품 생산에 관심을 두었으나 원료부족으로 인해 정상적인 생산이 불가능했다.

한편 북한은 식량공급에서 탄수화물이 주성분인 감자, 옥수수, 쌀을 기본으로 하고 있다. 식량공급이 특정 곡물에 국한되고 시장수요가 억제되어 이에 따른 부작용이 적지 않다. 이는 김정일의 지적에서도 찾아볼 수 있다.

> "우리 인민들의 식생활이 다양하지 못하고 너무 단조롭습니다. 우리 음식을 보면 주식이 밥이나 국수로 고정되어 있고 부식물도 다양하지 못합니다. 식생활을 다양하게 하여야지 밥이나 국수만을 먹는 식으로 하게 되면 식생활문화를 바로 세울 수 없으며 국가적인 식량소비 밸런스도 맞추기 힘듭니다."[20]

북한주민의 식생활에서 식단가지수가 단순한 것은 부식물이 적은 것에서 찾아볼 수 있다. 가을철 김장이 "반년 먹을 식량" 이라고 할 정도로 부식물이 많지 않다. 가족식단은 대부분 옥수수, 염장(소금에 절인 식품) 혹은 무우 장아찌, 약간의 김치가 전부이다.

(1998), p. 38.

20 김정일, "선군시대에 맞는 사회주의적 생활문화를 확립할 데 대하여(조선로동당 중앙위원회 책임일꾼들과 한 담화, 2003. 2.10.)" 『김정일저작집』 제15권(평양 : 조선로동당출판사, 2005), p. 390.

북한의 농업정책은 알곡생산 위주로 되어 있으며, 주요 식량소비가구 중 공급제에 의존하는 가구가 많다. 협동농장에서 일하는 가구는 30%인데 비해, 공급제에 의거하는 가구는 70% 정도를 차지한다.[21] 농업부문 종사자들은 30평 미만의 텃밭(최근에는 소토지, 뙈기밭을 포함하여 300평 이상)을 갖고 있어 부식물을 마련할 공간이 있다. 그러나 공업부문 종사자 중 도시변두리에 거주하는 사람을 제외하고는 도시에서 따로 부식물을 마련할 방법이 거의 없다. 평양시 경우 공급수령자의 10% 미만이 텃밭을 가지고 있다.[22] 이러한 조건에서 식품수요에 대한 시장기능이 억제되어 부식물 부족을 가져오고, 이는 결국 알곡 위주의 식생활을 유도한다고 볼 수 있다.

3) 식단가지수 단순화에 따른 영양섭취율

2011년 미국의 5개 비정부기구 조사단이 조사한 자료에 의하면 북한주민의 하루 공급량 360g은 1,285 칼로리에 해당하는데, 이는 하루 최소 칼로리 요구량인 2,100칼로리의 61%에 해당하는 것이다. 북한이 하루 권장하는 칼로리가 2,762칼로리인데 이를 근거로 보면 360g의 공급량은 총 에너지 필요량의 46.5%에 불과하다. 북한주민 대부분은 탄수화물만을 섭취하고 있어 단백질, 지방, 미량영양소 등 다양한 영양소 섭취가 부족하다.

---

21 WFP/FAO/UNICEF합동조사단, 번역 및 정리 : 노유경·김영훈, 『북한의 식량사정 긴급조사 보고서』, p. 33.

22 우리민족서로돕기운동, 『미 5개 NGO의 북한 식량상황보고서』, 우리민족서로돕기운동,(2011), p. 8.

한편 2011년 식량지원에 대한 북한의 요청에 따라 세계식량기구(WFP)와 유엔식량농업기구(FAO), 유엔아동기금(UNICEF) 등은 2011년 2월 21일부터 3월 11일 사이에 긴급 식량안보조사단(Rapid Food Security Assement Mission: RFSA)을 북한에 파견했다. WFP/FAO/CEF의 보고서에 따르면, 식단가지수의 단순화로 인해 영양섭취율이 상당히 낮다.[23]

이 조사단은 각 가구에서 7일간 섭취한 음식 리스트를 만들고 하루 섭취한 음식 종류에 따른 영양소에 대해 점수를 매겨서 살펴보았다. 예컨대 곡물은 2점, 감자 2점, 콩 3점, 채소 1점, 과일 1점, 고기 및 생선은 4점, 식용유 및 설탕은 0.5점이다. 42점을 총점으로 보았을 때, 77%의 가구는 28점 이하, 나머지 19% 가구는 28~42점의 중간 그룹, 4%의 가구는 42점에 도달했다. 흥미로운 것은 국가배급을 받는 가구일수록 배급에서 제외된 협동농장 가구에 비해 섭취하는 식품의 질이 더 낮은 것이다.

조사단 자료에 의하면 가구에 따라 섭취하는 영양소의 종류와 횟수가 달랐다. 극빈층에 속하는 가구는 일주일 중 평균 2일정도만 기름을 섭취했으며, 중간층에 속하는 가구는 식용유를 주 3회, 콩은 주에 1회, 단백질(고기, 달걀, 생선 등)은 주에 2회, 설탕 및 당류는 주 1회 섭취하는 것으로 조사되었다. 소수를 차지하는 상층은 단백질 식품을 주 평균 3회 이상, 유제품도 주 평균 1회 섭취하며 식용유를 거의 매일 섭취하는 것으로 조사되었다.

---

23 WFP/FAO/UNICEF합동조사단, 번역 및 정리 : 노유경·김영훈, 『북한의 식량사정 긴급조사 보고서』, p. 39.

나. 식량공급을 위한 지위 박탈

1) 식량공급 대상의 직 간접적 축소

북한은 일찍부터 식량공급에 대한 국가의 책임을 덜어보려고 했다. 먼저 시도한 것이 해방 후 북한정권의 수립과 함께 시행된 식량배급제를 공급제로 전환한 것이다. 신체왜소가 발생한 이후에는 그 원인이 되는 식품 부족의 상황이 드러나지 않도록 식품공급 대상에 대한 간접적, 직접적인 축소를 강행했다. 1970년대 말 산아제한을 통해 식품공급 수요를 제한했다. 1980년대 중반 식량공급 급수(직종, 연령에 따라 정해진 국가의 공급기준)를 하향조정하는 방식으로 식량공급 대상을 축소했다. 700g 공급대상인 일반근로자를 300g 공급대상으로 전환시킨 것인데, 이는 간접적인 식량공급 대상 축소라 할 수 있다. 이 시기 북한은 공장, 기업소의 일반근로자 정원수를 줄이는 방법으로 700g 공급대상을 축소시켰다. 이에 따라 공장, 기업소는 생산직 여성 노동력을 비생산직으로 전환시켰고 비생산직에 있는 여성들에 대해서는 사직(퇴직)을 유도했다. 이렇게 700g의 식량을 공급받던 생산직 여성근로자가 비생산직으로 전환되면서 처음의 절반 정도인 300g의 식량을 공급받게 된다. 북한은 이러한 방식으로 국가의 총체적인 식량공급량을 줄여보려고 했다.

한편 이들에 대한 조직적 및 행정적 통제와 함께 생산에 기여할 수 있는 대책을 내놓았는데 그것이 전국 도처에 설립된 가내작업반이다. 원래 가내작업반은 다자녀 가족이나 가정 사정으로 직장에 다닐 수 없는 가정주부들이 각자 집에서 일할 수 있도록 일감을 주고 일한만큼 보수를 주는 노동력 보충형태이다. 가내작업반은 전후 지방공업을 발전시키기 위한 일환으로 조직되었으나, 크게 확대된 것은 1980년대 중반부터이다. 당시 반강제적으로 퇴직당한 여성근로자들을 포함하여 전국에 여성 유휴노동력이 증가하게 되었다. 북한은 전국에 가내작업반을 조직하여 이들이 "8.3인민소비품"을 생산하도록 했다. "8.3인민소비품" 생산은 김정일이 1984년 8월 3일 평양시에서 진행된 전국 경공업제품 전시장을 돌아보고 공장, 기업소의 폐자재를 회수하여 생활필수품을 생산하라고 지시한데서 비롯되었다. "8.3인민소비품" 생산 운동은 당시 700g 식량공급 대상에서 300g 식량공급 대상으로 전환한 여성노동력들을 활용하기 위한 대책의 일환이기도 했다.

북한은 1990년대에 들어 아사를 동반하는 식량난이 지속되자 주민들에 대한 식량공급의 책임에서 벗어나기 위해 또 다른 대책을 강구했다. 이 시기에 나온 대책은 직종에 따른 식량공급 대상의 축소라 할 수 있다. 1980년대 시행된 조치에 비해 식량공급 대상에 대한 직접적인 축소라 할 수 있다.

북한은 기관, 기업소, 단체의 부업지에서 일하는 성원들을 공급대상에서 제외시키고 이를 제도화하기 위해 1998년 『양정법』을 수정·보충했다.

식량공급 대상을 축소해 국가 부담을 줄이려는 시도는 최근까지 이어지고 있다. 북한은 1990년대 초부터 국가의 식량보호 의무가 큰 평양의 인구 규모를 지속적으로 감소시켰다.[24] 이러한 속에 2011년에는 평양시에 속해있던 중화군, 상원군, 승호구역을 황해북도에 편입시켰다. 이에 따라 평양시 인구는 300만 명에서 250만 명으로 감소했다.[25]

---

24 이석. 『1994-2004년 북한기근 : 발생, 충격 그리고 특징』(서울 : 통일연구원, 2004), p. 83.

25 《한국경제》, "북, 평양 절반으로 축소", 2011년 2월 14일.

북한은 2012년 6월 28일 방침을 내놓았는데, 이에 따르면 교육이나 의료부문을 비롯한 특정부문 종사자에게 식량공급을 국한한다는 것이다. 또한 국가유공자를 비롯한 특정 주민에게만 시행한다고 전해지고 있다.[26]

〈표 5-4〉 연대별 식량공급 대상 축소양상

구분	1980년대	1990년대	2000년대
형식	성별위주 축소	직종위주 축소	지역위주 축소
방법	배급 700g폰드를 300폰드로 전환	식량배급대상에서 완전제외	평양시 관할 지역에서 제외
대상	주로 여성노력, 일부 비생산단위 근무자, 농촌연고자	부업지 종사자	중화군, 상원군, 승호구역
법적근거 및 대책	8.3 가내반 조직	「양정법」 수정	내각지시

2) 식량공급량의 축소

북한은 식품공급량을 축소하기 위해 적지 않은 대책을 강구해왔다. 여기에는 ① 각종 명목의 식품저축제 운영, ② 이중적인 배급가격제 실시, ③ 비경작지 알곡에 대한 강제배급제 실시를 들 수 있다.

북한은 1970년대 초부터 시작해 "전쟁비축미", "애국미" 명목의 식량저축제도를 강행했다. 1973년 시행된 "전쟁비축미"의 명목으로 시행

26 《한겨레》, "북한, 계획경제, 배급제 일부폐기, 개혁시범사업 착수", 2012년 8월 9일.

된 강제저축은 1987년에 들어 애국미의 명목으로 증가되었다. 이에 따라 700g을 공급받게 된 대상인 경우에도 실제는 547g 정도만 공급받았다. 1992년에는 군인과 중노동자를 제외한 주민들의 식량공급량을 또다시 10% 공제했다. 북한에서는 이외에도 군대지원이나 방랑아 지원 등의 명목에 따른 식량지원 사업이 수시로 진행된다. 이에 불응하는 세대는 조직별 총화에서 비판받고 시장가격으로 구입해서라도 수행하도록 했다.

〈표 5-5〉 식량공급 기준변화[27]

시기	공급기준	사무직 성인 배급량
1955년~1972년	정상배급	1일 700g/연간 256kg
1973년	전시 비축미 명목으로 월 배급량에서 4일분 공제	1일 608g/연간 222kg
1987년	애국미 명목으로 월 배급량의 10% 공제	1일 547g/연간 200kg
1992년	군인을 제외한 일반주민 10% 공제	1일 492g/연간 179kg

2005년 10월 1일부터는 이중적인 배급가격제를 실시했다. 이는 근로자(북한 공장, 기업소 종사자)와 노동능력이 있는 비근로자에 대한 배급가격을 차별화한 조치였다. 북한의 배급제 운영에서는 가정에 근로자인 가장이 있으면 부인을 비롯한 가족구성원들이 의례 국정가격으로 식량을 공급받았다. 부인은 하루 300g을 배급함으로써 공급량에서 차이를 두었을 뿐 공급가격에서는 차이가 없었다. 그러나 2005년 10월부터 시행된 배급제에서는 이러한 관례를 벗어났다. 배급표를 가진 근로자, 또는 학

27 내외통신사(편), 『북한실상 종합자료집』(서울 : 내외통신사, 1995), p. 241 : 오경찬, 『북한의 식량난 해결할 수 있다』(서울 : 대왕사, 1997), p. 145.

생, 노약자, 국가유공자에게만 국정가격인 44원/1Kg에, 노동능력이 있는 비 근로자인 부인은 시장가격에 가까운 628원/1kg에 공급했다. 이 경우 근로자의 공급가격 대비 가격차가 무려 15배나 되어 국가는 해당 양만큼 식량을 무료로 거두는 것과 같다.

또한 비경작지 알곡생산도 국가양정관리체계에 포함시켰다. 종전에는 개인들이 개간한 뙈기밭과 같은 비경작지에서 생산된 알곡에 대해서는 일정 비율의 세금을 징수했다. 그러나 이 시기부터는 비경작지에서 생산된 알곡도 배급에 포함시켜 공급실적으로 인정했다. 공장, 기업소가 운영하도록 한 부업 밭과 같은 비경작지들에서 생산된 알곡도 식량공급에 포함시켰다. 이는 "부침 땅을 효과적으로 이용하여 기관, 기업소들이 모자라는 종업원 식량을 자체로 해결하도록 한 김정일의 2004년 1월 31일 방침에 따른 것이다.[28]

다. 시장억제를 통한 식품 구입지위 약화

1) 시장의 운영 형태와 변화

현재 북한사회에는 두 가지 형태의 식품관련 시장이 운영되고 있다. 하나는 국가가 제정한 장소를 통해 운영되는 제도로서의 시장이며 다른 하나는 주민들 사이에 약속된 장소를 통해 운영되는 관계로서의 시장이다.[29]

---

28 김영수, 『최근 북한주민의 생활상 변화와 체제의 작동원리 분석』, 통일부 용역보고서(2006), p. 34.

29 양문수, "조정메커니즘의 측면에서 본 북한의 경제개혁," 『북한조사연구』(서울 :

제도로서의 시장은 종합시장의 식품매대 운영을 들 수 있으며, 판매자와 구매자는 국가의 법적 보호를 받는 장소를 통해 거래한다. 관계로서의 시장은 국가가 통제하는 상적행위를 내용으로 운영된다. 여기서는 "메뚜기 장"을 들 수 있다. 보안원(경찰)이나 규찰대가 단속하면 숨었다가 단속자들이 가면 다시 모여드는 식의 비공식적으로 운영되는 시장의 한 형태이다. 판매자 측에서는 시장사용료를 내지 않아도 되는 점, 구매자 측에서는 장 보는 시간을 단축할 수 있고 싼값에 식품을 구입할 수 있는 이점이 있다. 또한 국가가 통제하는 밀수 식품이나 군(軍)에 배급된 식품을 구입할 수 있다.

사람마다 신체적 특성에 따라 식품 섭취량이 다르기 때문에 이를 국가계획으로 보장하기에는 한계가 있다. 이러한 한계는 시장을 통해서만 해결할 수 있다. 1958년 말 농업 및 상공업의 협동화가 완성된 이후 북한은 협동농장의 공동경리와 협동농민의 개인부업경리에서 생산한 농산물과 축산물의 일부를 매매할 수 있는 농민시장을 인정했다. 이후 2003년 종합시장으로 바꾸고 판매자 및 판매품목을 확대했다. 그러나 시장을 '자본주의 맹아'라고 하면서 보안기관을 통한 통제를 지속적으로 하고 있다.

〈표 5-6〉 북한 시장의 변천

구분	1980년대 이전	1990년대	2000년대 이후
시장성격	상업의 보충적 형태	시장을 잘 꾸리고 운영	경제관리와 인민생활에 필요한 하나의 중요한 보충적 공간

국가안보정책연구원, 2006), p. 236.

거래품목	식량을 제외한 농축산물	식량 등 농축산물, 식료가공품	식량 등 농축산물, 식료가공품
판매주체	농민	모든 주민, 협동농장, 기관 · 기업소	모든 주민, 협동농장, 기관 · 기업소
관리운영	상업관리소	상업관리소	시장관리소
성격	합법	불법(용인)	합법

위의 표에서 보는 것처럼 북한에서는 1958년부터 시작해 45년이 지난 2003년이 되서야 시장운영이 합법화되었다. 이 기간 북한주민들은 개인의 신체적 특성에 따른 식품소비 욕구가 아니라 당국이 정한 기준내용과 양에 따라 식품을 공급받았다. 권력층은 공급소 등을 통해 비권력층에 비해 비교적 많은 식품을 공급받았다. 따라서 비 권력층에 비해 식품의 가짓수는 많았지만 국가가 정한 기준량에 의해 공급을 받게됨으로써 특수한 경우를 제외하고는 권력층 대부분도 늘 부족한 환경에 놓이게 되었다. 이러한 점에서 북한이 45년간의 세월을 두고 식품수요에 대한 시장의 공급기능을 억제하지 않았다면, 신체왜소가 비 특권층에 국한되었을지도 모른다.

이와 관련해 북한에서 종합시장 등장 이후 주민 전반의 신체왜소가 극복될 수 있다는 주장이 제기될 수 있다. 그러나 그렇게 보기는 어렵다. 오늘날 북한의 종합시장은 1945년 당시의 자율적인 시장으로 복귀한 것이 아니다. 시장에서 판매되는 식품의 종류와 수량, 가격한도에 이르기까지 당국이 엄격하게 통제하고 있다. 생산이 제약된 상품시장 운영으로 인해 시장을 통한 소득에는 한계가 있다. 따라서 시장이 운영되어도 식품을 구입할 수 있는 경제적 능력이 부족하여 신체적 특성에 따른 식품구입이 어렵다. 2003년 들어 종합시장이 등장했으나 신체왜소가 극복되지 못하고 둔화되고 있는 것은 당국이 이를 자율적인 식생활을 보장하기 위한 수단이 아닌, 국가 식품공급제 운영의 보충적 수단으로 인식하고 있기 때문이다. 이러한 내용은 북한의 공식 출판물에서 찾을 수 있다.

> "현재 지역시장은 나라의 경제사정이 어려워 인민들에게 상품을 제대로 생산보장하지 못하는 조건에서 사람들에게 소비상품들을 보장하는 보충적 공간으로 잘 이용하여야 한다."[30]

이를 통해 북한사회 신체왜소가 극복되기 위해서는 시장이 식품공급제의 보충적 형태가 아닌 시장 중심의 생산과 공급이 진행되는 실질적인 시장으로 운영되어야 한다는 것을 알 수 있다.

2) 수매상업의 운영 형태와 변화

수매상업은 개인들이 쓰던 물건을 팔거나 부업으로 만든 제품을 판매하는 상업의 한 형태이다. 수매상업은 시장과 마찬가지로 국영상업의 보충수단으로 이용되고 있다. 수매상업은 1984년 8.3인민소비품창조운동[31]이 활성화되면서 그 역할이 확대되었다.

---

30 서재영 외 "우리당의 선군시대 경제사상해설,"(평양 : 조선노동당 출판사, 2005), p. 199.

31 이 운동은 1984년 8월 3일 평양에서 열린 전국경공업제품전시회에서 김정일이 "전군중적으로 내부예비를 동원하고 그들의 창발성에 의거하여 근로자들의 생활세부에 필요한 소비품까지 원만히 생산·보장할 수 있게 하는 가장 폭넓고 활력있는 대중적인 인민소비품 생산운동"을 대대적으로 벌일 것을 지시하면서 시작되었다.

북한의 수매상업은 수매재생상점과 위탁수매상점, 직매점형태로 운영되고 있다. 수매재생상점은 우리나라의 재활용 센터와 비슷한데 장롱 속에 묻혀있던 의류 등을 재가공해 판매하는 역할을 수행하며, 시, 군(구역)인민위원회 상업과 산하 편의봉사관리소에 소속되어 있다. 위탁수매상점은 개인으로부터 물건을 위탁받아 판매하는 수매상업의 한 형태로서 주로 중고품, 신상품이 포함되며 종류는 의류 등 공산품에만 국한되지 않고 식품도 판매할 수 있다. 위탁수매상점은 국영상점이 수매상점화된 형태로서 시, 군(구역)인민위원회 상업관리소에 소속된다. 이렇게 수매상점은 재생과 위탁으로 구분되었으나 1980년대 중반부터 수매재생상점이 위탁수매상점의 기능을 수행하면서 본래의 기능이 크게 변화했다. 직매점은 기관·기업소 생필작업반에서 생산한 '8.3인민소비품'을 판매하는 상업의 형태이다. 직매점은 1984년 8월 3일 평양시 경공업 제품전시장을 돌아본 김정일이 부산물을 이용한 생필품들을 보고 공장 내에 생필품 작업반을, 농촌의 리(理)나 동단위에 가내작업반이나 부업반을 조직하여 생필품을 많이 만들며 도처에 직매점을 꾸려 주민들의 수요를 충족시키라고 지시하면서부터 확산되었다.

〈표 5-7〉 수매상업 형태별 비교

구분	수매재생상점	직매점	국영상점내 수매상점
등장시기	1950년대 말	1980년대	2000년대
소속	편리봉사관리소	상업관리소	좌동
기본기능	중고 및 재생 상품 판매	8.3제품 판매 위탁상품	위탁상품
물품구입	개인	기업, 개인	좌동

물품성격	국내산 중고품 재생상품	8.3제품 좌동	개인생산제품 밀수품 혹은 해외친척 방문 통한 개인상품 무역회사 수입상품
가격	협의가격 시장가격	국정가격 1.5배	협의가격
결제형식	현금	무현금, 현금	현금(달러,인민폐,북한원)

북한의 수매상업은 남한의 재활용 센터와 비슷한 기능으로 중고품과 개인들이 부업으로 만든 제품을 수매하여 수요자들에게 공급하는 수매상업의 한 형태로 시작되었다. 그러나 2002년 7.1조치 이후 국영상점들이 위탁수매상점으로 전환하면서 국영상업의 역할을 대체하고 있다.

> "2002년 말 정도에 평양시내 구역 당에 지시문이 내려왔다. 국가에서 운영하던 식당들, 상점들이 현재 상품이 없어 운영하지 못하고 문을 닫고 있는데 이들 건물을 개인들에게 임대해 줘서 건물값도 받고 하라는 내용이었다. … 동평양 백화점도 절반을 개인에게 넘겨주었으며, 평양 제2백화점도 1층에 몽땅 수매상점이 들어섰고, 적십자 병원 앞에 있는 속칭 100m상점도 절반씩 개인들에게 임대해 주어서 수매상점을 만들고 말았다."[32]

32 조명철 외, "북한경제의 대중국 의존도 심화와 한국의 노력방안", 대외경제정책연구원(2005), p.162

〈표 5-8〉 국영상점의 수매상점 전환비율[33]

구분	응답자 수(명)	비율(%)
20% 이하	8	5.1
30% 정도	28	17.8
50% 정도	14	8.9
60% 정도	11	7
70% 정도	27	17.2
80% 이상	69	43.9
합계	157	100

이와 함께 공산품 수매상점, 식료품 수매상점, 수산물 수매상점, 양곡수매상점 등 전문적인 수매상점을 개설하는 수매상업정책을 실시했다. 특히 2006년 말부터 수매상점을 통한 알곡 판매를 장려하고 있는데, 양곡수매상점은 국가에 납부금을 내는 조건으로 양곡거래를 허가 받고 개인 또는 농촌에서 직접 쌀을 구매해 국가고시 가격기준에 따라 판매하도록 했다. 또한 외화를 가지고 외국에서 쌀을 수입해 판매할 수 있도록 허용했다.

양곡수매상점은 종합시장 내에 자리하고 있어 시장가격 상승을 억제하는 수단으로 기능하기도 한다. 양곡 수매상점은 양곡유통 경로를 다양화하여 암시장에서 거래되는 쌀 가격의 상승을 완화하는데 기여하고 있다. 양곡수매상점의 도입은 북한주민들의 시장을 통한 식량수요를 제

33 위의 책, p. 164, 통일연구원이 발표한 "7.1경제관리 개선조치 4년의 평가와 전망," (김영윤 저, 2006년 7월)에서는 국영상점의 수매상점 전환 비율을 70%이상으로 추정하고 있다.

도적으로 해결할 수 있는 공간을 마련해 식품보장에 적지 않게 기여하고 있다.

〈표 5-9〉 수매상업의 기능변화

종전의 기능	현재의 기능
• 공식적 시장경제수단의 기능	• 좌동
• 재활용 물품의 수매 및 수요 공급기능	• 좌동
• 노동자 안전장구와 기업소 비품 공급기능	• 좌동
• 도시주민 편의제공 수단 기능	• 국영상점의 대체 기능
–	• 수매상품의 전문화 기능
–	• 시장가격의 상승 억제기능

라. 강제저축을 통한 식품구입 원천제약

1) 식량저축 및 공채발행, 화폐개혁

북한사회 신체왜소 확산에는 식품을 구입할 수 있는 원천에 대한 강제 비축 및 저축제도 운영이 미치는 영향이 컸다. 구체적으로 국가재정 확보를 위한 공채발행, 화폐개혁을 들 수 있다.

북한은 2003년 3월 진행된 최고인민회의 제10기 6차 회의에서 "여유화폐 자금" 동원 명목으로 인민생활공채를 발행하도록 했다.[34] 공채는 10년을 만기로 하고 공채수익은 6개월에 한번 진행되는 당첨을 통해 당첨자에게 내주도록 하고 있다. 또한 화폐개혁을 통해 일정 보유량 이상의 화폐보유를 차단하고 있으며 강제저금을 강요하고 있다. 이는 1992년과

34 윤덕룡, 『북한공채발행 배경과 향후 효과전망』(서울 : 대외경제정책연구원, 2003).

2009년에 강행된 화폐개혁에서 찾아볼 수 있다. 1992년 화폐개혁에서는 교환환도를 1인당 399원으로 제한했고 2009년에는 1인당 10만원으로 제한하는 대신, 구화폐를 신화폐와 100대 1로 교환해주었다. 이밖에도 개인의 보유 화폐규모를 축소하고 국가의 재정수입을 확충하기 위한 여러 가지 조치를 취했다.

〈표 5-10〉 1992년과 2009년 화폐개혁 비교

<table>
<tr><th colspan="2">구분/연도</th><th>1992년 7월</th><th>2009년 11월</th></tr>
<tr><td colspan="2">교환비율</td><td>1:1</td><td>100:1(10만 원까지)
1000:1(10만원 이상)</td></tr>
<tr><td colspan="2">1인당 교환액</td><td>399원/1인</td><td>10만원/1인
가족수에 따라 5만원 추가</td></tr>
<tr><td rowspan="4">예금</td><td>교환비율</td><td>1:1</td><td>10:1</td></tr>
<tr><td>저금한도</td><td>3만원 이하</td><td rowspan="2">제한 없음</td></tr>
<tr><td>인출기한</td><td>5천원까지 5년 이내
5천~3만원 5년 이상</td></tr>
<tr><td>증서형태</td><td>저금통장</td><td>예금증서</td></tr>
</table>

근로자들은 한달 급여의 10%를 ‘채소저금’[35]이라는 명목으로, 세대에는 저금과제[36]를 주는 방법으로 강제저축을 강요하고 있다. 1990년대

35 북한에서 김장은 반년 식량이라고 할 정도로 세대별로 상당한 양의 김치를 담그고 있다. 김장용 배추와 무는 기관, 기업소별로 생산하여 공급하여 주는데, 여기에 두는 자금을 매월 근로자의 급여에서 저축하는 방법으로 마련하게 된다. 이렇게 매달 공제하는 저금을 ‘채소저금’이라 한다.

36 중앙은행 지점들은 매월 현금수입계획에 기초하여 저금계획을 세우고 여러 가지 명목으로 저금을 받아들인다. 위에서 설명한 채소저금의 방법도 있지만 동, 인민

이후 중앙은행의 현금부족으로 인해 주민들이 저금한 돈을 찾는데 어려움이 적지 않았다. 저금한 돈을 찾으려면 은행직원을 내세워 인출금액의 20~30%의 수수료를 주고야 찾을 수 있었는데, 이는 북한 주민의 저축 기피현상의 원인으로 되었다.[37]

2) 2호물자와 4호물자 비축제도 운영

북한은 전쟁예비물자인 2호, 4호 물자를 비축하고 있다. 국방위원회 산하 군수동원총국이 비축을 주관하고 있으며, 비축 물자관리를 위해 각 시·군(구역)에는 2~3개 관리소가 운영되고 있다. 2호 물자에는 식량, 4호물자에는 소비품이 포함된다. 이 물자는 각 도안에 거주하는 지역주민, 군인 모두가 일단 유사시에 먹고 입고 쓰고 살 수 있는 분량만큼 보관된다. 예컨대 양강도 인구 25만, 양강도에 주둔하고 있는 군인 3만, 모두 합해 28만 정도로 환산하면 식량 500톤을 비축(6개월분)해야 한다. 식량은 변질을 고려하여 보관기간이 2년이기 때문에 자주 교체해야 한다. 2호물자의 식량은 주민들의 비축미의 공제로 해결한다.

북한에서 4호물자는 전시에 군대와 주민들의 소비생활에 필요한 소비품과 이러한 소비품 생산에 쓰이는 원자재이다.[38] 통상적으로 전시생활에 필요한 6개월분에 해당하는 식품을 생산하는데 필요한 원자재를 비축하고 있다.

반, 세대에 저금을 할당하는 방법으로 과제를 수행하기도 한다.

37 김영희, "북한중앙은행의 기능변화와 전망," 『산은조사월보』, 제683호(2009), pp. 25-26.

38 김병욱, 『현대전과 북한의 지역방위』(서울 : 선인출판사, 2011), pp. 133-134 참조.

4호물자 비축 및 관리는 중앙으로부터 지방에 이르기까지 정연한 체계에 따라 진행되고 있다. 국방위원회 소속 군수동원총국이 주관하고 있는데 내각 4국과 연계하에 진행하고 있다. 이에 대한 관리는 생산용 원자재 관리와 생산된 물자관리의 두 가지 형태로 진행되고 있다. 생산용 원자재 관리는 시, 구역(군)행정지역의 상업관리소나 식품공장의 4호 지도원이 맡고 있는데 밀가루, 설탕 등 식품생산에 들어가는 필수 자재들이다.

한편 제품상태의 4호물자에는 소금, 기름 등이 있다. 생산된 물자관리는 원자재 관리와 유사하다. 이를 위해 북한은 내각의 성과 부 그리고 도, 시군 인민위원회에 이를 전문적으로 맡아보는 부서인 4국(처)을 운영하고 있다. 주요업무는 평시관리와 전시에 해당 공장, 기업소가 맡은 지역 내 주민들의 식품 수요에 따른 생산계획과 전시 생산용 설비와 자재를 이설하기 위한 계획작성, 자기공장에 없으나 다른 공장에 있는 전시 필수설비에 대한 맞물림 사업 등이다.

4호물자 창고에 보관된 식품에 대한 부식변질 방지, 유통기간이 지난 식품 교체 등을 진행한다. 4호물자 비축정형에 대한 총화는 기관, 기업소의 「당중앙 군사위원회 명령집행 정형총화」를 통해 진행한다.

〈그림 5-1〉 "4호물자" 비축관련 지도체계[39]

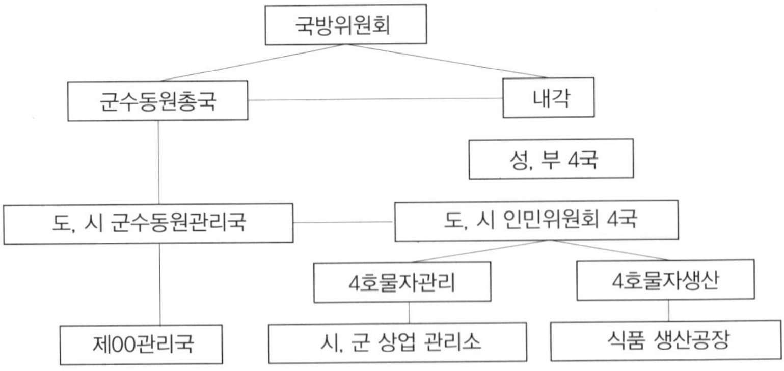

39 위의 책, p. 135.

5. 저소비의식 확립에 대한 강요

가. 저소비의식 확립을 위한 활동

북한은 주민들 속에 저소비의식을 확립하기 위한 활동을 지속적으로 전개해 왔다. 저소비의식을 확립하기 위한 목적은 식품 부족 환경에 주민들을 적응시키기 위한 것이며, 이를 위해 당국이 내세운 것은 ① 시대에 따른 생활양식의 제시, ② 소비의 사회화·합리화 강조, ③ 식품소비에 대한 계획적 관리, ④ 저소비의식 확립에 필요한 소비자 지식제공이었다.

1) 시대에 따른 생활양식 제시

북한은 시대에 따른 생활양식을 제시하고 이를 실천하는 과정을 통해 주민들이 저소비의식을 확립하도록 했다. 1980년대는 사회주의 생활양식 확립, 1990년대는 우리식 생활양식 확립, 2000년대 들어서는 선군시대 생활양식을 제시했다.

북한 당국은 시대에 따른 생활양식이 구현될 수 있도록 다양한 대책에도 관심을 두었다. 식품부족의 상황에서 민심의 동요를 가중시키는 것은 이것(식품부족)이 해결될 수 있다는 희망을 잃는 것이다. 이를 인식한 북한 당국은 주민들이 시대적 환경에 따른 낙관적 사고를 갖도록 했다. 1980년대에는 사회주의 완전승리, 1990년대에는 김일성의 항일투쟁과 결부한 고난의 행군 승리, 2000년대에는 강성대국건설을 통한 경제난 해결이 강조되었다. 이를 통해 주민들이 오늘은 굶더라도 내일에는 배부른 생활을 할 수 있다는 희망을 갖도록 했다.[40] 이는 "오늘을 위한 오늘에 살지 말고 내일을 위한 오늘에 살자"는 구호와 함께 강조되었다.

시대에 따른 생활양식이 구현될 수 있도록 하기 위해 저소비를 장려하는 것이 식품 부족 때문이 아니라 제국주의 침략의 위협을 방지하고 조국통일의 사명을 완수하기 위한 전시 준비에 있음을 강조했다. 이에 따라 과소비적 현상에 대한 처벌수위를 높이는 것이 당연시 되었다. 1990년대 이전까지는 과소비 현상이 낡은 사상의 인습에서 비롯된 것으로 비판되었다면, 이후에는 제국주의 사상 문화적 침투에 오염된 것으로 비판수위가 높아지고 있으며 이를 처벌하기 위한 제도적 대책도 세워지고 있다. 이는 2004년 7월 최고인민회의 상임위원회 정령 제546호를 통해 발표된 「행정처벌법」 제162조 「사회주의 생활양식을 어긴 행위」에서 찾아볼 수 있다. 이에 따르면, "사회주의 생활양식에 맞지 않은 옷차림, 또는 행동을 하여 사회적 물의를 일으킨 자는 벌금을 부여한다."고 규제하고 있다.

2) 소비의 사회화·합리화 강조

소비는 판매자와 구매자 사이의 거래에 의해 생산물이 자기의 고유한 기능을 수행하면서 사라지는 과정이다. 소비에 이용되는 생산물이 자기의 존재를 상실하면 이에 따라 자연적으로 수요가 발생한다. 그러나 수요를 강제적으로 억제한다면 소비 그 과정 자체가 중단되거나 서서히 진

40 북한주민들이 이를 과연 어떻게 믿는가 하는가에 대한 의문이 들 수 있다. 이와 관련해서는 김병욱·김영희, "북한사회의 '수령교'와 타종교권 선교에 따른 북한선교," 『사회과학연구』, 제18집 2호(2010), p. 116 참조.

행된다.

식품 부족의 환경에서 북한이 내세운 전략은 소비에 대한 자체의 논거를 내세워 수요를 억제하는 것이었다. 이를 위해 내세운 논거 중에는 소비의 사회화와 합리화를 들 수 있다. 소비의 사회화는 두 가지 의미가 있다.[41] 하나는 매개 사람들의 소비생활이 개인적 욕구를 벗어나 사회적 욕구라는 보다 넓은 범위로 연결되는 측면이며, 다른 하나는 소비욕구가 국가에 의해 계획되고 조직되게 하는 것이다. 소비의 사회화가 강조되면 주민들의 소비생활은 국가가 정한 틀 속에서 이루어지며 개성을 드러낼 수 있는 기회가 상대적으로 적어진다.

북한은 소비의 합리화에 대해서도 강조하고 있다. 소비의 합리화는 과학적으로 근거 있는 기준에 의한 합리적인 소비과정을 실현한다는 의미가 있다. 소비의 사회화가 개인적 소비의 사회적 과정을 기본내용으로 한다면, 소비의 합리화는 개인적 소비수준을 사람들의 복리증진을 위해 사회 전반에 실현하는 과정을 내용으로 하고 있다.[42]

북한은 소비자의 행동이 이상적인 수요보다는 지불능력 있는 수요에 의존하는 성격이 강하다면서 합리적인 소비기준을 설정하고 모든 소비자들에게 적용시키려 한다. 이는 사회주의 생활문화 강요에서 찾아볼 수 있다.

일반적으로 생활문화는 개인이 일상생활을 꾸려가는 방식으로 각 집단에 따라 형성되는 의식과 생활양식의 총체이다. 일상을 꾸려가는 가치나 태도 등 의식의 측면과 의식주 생활, 시간관리, 경제 및 소비, 가족

---

41 한득보, 『주체의 사회주의정치경제학의 법칙과 범주(2)』(평양 : 사회과학출판사, 1992), pp. 391-392.

42 위의 책, p. 427.

관계 등을 포괄하는 개념으로 재생산과 사고방식 구성 등을 포함한다. 북한은 사람들의 다양한 소비생활을 '사회주의 생활문화'라는 하나의 고정적인 틀과 기준으로 '단일화' 하면서 소비생활에서의 개성과 자유를 허용하지 않고 있다. 이와 관련해 다음의 논거를 제시하고 있다. 즉 개인의 취미와 기호에 의해 행해지는 것이 소비이기 때문에 외부적 요인에 의해 침해될 수 없다고 한다. 그러면서 사회주의 사회는 다만 소비자들의 복리증진을 위해 합리적인 소비기준을 권고하고 이들의 개인적 소비가 바람직하게 이루어지도록 방향을 제시하는 기능을 할 뿐이라고 주장한다.[43] 또한 주민들의 소비생활에 대한 당국의 통제를 사회주의 사회만이 실현할 수 있는 계획적 관리활동이고 국가가 주민에게 베푸는 혜택이라고 한다.

소비의 사회화, 합리화는 주민들이 식품 부족의 환경에서 저소비의식을 확립하도록 상호보완적으로 작용한다. 소비의 사회화가 저소비의식을 확립하기 위한 방향을 제시한다면, 소비의 합리화는 이러한 활동이 효율적으로 진행되도록 한다.

북한체제는 운영 특성상 주민들에게 식품소비의 사회화와 합리화를 설득시킬 수 있는 양호한 조건을 갖고 있다. 식품의 생산과 공급에 대한 국가의 중앙집권적 지도에 의해 엄격한 분배체제로 운영되고 있으며 식품의 사적 생산과 유통을 최대한 억제할 수 있다.

3) 식품소비에 대한 계획적 관리

북한주민들의 식생활은 "국가가 인민생활을 책임지고 돌본다는" 명

43 위의 책, p. 430.

분에 따라 계획적인 관리를 통해 이루어지고 있다.

> "생산도 계획적으로 하고 분배와 소비도 계획적으로 하여야 합니다. 생산품도 계획적으로 처리하여야 하고 운반도 계획적으로 하여야 하고 사람들을 계획적으로 먹여 살려야 하고 입혀주어야 합니다."[44]

주민들의 식품소비에 대한 계획적 관리수단에는 식품소비 영역과 과정 그리고 가격 관리제도가 있다. 식품소비 영역에 대한 관리수단으로 식량공급소와 국영상점에서 공급하는 식품의 품종과 공급규모 등에 따른 계획지표를 들 수 있다. 이러한 지표들은 식품소비 영역에서 주민소비의 총규모와 식품 소비실현의 개별적 원천을 규정하는 계획적 관리 기능을 수행한다. 이밖에도 식품소비자 활동을 규정하는 기준, 지시, 지휘와 같은 행정적 수단들도 계획적 관리수단에 포함된다.

주민들의 식품소비에 대한 계획적 관리는 가격통제를 통해서도 이루어지고 있다. 북한은 생활비(임금)를 높이면 생활비를 많이 받는 사람에게 이득이 돌아가지만 가격수준을 낮추면 주민 전반의 식생활수준을 높이는데 영향을 준다고 하면서 가격통제에 많은 관심을 돌리고 있다.[45] 또한 공급량이 제한된 식품 중에서 일시적으로 긴요하게 요구되는 식품 가격을 가치로부터 배리시켜 높게 정함으로써 필요한 사람들만 쓰도록

---

44 김일성, "함북도 당단체들의 과업(조선노동당 함경북도 인민위원회 확대전원회의에서 한 연설, 1959.3.23.)" 『김일성저작집』 제13권(평양 : 조선로동당 출판사, 1981), p. 218.

45 리종구, "가격공간을 옳게 이용하는 것은 경제관리를 합리적으로 잘해나가기 위한 중요한 요구," 『김일성종합대학학보(철학, 경제학)』 제56권 1호(2010, 1), p. 79.

하고 있다. 이를 위해 고급식품이나 기호식품의 가격을 생활비 수준보다 높게 정하는 반면, 대중식품과 어린이용 식품의 가격은 생활비 수준보다 낮게 정하고 있다.

북한에서 식품소비 생활에 대한 가격통제는 가격의 일원화를 통해 실현되고 있다. 가격의 일원화는 중앙의 가격관련 기구로부터 지방의 말단 기구에까지 가격제정 및 통제에서 일관되게 움직이는 사업체계를 말한다. 북한은 가격통제를 "가격제정 및 적용과정에 대한 지도와 감독"으로 규정하고, 제정된 국가유일가격을 엄격히 적용하도록 요구하고 있다. 이를 위해 가격제정기관들이 가격표와 그 적용규정을 공표하고 기관, 기업소에 대한 일상적인 지도와 검열을 실시하고 있다. 식품가격에는 식품공장에서 생산한 식료제품에 적용되는 국정가격과 8.3 혹은 위탁식료제품 등에 적용되는 협의가격이 있다.

4) 저소비의식 확립을 위한 소비자 지식제공

소비자는 자신이 갖고 있는 정보에 기초해 소비품을 구매한다. 소비자의 구매의사 결정에 영향을 주는 요인으로는 제품지식과 구매지식, 이용지식을 들 수 있다.

제품지식은 제품과 관련한 정보가 종합된 것으로 제품속성과 혜택, 소비자 가치를 들 수 있다. 제품속성은 가시적으로 나타나는 물리적 실체로 소비자가 경험할 수 있는 것이며, 제품혜택은 소비자가 사용을 통해 느끼는 기능적 편리성이나 심리적 안정감 등이다. 소비자 가치는 제품사용으로 인해 유발되는 추상적 결과로 소비자가 소비생활을 통해 성취하려는 목표가 반영되어 있다.

〈표 5-11〉 제품지식 내용[46]

구분	내용	추구하는 목적
제품속성	가격, 색상, 크기, 재질	물리적 속성 보장
제품혜택	사용의 편리성, 경제성	품질 보장
소비자 가치	건강증진, 사회적 평가	타인의 관심, 자긍심 충족

제품 구매지식은 제품을 구매할 때 필요한 지식으로 구매 가능한 점포의 상태나 구매시점을 들 수 있다. 구매자가 해당 점포를 찾지 않는 경우 지리적 접근성이나 점포에 대한 지식부족보다 해당 점포에 대한 이미지가 나쁘게 형성되어 있는 것과 관계된다. 특정 기간에 한시 판매되는 계절상품이 아니더라도 구매한 시점에 따라 구매조건이나 구매상품의 가격이 달라질 수 있다.

한편 이용지식은 구입하려는 제품에 대한 이용과 관련된 내용이 포함된 지식이다. 소비자가 해당 제품에 대한 파악이 없거나 불확실한 정보를 갖고 있는 경우, 제품 사용에서 제기되는 하자에 대한 대책 등 소비자 보호와 관련한 법적규제가 불충분하게 되어 있는 경우 구매할 가능성이 작아진다.

북한은 식품 부족의 환경에 필요한 지식을 제공하여 주민들이 저소비의식을 확립하도록 유도하고 있다. 이러한 노력은 두 가지 측면에서 찾아볼 수 있다. 하나는 제품지식의 제공과 관련한 측면이며 다른 하나는 이용지식의 제공과 관련한 측면이다. 제품지식을 제공하면서 신상품이 소비자의 요구를 반영하고 있다는 측면보다 사회주의 식생활양식에 맞는 상품임을 강조한다. 이는 최근 조선중앙 TV를 통해 내보내는 당국

46 서성한·김준석·금웅연, 『소비자 행동론』(서울 : 박영사, 2005), pp. 201-202.

의 논조에서 찾아볼 수 있다.[47] '흰쌀밥보다 감자밥, 나물밥, 김치밥, 비빔밥이 건강에 좋다, 국수나 빵을 주식으로 먹는 것이 좋다. 고기가 있어야 식생활 수준을 높일 수 있는 것처럼 생각하는 것은 잘못된 생각이다. 남새를 잘 가공하여 먹어야 한다' 등을 강조하고 있는데 이는 주민건강에 대한 관심보다는 식량부족으로 인한 식생활의 어려움을 감추기 위한 방책에서 비롯된 것이라 볼 수 있다.

북한은 식품소비자들에게 이용지식을 제공하기 위한 활동이 부족하다. 정권 수립 후 60년이 넘었지만, 북한사회에는 아직까지 소비자의 권리를 보호하기 위한 직접적인 소비자보호법이 마련되어 있지 않다. 다만 '식료품위생법', '공중위생법', '의약품관리법' 등을 통해 소비자보호와 관련한 제도적 대책을 간접적으로 파악할 수 있다. 이에 따르면, 소비자보호와 관련한 내용보다는 법고유의 목적을 행사하기 위한 행정규제 차원에서 제정되었으므로 소비자보호에 관해서는 크게 강조되지 않고 있다.[48]

사람은 얼굴생김이나 성격이 다르듯 기호식품도 다르다. 북한사회는 식생활에서 주민들의 기호가 자유롭게 형성되는데 어려움이 많다. 그것은 어릴 때부터 획일적인 교육과 사회주의 생활양식에 따른 식생활을 강요받기 때문이다. 식생활에 대한 당국의 강도 높은 통제로 인해 북한주민들 속에서는 식생활에서 "당의 방침"이라는 당국의 요구를 의식해야 하고 이러한 과정을 통해 식품이 부족한 환경에 적응하기 위한 저소비의식이 확립된다.

북한이 저소비의식을 확립하기 위해 내세운 이러한 대책은 적지 않

---

47 《데일리NK》, 2011년 11월 3일.

48 최병록, 『2012 남북법제연구보고서』"남북 소비자관련법의 비교연구,"(법제처 법제지원단, 2012), p. 422.

은 시사점을 준다. 신체왜소 발생경로를 차단시키기 위한 것이 목적이 아니라 주민들을 식품 부족에 따른 급성 기아에서 벗어나기 위한 것이라 할 수 있다.

북한의 도시 지역 주민 대부분은 농촌지역 주민에 비해 대부분 국가식량공급을 받고 있다. 이는 중소도시를 막론하고 농업분야 종사자들이 적기 때문이다. 1950년대 말 중국의 대기근에서는 농촌지역 피해가 큰 반면, 북한에서는 도시지역 피해가 큰 것으로 나타나고 있다.[49] 북한에서 1990년대 대기근 시 아사자 발생과 함께 신체왜소 확산으로 나타난 점을 고려하면, 당국이 다른 지역 보다 도시지역 주민을 대상으로 저소비의식 확립을 강화해온 결과라는 분석이 가능하다.

나. 저소비의식 확립에 따른 생활태도

북한은 주민들 속에 저소비의식을 확립하기 위한 활동을 지속적으로 진행해왔다. 이로 인해 형성된 생활태도는 소비생활이나 가치관 그리고 이중적인 식품소비심리에서 찾아볼 수 있다.

1) 소비생활과 소비가치관

북한주민들을 보면, 일상에서 개성을 드러내는 옷차림 대신 단체복을 입는다. 의생활의 특징이기도 한 이러한 경향이 집단주의 문화 때문이라고 의문을 제기할 수 있다. 자기 개성에 맞는 의류를 선택할 수 있는 풍족한 환경이라도 단체복을 입고 다니고 이에 대한 만족도가 높다면 집

49 이석, 『1994-2004년 북한기근 : 발생, 충격 그리고 특징』, p. 133.

단주의 문화의 영향에 의한 것으로 볼 수 있다. 북한사회는 개성에 따라 입을 수 있는 의류가 풍부하지 않으며 "혁명하는 시대에 맞는 옷매무시"라는 구호 아래 옷차림에 대한 당국의 강압적 통제가 강하다. 주민들이 단체복 착용에 대해 불편한 감정을 느끼지 않는 것은 저소비의식이 의생활에 대한 태도로 고착되었기 때문이다.

북한주민들이 가지고 있는 저소비의식은 국내에 입국한 탈북민들의 설문조사에서 찾아볼 수 있다. 식생활을 해나가는데서 "먹는데 아낀다"는 응답이 정착 7년 이상의 장기집단(45.7%)에 비해 3년 이하의 초기집단(61.2%)에서 높았다.[50] 또한 "꼭 필요한 물건을 살 때에도 돈 쓰기가 망설여진다"는 응답이 67.3%나 차지했다.[51] 이는 북에 있었을 때 가졌던 저소비의식이 강하게 남아있다는 것을 보여준다.

북한주민들이 가지고 있는 저소비의식에 따른 소비가치관도 설문조사에서 읽을 수 있다. 영화와 같은 삶이나 즐기는 삶보다는 정신적 풍요(66.5%)와 검소한 생활(76.5%)이 좋다는 응답이 많았다.[52] 주목되는 것은 이러한 응답이 월(月) 가구소득이 낮은 집단에 비해 높은 집단에서 그리고 고학력층에 비해 탈북민 구성에서 많은 비중을 차지하고 있는 저학력층에서 높게 나타난 것이다.

북한에 비할 수 없이 풍요로운 한국사회의 물질생활 환경에도 불구하고 재북 시 당국이 강요했던 검소한 생활을 추구한다는 답변이 우세한 것은 시사하는 바가 크다. 선행연구에 따르면 탈북민의 60%가 기초수급

---

50 김병욱·김영희, 『북한이탈주민 소비실태와 합리적 소비생활』(서울 : 늘품플러스, 2011), pp. 106-108.

51 위의 책, p. 215.

52 위의 책, pp. 243-248.

자 생활을 하고 있는 가운데 탈북민 가구의 평균적인 엥겔지수(Gesetz)는 49.6%인 것으로 조사되고 있다.[53] 이는 남한가구 엥겔지수(25.4%)[54]의 2배에 가까운 수치이다.[55]

탈북민속에서 북한에서의 소비생활 태도가 지속되고 있는 것은 입국 후 경제생활의 어려움과 함께 재북 시 갖고 있던 저소비의식에 따른 생활태도가 고착화되고 있기 때문이다.

2) 이중적인 식품소비심리

북한주민의 심리와 관련한 연구자료를 보면, 당국의 정치적인 억압으로 인해 주민들 사이에 '이중심리'가 표출되곤 한다고 주장한다.[56] 북한주민들은 '사적인 선호'와 '공적인 선호'라는 이중심리를 갖고 있는데, 공적인 자리에서는 국가의 이익을 내세우지만 사적인 자리에서는 개인의 이익만을 추구한다는 것이다.

북한주민들의 식생활에서도 이와 유사한 경향을 찾아볼 수 있다. 사람은 잘 먹으면 기분이 좋아지지만 배고프면 불쾌한 감정을 드러내는 것에서 알 수 있듯이 식욕에 따른 감정을 외부로 표출한다. 앞서 언급했

53 위의 책, p. 298.

54 『품목별 가구당 월평균 가계수지』, 통계청 사회통계국 복지통계과(2003 1/4-2008 4/4).

55 엥겔지수는 가계의 총 지출액에서 식료품비가 차지하는 비율을 말한다. 인간이 살아가자면 소득수준과 무관하게 일정량의 식품을 소비해야 한다. 소득이 감소하면 식품비 지출이 많겠지만, 소득이 증가하더라도 식료품비 지출은 크게 증가하지 않는다. 그러므로 고소득 가구일수록 저소득가구에 비해 식품지출이 적다. http://search.naver.com/search.naver?wher(검색일 : 2011년 9월 3일)

56 서재진, 『북한의 사회심리 연구』(서울 : 통일연구원, 1999), p. 63.

듯이 만약 이러한 감정을 공개적으로 표현할 수 없는 환경이 지배하면 사람은 감정표현을 자제하거나 내부에서 발산하곤 한다. 이러한 상태가 지속되면 불안정과 불신, 절망, 무의미 등의 심리변화가 동반되면서 심리왜곡, 다시 말해 겉과 속이 다른 이중적인 식품소비심리가 형성된다.

북한주민들의 식생활에서는 이중적 식품소비심리가 형성되어 있는 것을 발견할 수 있다. 북한주민들은 '배불리 먹는 날이 명절'이라고 할 정도로 먹는 것에 관심이 높다. 북한에서는 의식주라는 표현 대신 식의주라고 물질생활에서 식생활을 첫 자리에 놓고 있다. 김정일이도 "옷이나 집 같은 것은 없어도 좀 참을 수 있지만 배고픈 것과는 타협할 수 없습니다."라고 했다.[57] 그러나 북한주민들 속에서는 배고프거나 먹고 싶은 음식이 있어도 이러한 감정을 있는 그대로 드러내지 않으려 한다.

> "북한에서 여러 사람이 함께 식사할 때에는 눈치를 보며 자제를 하곤해요. 입국해서 처음에도 그랬죠. 아시는 분이 점심을 사주면 적당히 먹고 수저를 놓곤 했어요. 아마 북한에서의 식습관 때문인 것 같아요 … "[58]

> "우리 마을에 '먹보'라는 별명을 가진 애가 있었어요. 어릴 때 집에 귀한 손님이 찾아와서 농촌집이라 달걀 삶은 것을 몇알 내놓았어요. 어린애는 손님이 남겨두고 가면 먹으려고 문틈으로 내다보고 있었어요. 손님이 그만에야 다 먹어치웠고 어린애가 '다 먹었어'

57 김정일, "인민생활을 더욱 높일데 대하여(조선노동당 중앙위원회 책임일꾼들과 한 연설 1984.2.16.)" 『김정일 선집』 제8권(평양 : 조선로동당출판사, 1998), p. 4.
58 탈북민 D씨 인터뷰, 2012년 9월 3일.

하고 소릴 지르며 울음을 터뜨렸죠. 그 얘기가 퍼지면서 애에게 그런 별명이 붙었어요."[59]

북한주민들 속에서 이중적인 식품소비심리가 형성된 것은 다음 이유 때문으로 보인다. 우선 당국이 지난 시기 검소한 식생활, 건전한 식생활, 의미있는 식생활 등 수식어를 붙여가며 저소비의식 확립을 강요해 온 것과 관련이 있다. 또한 북한사회 전반에 식품에 대한 욕구를 생리적 욕구나 개성적 특성이 아닌 식탐으로, 수양이 덜 된 행위로 치부하는 인식이 지배하고 있기 때문이다.

"북한에서는 누구나 항상 (음식을) 먹었으면 하는 생각이 있어도 내색하려 하지 않아요. 음식에 신경 쓰는(집착하는) 사람을 '먹는데 빠치는 사람', '먹새기' 등으로 비하하고 대부분 인격수양이 덜 된 사람으로 치부하죠."[60]

이상에서 보는 것처럼 북한주민들의 이중적인 식품소비심리는 당국이 강요한 수년간에 걸친 저소비의식 확립 때문이었다.

59 탈북민 B씨 인터뷰, 2012년 4월 8일.

60 탈북민 D씨 인터뷰, 2012년 7월23일.

6. 성장발육에 필요한 환경 부재

가. 식품 부족과 동반된 키 크기 운동

일반적으로 키가 크다는 것은 뼈가 커진다는 것을 의미한다. 사람의 키가 커지는 것은 섭취한 음식물속에 들어 있는 영양분, 특히 칼슘, 인을 비롯한 광물질 등을 섭취해 뼈가 자라기 때문이다. 따라서 키 크기 운동을 하는 것과 함께 필수 영양소를 충분히 섭취하는 것이 중요하다. 그러나 식품 부족으로 식품섭취를 제대로 하지 못한 상태에서 조직적으로 진행되는 단체 체육활동에 참여하니 오히려 섭취에너지에 비한 운동에너지가 더 많아 신체왜소에서 부작용을 초래하는 경우가 생겼다. 또한 대중적 운동으로 청소년들속에서 키 크기 운동을 전개해왔지만, 효과를 거둘 수 없었다. 그것은 배가 고파 체육활동을 기피하거나 끼니를 제대로 먹지 못해 등교를 하지 않는 경우가 많았기 때문이다.

북한에서 식품공급량이 부족한 것은 북한주민들의 생존에 필요한 총곡물소요량 대비 실제생산량의 차이에서 찾아볼 수 있다. 1995년부터 2004년까지를 보면, 주민들의 최소한의 영양기준을 충족시키기 위해서는 연간 100만 톤 이상의 식량을 외부로부터 조달해야 하며 정상적인 식량 소요량을 충족하기 위해서는 연간 200만 톤 이상이 부족했다.[61] 한편 국내 생산량은 2005년까지 450만 톤 수준까지 증가했으나 2007년 이후 감소하고 있다.

---

61 권태진, "2005년 북한 농업 전망과 남북협력," 『KRE 북한농업동향』, 제6권 4호 (2005), p. 4.

〈표 5-12〉 식량생산 대비 부족량 (2005~2011년)[62]

단위 : 만 톤

구분	2005/06	2006/07	2007/08	2008/09	2009/10	2010/11
생산량1)	454	448	401	431	411	(425)
도입량2)	35	75	27	(20)	(32)	(20)
최소소요량3)	518	521	523	526	529	531
부족량	29	2	95	(75)	(86)	(86)

주 1) 2007/08년까지는 농촌진흥청 자료, 2009/10년은 FAO/WFP자료
2) 2007/08년까지는 WFP자료, 2008/09~11년은 상업적 수입(중국)과 국제기구 지원분
3) FAO/WFP의 1인당 소요량을 북한인구(통계청)에 적용한 수치
4) (괄호)는 불확정 수치임

북한에서 키 크기 운동은 하루 공부가 끝난 방과 후 시간에 진행된다. 북한의 모든 학교는 8시에 시작하여 12시 30분이면 오전 수업이 끝난다. 대부분이 집에 가서 점심을 먹은 후 2시부터 2-3시간 정도 오후 일과가 진행된다. 주간 일정에 따라 수학소조, 체육소조 등 각종 소조활동과 좋은 일하기 운동, 노력동원 등이 진행되는 경우가 많다. 이 시간에 키 크기 운동이 진행되는데 결석자수가 많으면 키 크기 운동이 제대로 진행될 수 없다.

1990년대 들어 북한 학교들에서는 학생들의 출석률이 현저히 떨어졌다. 지역에 따라 10~50%에 불과한 경우가 많았다. 대도시를 제외한 일부 지역에서는 재적생의 과반수가 결석하여 학교운영에 차질을 빚는 경우도 있었다.[63] 이러한 원인으로는 배고파 학교에 가지 못하거나, 이혼

62 김영훈, "2012년 북한의 농업식량상황," 『KRE 북한농업동향』, 제13권 4호(2012), p. 6.

63 신효숙, 『북한의 교육제도와 교육정책 : 학교교육제도 변천을 중심으로』(서울 :

이나 가정파탄으로 방치되어 장마당을 배회하거나, 부모를 따라 식량을 구하러 다니는 것 등을 들 수 있다. 교사들은 식량공급 중단으로 교사직을 버리고 장사에 나서거나 담당학생 관리를 형식적으로 하면서 생계유지에 관심을 두는 경우가 많았다.

북한은 집단적 키 크기 운동이 효과를 거두지 못하자 직접적 언급을 자제했다. 이는 1980년대 이후 김일성과 김정일의 노작에서 키 크기 운동이라는 단어가 사라진 것에서 찾아볼 수 있다.

나. 성장기의 과도한 노력동원

남한에 입국한 탈북민들 속에서 남한 사람에 비해 목이 긴 체형을 찾아보기 어렵다. 일부 경우 다리가 상체보다 짧은 경우가 적지 않다. 이러한 신체구조의 변화는 장기간동안 식품이 부족한 속에서 과도한 육체노동에 노출된 것과 연관이 있다.

사람의 뼈는 24시간 계속 자라는 것이 아니라 잠잘 때와 휴식하는 경우 성장하게 된다. 과도한 육체적 부담이 지속되는 경우 뼈와 뼈 사이의 성장판이 압박을 받아 성장을 억제시킨다. 청소년들의 뼈는 많은 부분이 무른 성질을 갖고 있어 외부에서 가해지는 이러저러한 물리적 압박에 의해 그 형태가 쉽게 변화된다. 북한사회에서는 청소년들이 어릴 때부터 농촌동원을 비롯해 성장판을 압박하고 충분한 수면을 방해하는 과도한 육체노동에 동원되고 있다.

평양시나 주요 도시를 제외한 대부분의 지역, 특히 농촌지역에서는 청소년들이 농촌동원 노력으로 활용되고 있다. 주로 봄에는 영양단지 옮

한국교육개발원, 2009), p. 24.

겨심기, 여름에는 김매기, 가을에서는 추수, 초겨울에는 이삭줍기 등 계절별로 청소년들을 동원한 농촌지원이 일상화되고 있다. 증언에 따르면[64], 소학교 시기에는 방과 후 밭의 돌을 걷어 내거나 김을 매는 작업에 동원되는 경우가 많았다. 오전수업이 끝나면 각자 집에 가서 점심을 해결하고 작업도구를 챙겨 다시 학교에 모여 대열을 지어 "농촌지원전투"에 동원되곤 했다. 교사들이 그날 제시된 과제를 하지 못하면 학생들을 집으로 보내지 않기 때문에 집에 돌아오면 깜깜해지는(날이 어두워지는) 경우가 많았다고 한다.

북한의 아동들 대부분이 만성적인 영양결핍에 걸려 있어 어린나이에 가해지는 과도한 노동은 뼈의 성장발육을 억제할 뿐 아니라 골관절 질환을 유발하는 원인으로 된다. 한국의 표준 질병 사인분류에 따라 탈북민 환자 2,210명의 주 진단을 분류한데 의하면, 근육골계통 및 결합조직 질환이 253명(11.4%)으로 우선순위에서 두 번째로 많다.[65]

7. 주민들의 노력 한계

북한에서 신체왜소가 확산된 것은 위에서 지적한 국가정책 상의 문제점도 있지만, 이에 대한 주민들의 노력의 한계와도 연관이 있다. 신체

64 북한인권시민연합, 『왕이라 불리는 아이들』(서울 : 생명과 인권, 2009), pp. 188-189.

65 김종흥, "북한이탈주민 진료센터 이용환자 실태,"「북한이탈주민 의료지원개선 방안에 관한 정책세미나」, 홍사덕 국회의원실 주최(2008), p. 38.

왜소 발생과 관련해 정부 대책을 촉구하는 주민들의 조직적 행동은 찾아볼 수 없다. 당국의 요구대로 주민들은 식품 부족의 환경에 대한 적응에 관심을 두고 있다. 이는 1990년대 "고난의 행군" 시기 식품 부족에 따른 주민들의 노력 행태를 통해 설명할 수 있다. 대부분의 북한주민들은 식량난에 대처해 식품을 구입하기 위한 사경제활동보다는 국가 배급을 기다리거나 한 끼 식사량 및 하루 식사횟수 줄이기, 협동농장에 있는 친척에게 도움받기 등에 매달렸다. 이러한 경향은 최근까지 이어지고 있다.

WFP/FAO/UNICEF 보고서에 따르면[66] 인터뷰를 진행한 가정의 2/3에 가까운 가구는 1주일 가운데 최소 하루에 해당하는 식사량을, 1/4 가구는 매일 식사량을 줄인다고 답했다. 식사를 준비할 때마다 식사량을 늘이기 위해 약 40%의 가구는 매일, 75%의 가구는 주 1회 이상 물을 넣는다고 답했다. 약 절반 정도의 가구는 인터뷰를 진행하기 전 1주일 동안 식량부족으로 하루 식사 횟수를 1회 혹은 그 이상 줄였다고 답했다. 또한 도시에 살고 있다는 응답자 가구의 60%가 협동농장에 있는 친척들로부터 최근 6개월 이내에 도움을 받은 적이 있다고 답했다.

〈표 5-13〉 대기근에 대처한 주민들의 노력[67]

대응방식	응답수	빈도(%)	인원빈도(%)
나무 · 산나물 · 옷 등으로 장사	371	26.1	49.5
가구나 집기를 팔아 돈을 마련	295	20.7	39.4

66 WFP/FAO/UNICEF합동조사단, 번역 및 정리 : 노유경·김영훈, 『북한의 식량사정 긴급조사 보고서』, pp. 40-41.

67 우리민족서로돕기 불교운동본부, 『북한 식량난 실태』(1998. 5), p. 17. 김병로·김성철, 『북한사회의 불평등 구조와 정치사회적 함의』(서울 : 민족통일연구원, 1998), p. 58.

풀뿌리 · 벼뿌리 · 소나무껍질 섭취	288	20.3	38.5
친지들의 도움	155	10.9	20.7
도둑질	55	3.9	7.3
집매매	50	3.5	6.7
뙈기밭 경작	43	3.0	5.7
구걸	42	3.0	5.6
식량구하려 타지 이동	37	2.6	4.9
약초채취로 식량구입	23	1.6	3.1
하루벌이	10	0.7	1.3
기타	53	3.7	7.1
합계	1,422	100.0	189.8

2장 | 권력의 의도와 정책집행에서 본 실패 원인

1970년대 말 신체왜소 발생 후 북한이 내세운 대책은 신체왜소 발생 경로를 차단하기 위한 것이 아니라 이를 억제하기 위한 것이었다. 식품생산을 늘이기 위한 근본적인 대책에는 관심이 적었다. 이 책의 2부 3장에서 살펴본 것과 같이 신체왜소는 국가권력이 각인된 결과로 나타난다. 그렇다면 북한사회 신체왜소가 당국이 의도한 것인가? 그 진위는 앞서 설명한 주제별 실패원인 뿐 아니라 이 장에서 논의되는 권력의 의도와 정책집행 사이의 관계에 의해 설명이 가능하다.

1. 권력의 의도와 정책집행 관계

권력의 의도는 정책집행에 따른 결과를 통해 드러난다. 이 경우 권력의 의도대로 집행되지 않고 여러 가지 제약요인 때문에 차질이 발생할 수 있다. 국가정책은 결정단계부터 시작해 집행단계를 거쳐 완성되므로 정책이 성공 혹은 실패하게 된 원인도 두 가지로 구분해 볼 수 있다. 즉 결정단계 에서의 원인과 집행단계에서의 원인이다. 또한 정책결정 집단과 집행대상 집단과의 관계[68]에 의해서도 정책집행에서 차질이 생길 수 있으므로 성공과 실패도 대상 집단의 순응이나 불응에 의한 것으로 구분해

---

68 남궁, 『정책학』(서울 : 법문사, 2012), pp. 508-509.

볼 수 있다. 북한에서의 권력 의도와 정책집행 사이의 차질은 결정단계에서의 원인에 해당되므로 이 책에서는 이 부분만 논의하려 한다.

권위주의체제일수록 정책이 권력의 의도에 맞게 결정되었음에도 실패하게 되면 정책결정 단계에서의 잘못보다는 집행단계에서의 잘못으로 전가되는 경우가 많다. 이와 함께 집행단계에서 천지재해와 같은 어쩔 수 없는 난관이 제기될 수 있다. 이 경우 권력의 의도와는 다르게 정책이 실패할 수도 있다. 이와 유사하지만 다른 경우도 있다. 즉 아무리 국민의 의사에 맞는 정책이 결정되었다고 해도 실행을 위한 후속조치가 나오지 않는다면 정책이 실패할 수도 있다는 것이다.

정책실패의 원인은 정책집행에 따른 결과와 과정 중 어느 것을 중심에 놓는가에 따라 평가가 달라진다. 결과를 중시하면 정책집행을 위한 과정, 다시 말해 정책집행을 위한 노력이 생략되므로 정책의 성공이나 실패의 원인을 정책 결정과정에서 찾을 가능성이 크다. 이 경우

의 의도에 문제가 없었다고 해도 결과는 실패한 것으로 평가가 달라진다. 즉 권력의 숨은 의도가 있었다는 것, 이러한 의도가 현실로 드러난 것으로 인해 실패했다고 평가될 수 있다. 반면 정책집행을 위한 과정을 중시하면, 정책집행에 따른 결과가 강조되지 않으므로 정책의 성공이나 실패 원인을 정책집행을 위한 과정에서 찾게 된다. 이로 인해 권력의 의도에 문제나 권력자의 숨은 의도가 있음에도 은폐된다.

이상을 통해 권력의 의도로 인하거나 권력이 의도하지 않았음에도 정책집행과정의 잘못으로 신체왜소가 나타날 수 있음을 알 수 있다.

그렇다면 북한사회 신체왜소는 위의 경우 중 어디에 해당하는지 의문이 든다. 이는 신체왜소 극복정책 추진 배경, 국정운영에서의 경로 의존성을 통해 설명할 수 있다. 전자는 북한이 신체왜소를 의도했다고 결론짓기 어려운 근거로, 후자는 신체왜소를 극복하기 위한 정책집행이 실

패로 이어질 수 있는 원인으로 볼 수 있다.

2. 신체왜소 극복 정책의 추진배경

가. 국가는 어린이의 보모

북한은 어린이들 사이의 신체왜소를 극복하기 위해 많은 관심을 보여 왔다. 이는 국가가 어린이 양육과 관련해 내세운 명분, 어린이 신체발육의 중요성에 대한 인식과 관련된다.

"어린이들을 키가 크고 몸이 튼튼하게 잘 키우는 것은 나라와 민족의 전도와 관련되는 매우 중요한 문제입니다. 나는 어린이들은 키가 크고 몸이 튼튼하게 잘 키우는 것이 중요하기 때문에 그에 대하여 기회가 있을 때마다 강조했습니다."[69]

> "어린이들의 키를 크게 하는 것은 나라의 전도와 관련되는 중요한 문제의 하나입니다."[70]

---

69 김일성, "수산업을 더욱 발전시키며 소금생산을 더욱 늘일데 대하여(경제부문책임일꾼 협의회에서 한 연설, 1989. 3.20-21.)" 『김일성저작집』 제41권(평양 : 조선노동당 출판사, 1995), pp. 342-345.

70 김일성, "과학교육사업과 인민보건사업에서 새로운 전환을 일으킬데 대하여(조선로동당중앙위 제6기 13차 전원회의에서 한 결론 1988.3.7.-11.)" 『김일성저작집』 제41권(평양 : 조선로동당출판사, 1995), p. 38.

또한 어린이 신체발육에 대한 국가의 위치와 책임을 강조하는 김일성의 발언에서 엿볼 수 있다.

"우리나라에서는 어린이들을 국가에서 맡아 키우고 있는 것만큼 어린이들을 튼튼하게 잘 키우지 못하면 그에 대하여 국가가 책임을 져야 합니다."[71]

"우리나라에서는 국가가 전체 어린이들의 보모라고 말할 수 있습니다. 우리가 보모구실을 책임적으로 잘하여 어린이들을 뼈가 굵고 키가 크고 몸이 튼튼하게 잘 키워야 합니다."[72]

"우리가 어린이들을 탁아소와 유치원에서 국가와 사회의 부담으로 키우고 있는 조건에서 그들을 튼튼하게 더 잘 키우려면 단백질과 칼시움, 미량원소가 많이 들어있는 과일제품, 남새제품, 물고기제품, 다시마제품, 술당콩 제품 같은 식료가공품을 충분히 공급해주어야 합니다[73]

"어린이들의 키를 크게 하는 문제는 민족의 장래와 관련되는 매

---

71 김일성, "닭 먹이 문제를 풀어 고기와 알 생산을 늘이자(가금부문 책임일꾼 협의회에서 한 연설, 1993.5.7.)" 『김일성저작집』 제41권(평양 : 조선노동당 출판사, 1995), p. 295.

72 김일성, "과학교육사업과 인민보건사업에서 새로운 전환을 일으킬데 대하여(조선로동당중앙위원회 제6기 13차 전원회의에서 한 결론 1988.3.7.-11.)" 『김일성저작집』 제41권(평양 : 조선노동당 출판사, 1995), pp. 56-57.

73 김일성, "지방산업을 더욱 발전시키자(전국지방산업일꾼 대회에서 한 연설, 1980.6.10.)" 『김일성저작집』 제35권(평양 : 조선노동당 출판사, 1987), p. 177.

우 중요한 문제입니다. 우리나라에서는 어린이들을 국가가 맡아 키우는 것만큼 어린이들의 키를 크게 하는 문제를 국가적으로 풀어야 합니다."[74]

북한은 식품이 부족한 조건에서 어린이들에 대한 우선 공급 보장에 관심을 두고 있다.

"국가적인 공급체계를 정연하게 세우고 어린이들을 잘 먹여야 하며 어른들에게는 비록 부족한 것이 있더라도 어린이들에게는 모든 것을 충분히 보장해 주어야 합니다.[75]

나. 국민건강은 체제수호, 나라의 흥망

북한 당국이 주민들의 신체왜소에 관심을 가진 것은 국민건강에 대한 인식과 관련이 있다.

첫째, 북한은 국민건강을 방위력 강화를 통한 체제수호와 연결되는 중요한 문제로 보고 있다.

"몸이 튼튼하고 키가 커야 사회주의 건설에 적극 이바지할 수 있으며 미제국주의자들과 싸워 승리할 수 있습니다. 튼튼한 체력은

---

74 김일성, "조선노동당 중앙위원회 제6기 제10차 전원회의에서 한 결론, 1984.12.10." 『김일성저작집』 제38권(평양 : 조선노동당 출판사, 1992), pp. 407.

75 김일성, "공산주의 시책(정무원 책임일꾼들과 한 담화, 1985.10.22.)" 『김일성저작집』 제39권(평양 : 조선노동당 출판사, 1993), p. 211.

국방력의 하나입니다."[76]

국민건강이 국가경쟁력의 한 부분이고 국민의 한 사람인 군인들의 신체건강과 연결되는 조건에서 북한이 휴전선 남한 군인에 비해 왜소한 북한 군인을 원했다고 볼 수 없다. 북한의 이러한 인식은 "체육을 대중화하여 전체 인민들을 노동과 국방에 튼튼히 준비시키자"의 구호에서 읽을 수 있다.

둘째, 북한은 국민건강이 국력의 중요한 구성부문으로 나라의 흥망과 관련한 문제로 보고 있다.

> "체육을 널리 발전시켜 전체 인민들의 몸을 튼튼하게 하는 것은 나라의 흥망을 결정하는 중요한 문제의 하나라고 말할 수 있습니다. 어떤 나라든지 그 나라가 강한가, 약한가 하는 것은 그 나라 인민들이 육체적으로, 정신적으로 얼마나 강한가, 약한가 하는 것과 많이 관련되어 있습니다."[77]

셋째, 국민건강에 대한 북한의 인식은 김정일 정권에 와서도 그대로 이어지고 있다. 김정일은 튼튼한 체력이 인간의 모든 활동의 기초라고 지적했다.

---

76 김일성, "사로청조직들앞에 나서는 몇 가지 과업에 대하여(사로청중앙위원회 일꾼들 앞에서 한 연설, 1977.2.25.)" 『김일성저작집』 제32권(평양 : 조선로동당출판사, 1986), p. 63.

77 김일성, "체육을 대중화하여 전체 인민들을 로동과 국방에 튼튼히 준비시키자(전국 체육인대회에서 한 연설, 1969.11.4.)" 『김일성저작집 』 제24권(평양 : 조선로동당출판사, 1983), p. 289.

"사람이 건장하고 튼튼한 체력을 가지지 못하면 창조적 능력을 가진 힘있는 존재로 될 수 없습니다. 사람의 모든 활동은 체력에 의해 담보됩니다. 사람의 육체적 활동은 말할 것도 없고 정신활동도 건장한 체력에 의해 담보될 때에만 원만한 것으로 될 수 있습니다."[78]

다. 신체왜소 확산 우려

북한 당국이 신체왜소를 극복하기 위해 대응한 것은 식품이 부족한 조건에서 신체왜소가 확산될 수 있다는 우려에서 나온 것으로 보인다. 이는 김일성의 발언에서 읽을 수 있다.

"다른 인민군부대들에 가보아도 지난 조국해방전쟁시기에 태어난 사람들은 거의 다 키가 작습니다. …항일무장투쟁시기에도 다 자라서 유격대에 입대한 사람들은 비교적 키가 컸지만 어려서 소년중대에 들어와 생활하다가 유격대에 입대한 사람들은 키가 작았습니다. 그때 소년중대에 입대하여 생활한 사람들은 어려서 짐을 많이 지고 다녔고 먹을 것을 제대로 먹지 못했기 때문에 키가 크지 못했습니다.

어릴 때 영양분이 많은 음식을 먹지 못하고 자란 사람들은 키가 크지 못하지만 영양분이 많은 음식을 제대로 먹고 자란 사람들은 키가 큽

78 김정일, "체육을 대중화하며 체육기술을 빨리 발전시킬데 대하여(체육부문 일꾼들과 한 담화, 1986.5.19.)" 『김정일선집』 제8권(평양 : 조선로동당출판사, 1998), p. 401.

니다."[79]

청소년들의 신체왜소가 중장기적으로 주민 전반의 신체왜소로 이어질 수 있다는 우려 역시 김일성의 발언에서 찾을 수 있다.

> "국가에서 어린이들과 학생들을 맡아 키우고 있는 조건에서 그들의 신체발육에 대하여 관심을 돌리지 않으면 우리나라 사람들의 키가 다른 나라 사람들보다 작아질 수 있습니다. 자료에 의하면 지금 어느 한 나라 사람들은 키가 제2차 세계대전 직후에 비하여 평균 5㎝인가 더 커졌다고 합니다. 사람들의 키가 평균 5㎝ 더 커졌으면 그것은 대단합니다. 다른 나라 사람들은 키가 커지는데 우리나라 사람들은 키가 커지지 않는다면 그것은 심각한 문제입니다."[80]

이밖에도 식품수요에 대한 시장의 기능을 억제한 조건에서 국가의 식품공급제 운영이 제대로 되지 않으면 신체건강에 부정적 영향을 미칠 수 있다는 인식 때문인 것으로 보인다.

> "사회주의 사회에서는 상품이 개인 상업을 통하여 공급되는 것이 아니라 국가 상업기관을 통하여 공급됩니다. 국가 상업기관이 공급사업을 잘하지 않으면 인민들이 필요한 물품을 해결 받을 데

79 위의 책, pp. 295-296.

80 김일성, "칠색송어를 대대적으로 기를 데 대하여(수산부문일꾼들과 한 담화, 1984.4.26.)" 『김일성저작집』 제38권(평양 : 조선노동당 출판사, 1992), p. 295.

가 없으며 생활에서 불편을 느끼게 됩니다."[81]

이상에서 보듯이 북한 당국은 체제운영 특성상 식품생산에 대한 투자부족으로 신체왜소가 발생할 수 있다는 우려를 하고 있었으며, 신체왜소 발생 초기에는 그 확산을 막아야 한다는 인식이 높았던 것으로 보인다.

3. 북한의 대응과 경로 의존성의 영향

역사적 행로에서 보면, 북한은 1960년대 경제국방 병진노선을 제시한 이후 오늘날 선군경제운영에 이르기까지 국방공업부문에 대한 우선투자를 지속해왔다. 이로부터 신체왜소를 극복하기 위한 대응은 국방공업을 우선시하면서 진행되었다. 이는 식품생산에 대한 투자를 억제하는 근본요인이었다. 식품 부족을 타개하기 위해 지방정부의 책임을 통한 식품생산 증가에 관심을 두었고 산아제한을 통한 식품수요 제한, 성별 및 직업, 거주 지역에 따른 식품배급 대상을 축소하기 위한 대책도 내놓았다. 이와 함께 부족한 식품을 특정 주민에게 집중시킴으로써 신체왜소가 확산되는 것을 막기 위한 대책도 강구했다. 또한 국가는 필요한 조치를 다 취했음에도 일꾼들에게 잘못이 있다면서 담당관료 숙청도 단행했다. 북한은 시장에 대한 억제가 배급제도 운영의 효과를 높일 수 있는 수단

81 김일성, "함경북도 당위원회앞에 나서는 과업에 대하여(함경북도 당위원회 전원회의 확대회의에서 한 연설, 1992.9.4.)" 『김일성저작집』 제43권(평양 : 조선노동당출판사, 1996), p 355.

으로 보고 있으며, 또한 자본주의 사상의 서식 장으로 인식하고 있다. 시장운영에 대한 이러한 부정적 인식은 식품을 구입할 수 있는 지위를 보장하지 않는 것으로 이어졌고 식품 부족의 환경에 적응시키기 위한 저소비의식 확립에 관심을 두었다. 신체왜소를 우려하면서도 이러한 정책실행을 추구해 온 것은 경로 의존성과 관련된다.

경로 의존성은 특정 제도나 정책이 지속되는 이유를 설명하기 위해 광범위하게 원용되는 개념이다.[82] 경로 의존성이란 일단 경로가 선택되면 과거와 다른 새로운 대안이 더욱 능률적이라도 채택된 경로가 계속 유지되는 속성을 보이며, 시간이 지날수록 다른 경로로 전환하는 데 소요되는 비용이 커지기 때문에 기존 경로에 집착한다는 것이다.[83] 쉽게 말하면 경로를 바꾸지 않으면 비효율적이라는 사실을 알면서도 어쩔 수 없이 기존경로를 유지한다는 것이다. 또한 기존경로가 변경되려면 전쟁이나 혁명과 같은 중대한 전환점이 있어야 한다는 것이다.[84] 이에 따르면 북한의 경우 새로운 경로를 선택하는 것이 많은 위험과 비용을 수반하므로 기존의 경로를 따라가는 것이 가장 안전하다고 생각한다. 이로부터 북한은 신체왜소 극복에 장애가 되는 기존 경로에 집착해왔던 것이다.

신체왜소 극복을 위한 정책추진의 배경과 경로 의존성 개념에 따르면 북한사회 신체왜소는 권력이 의도한 것이 아니라 정책집행 과정의 실패에 따른 것으로 볼 수 있다. 이는 체제운영의 특성 때문으로 신체왜소를 극복하기 위한 북한의 대책은 성공하기 어렵다는 것을 보여준다.

82 하혜수·양덕순, "공무원 정원관리제도의 경로 의존성 연구 : 지방자치단체의 총액인건비제를 중심으로," 『행정논총』, 45권 2호(2007), p. 130.

83 하연섭, 『제도분석 : 이론과 쟁점』(서울 : 다산출판사, 2003), p. 169.

84 전현준, 『김정은 세습 1년에 대한 점검 및 전망』, 통일연구원(2011).

3장 | 신체왜소 극복정책 실패의 은폐 원인

북한사회에서 주민들의 신체왜소는 1970년대 말에 나타났지만 외부세계에는 1990년대 "고난의 행군"에 따른 아사자 발생과 더불어 알려지게 되었다. 민주주의 국가에서 신체왜소가 발생했다면 언론매체의 보도, 정부의 식품정책에 대한 주민들의 시위로 은폐되기 어려웠을 것이다. 이러한 원인은 어디에 있는가? 여기서는 북한 언론의 기능과 외국 언론기관 활동에 대한 통제와 식량부족에 대한 책임전가를 통해 살펴보려 한다.

1. 언론의 자율적인 정보전달 기능 부재

가. 북한 언론의 기능

언론의 기능은 크게 사회적 기능과 이념적 기능으로 나눌 수 있다. 이 중 사회적 기능에는 환경감시자적 기능[85], 상관조정자적 기능[86], 그리

85 사회 환경에서 일어나는 사건에 관한 소식이나 정보를 수집, 전달하여 청취자들로 하여금 간접적으로 외부환경과 접촉할 수 있게 하고 이에 적응시키는 기능이다. 뉴스보도를 이러한 기능으로 볼 수 있다. 이강수, 『현대 매스커뮤니케이션 이론』(서울 : 나남, 1991), pp. 126-138.

86 사건에 관한 소식이나 정보 가운데서 중요한 것이 어떤 것인가를 선정하고, 이를 해설하고 평가하여 청취자들이 해당 사안에 대한 이해의 기준을 갖도록 하는 활

고 사회교육자와 문화전달자 기능 등이 있다. 북한 언론의 사회적 기능이라 하면 선동자적 기능, 조직자적 기능, 문화교양자적 기능이라 할 수 있다.

북한의 언론수단에는 신문, 방송 등이 있다. 북한 신문은 보도성과 정론성을 기본으로 하고 있다. 여기서 보도성은 사회정치적으로 의미있는 새로운 소식을 민감하게 포착하여 광범한 사람들에게 신속정확하게 알려주는 것을 뜻하며, 정론성은 초미의 사회정치적 문제를 논해 그에 대한 견해와 입장을 천명하고 대중을 투쟁으로 고무·추동하는 신문의 기본속성이다.

조선중앙방송위원회에서 1985년 발간한 『방송리론』에 따르면, 방송은 대중적이며 종합적인 선전수단이며 힘있는 사상문화 교양수단으로서 곧 당의 목소리라고 주장하고 있다. 김정일은 방송사업에 대한 지도에서 기본은 방송사업이 당 정책 선전에서 탈선하지 않도록 이끌어주는 것이라고 지적했다. 지난 2011년 2월 인민문화궁전에서 진행된 '전국기자·언론인 대회' 때 김정일은 참석자들에게 '기자·언론인들은 강성대국건설대전의 진군나팔수이다'라는 서한을 보냈다.

북한에서 신문과 방송은 국가의 방침을 해설·선전하고 옹호·관철하여 인민들의 정치사상과 통일단결을 강화하는 기능을 수행하고 있다. 이 기능은 방송운영체계, 방송운영자들에 대한 당국의 관심과 연계되어 있다.

북한에서 보는 언론기관은 노동당 선전선동부의 지도하에 운영된다. 방송내용과 편성 그리고 방송인들에 대한 인사권은 노동당에서, 방송시설 운영이나 재정 등 행정 실무적 업무는 내각 체신성에서 주관하고

동이다. 신문방송의 사설이나 논평 등을 말한다. 같은 책, p. 131.

있다.

북한에서 방송인에 대한 대학교육은 평양연극영화대학을 통해 이루어지고 있다. 방송원은 화술학과에서, 탤런트는 배우학과와 연기학과에서 카메라맨은 촬영학과에서 양성하고 있다. 교육생 선발부터가 노동당 선전선동부에서 진행하고 있어 출신성분과 당성이 특출한 집단으로 꾸려졌다. 따라서 방송인 직업은 북한에서 누구나 선택할 수 없는 직업이다. 공훈방송원이나 인민방송원 칭호를 받은 방송인은 연 3회 이상 통치자의 명의로 된 식품 및 생필품이 들어있는 선물을 받는다.[87] 당국의 이러한 관심과 통제로 인해 북한사회에서 언론의 자율적인 정보전달은 불가능하다.

나. 북한지역에서 외국 언론기관의 활동

2011년 북한에 지국을 두고 있는 외국 언론사는 다섯 개로 알려져 있다. 중국의 관영통신사인 신화통신과 CCTV, 러시아의 이타르타스 통신, 미국의 AP통신, 영국의 로이터 통신, 일본의 교도통신이다. 겉으로 보면 국제적으로 영향력 있는 통신사를 대상으로 언론을 개방하려는 시도로 보인다.

그러나 내막은 그렇지 않다. 북한과 외국통신사 활동에 대해 합의를 본 5개 통신사의 특파원 활동은 거의 이루어지지 않고 있다. 중국통신만 현지 특파원을 파견하고 있다. 교도통신의 특파원 활동은 북한직원이 대신하고 있으며, AP통신이나 로이터 통신은 북한이 제공하는 영상

87 박우용, 『북한방송편람』(서울 : 커뮤니케이션북스, 2004), pp. 343-342.

을 단순히 재송출하는 정도이다.[88]

북한은 평양에 지국을 둔 통신사들의 취재를 중요 국정사안에 대한 발표나 외부지원 유인, 미국과의 관계개선에 필요한 사안이 있는 경우에만 허용하곤 한다. 지난 1월 16일 양형섭 최고인민회의 상임위원회 부위원장을 통해 미국 AP통신과의 회견을 마련하고 김정은 당중앙 군사위원회 부위원장이 중국 등 다른 국가의 경제개혁 사례를 연구하고 있다고 밝힌 것을 예로 들 수 있다.[89]

북한은 또한 평양에 주재하는 통신사에 왜곡된 정보를 제공하는 경우도 적지 않다. 북한과 고화질 영상을 독점적으로 공급받는 데 합의를 본 AP통신은 사진조작 의혹에 휘말린 적도 있다. 지난 2010년 7월 16일 조선중앙통신사에서 수해사진을 받은 AP통신은 이를 다른 언론사에 전송한 후에 가짜일 가능성이 높다고 이를 게재하지 말라고 다시 통보한 경우도 있다.[90] 북한과 뉴스영상의 독점적인 공급을 계약한 로이터 통신도 2008년 북한이 제공한 사진 의혹에 휘말린 다음부터는 각별한 조치를 취하고 있다.[91] 영상을 내보낼 때는 영상제공자가 조선중앙통신사이며 "로이터는 이 자료의 정확성을 확인할 수 없다"는 주의 메시지를 함께 내보고 있다.[92]

---

88 남정호, "서방언론의 북한진출 그 실상과 한계,"《관훈저널》(서울 : 관훈클럽, 2011), pp. 138-139.

89 《연합뉴스》, 2012년 1월 18일.

90 2011년 7월에 있는 집중수해로 물바다로 변한 평양 시내를 6-7명의 주민이 걸어가는 모습을 찍은 장면인데, 옷차림이 하나와 같이 깨끗한 점, 물밖에 드러난 바지가 말라 보이는 점 등이 조작을 의심할 수 있는 근거로 제기되었다.

91 김정일이 군인들과 함께 찍은 사진인데 오래된 사진을 손질한 뒤 끼워 놓은 합성사진으로 조작 의혹을 받았다.

92 남정호, "서방언론의 북한진출 그 실상과 한계,"『관훈저널』, p. 144.

2. 식품 부족에 대한 책임전가

북한사회에서 신체왜소는 식품이 지속적으로 과도하게 부족한 데 따른 것이다. 북한은 식품난의 이러한 원인을 외부에 돌리면서 주민들의 불만을 잠재우기 위한 대책을 강구했는데 이는 두 가지로 요약해 볼 수 있다. 첫째는 식품정책 실행과 관련이 있는 개별적 관료숙청이고 둘째는 제국주의 경제봉쇄를 내세운 주민설득이다.

가. 신체왜소 발생에 대한 북한의 인식과 관료숙청

북한은 식품 부족에 대한 국가의 책임보다는 개별적 일꾼들의 잘못을 강조하고 있다. 북한은 주민들, 특히 어린이들의 신체건강을 위해 국가는 모든 조치를 강구했다고 언급하고 있다.

> "나는 우리 어린이들을 국가에서 맡아 키우기 때문에 그들의 건강에 대하여 특별히 관심을 돌리고 있습니다. 나는 탁아소, 유치원을 내온 첫 시기부터 어린이들에게 영양공급을 잘 할데 대하여 강조했으며 필요한 조치를 다 취했습니다."[93]

그러면서 어린이들의 키가 작은 원인은 일꾼들이 당의 의도대로 사

---

93 김일성, "과일나무생산을 늘이고 기름나무림을 많이 조성할데 대하여(경제부문일꾼협의회에서 한 연설, 1993.10.3.)" 『김일성저작집』 제44권(평양 : 조선노동당 출판사, 1996), pp. 243-245.

업을 제대로 집행하지 못한 데 있다고 강조했다.

> "나는 이미 오래전부터 어린이들을 키가 크게 키울데 대하여 강조하여 왔습니다. 그런데 아직도 우리 어린이들의 키가 그리 크지 못합니다. 어린이들을 키가 크게 키우지 못한 책임은 전적으로 우리 일군들에게 있습니다."[94]

김정일은 1996년 12월 김일성종합대학교 연설에서 "오늘 식량문제로 무정부 상태가 조성되고 있는 데는 정무원을 비롯한 행정경제기관 일꾼들에게 책임이 있지만, 당 일꾼들에게도 문제가 있다"고 강조했다.[95]

이에 따라 식품정책 집행에서 발생한 문제를 개별적 간부들의 책임으로 전가한 사례가 적지 않다. 1990년대 들어 그간의 식량생산량 부족에 따른 아사가 현실로 드러나자, 북한은 농업생산의 실패 책임을 서관희 노동당 농업비서에게 떠넘겼다. 그의 죄명은 한국전쟁시기 이력을 기만하여 당 대열에 잠입해서는 주체농법의 요구가 관철되지 못하도록 야금야금 책동함으로써 농업생산에 지장을 주었다는 것이다. 지난 2009년 화폐개혁의 실패와 관련해 노동당 계획재정부장이었던 박남기를 처형한 것도 책임회피에 따른 사례이다.

94 김일성, "과학교육사업과 인민보건사업에서 새로운 전환을 일으킬데 대하여(조선로동당중앙위원회 제6기 13차 전원회의에서 한 결론 1988.3.7.-11.)" 『김일성저작집』 제41권(평양 : 조선노동당 출판사, 1995), pp. 56-57.

95 《월간조선》1997년 4월 ; 돈 오버도퍼(이종길 역), 『두개의 한국』(서울 : 길산, 2002), pp. 571-572.

나. 제국주의 경제봉쇄 선전과 한계

북한은 주민들에게 식품 부족이 “제국주의의 경제봉쇄”에 의한 것이라고 선전했다. 식품생산에 대한 투자가 제대로 이루어지자면 수출을 통해 외화를 벌어야 하는데 제국주의 경제봉쇄로 인해 수출이 어렵고 이로 인해 외화수입이 감소했다는 것이다. 실제로 북한이 남한과 국제사회의 경고를 무시하고 미사일 시험이나 핵실험을 감행할 때마다 유엔안보리는 경제제재조치를 취해왔다. 가장 최근의 경제제재로는 2012년 4월 13일 강행한 장거리 미사일 발사와 관련된 제재이다. 이번 제재로 미사일 생산과 관련한 압록강개발은행과 청송연합, 조선흥진무역회사 등 11개 기업에 대한 자산동결과 회원국간 거래가 금지되었다. 2009년 5월 북한의 2차 핵실험 이후 유엔안보리는 1874호를, 2006년 1차 미사일 발사와 핵실험 이후에는 유엔안보리 결의안 1695호와 1718호를 통과시켰다.

국제사회가 유엔안보리를 통해 3년에 1차씩 경제봉쇄를 취해 왔는데, 이로 인해 북한에서는 수출입 감소를 비롯해 적지 않은 피해를 입어야 했다. 그러나 최근 연구 자료에 의하면 북한의 무역규모가 국제사회의 경제제재 이후 오히려 늘어난 것으로 분석되고 있다. 김상기는 북한에 대한 국제사회의 경제제재 효과를 파악하기 불가능하다고 주장하고 있다.[96] 그는 경제제재를 여러 영역으로 구분하고 이에 미치는 경제적 및 행태적, 제재성 요인으로 구분하여 살펴보았다. 그에 따르면 경제제재의 유효성을 높이는 요인과 함께 이를 제약하는 요인도 북한에서 작용하고 있다. 북한이 경제제재에 적응해 나가고 있는데, 이로 인해 1998년 이후 무

96 김상기, 『대북경제재재의 유효성 분석 : 실태와 효과』, 정책연구시리즈 2007-90 , 한국개발연구원, 2007.

역규모가 커지고 있는 것을 발견할 수 있었다. 정형곤, 방호경의 연구에서는 2006년 북한의 미사일 발사와 1차 핵실험에 따른 국제사회의 경제제재 시점에서 북한의 수출입이 오히려 늘어난 것으로 분석되었다.[97]

이러한 원인으로 중국이나 러시아를 비롯한 일부 나라들이 안보리 결의를 충실히 이행하지 않는 것을 들고 있다. 실제로 경제제재 이후에도 북중간의 무역이 더욱 활성화 되어, 이에 따라 북한의 수출입이 증가하고 있다. 2000~2004년 동안 북한과 중국의 무역증가는 북한 경제성장률을 매년 약 3.5% 상승시킨 것으로 나타나고 있다.[98]

선행연구는 북한이 주장하는 제국주의에 의한 경제봉쇄가 식품 부족의 근본원인이 아니라는 것을 보여준다. 이를 논증하는 사례는 쿠바에서 찾아볼 수 있다. 쿠바는 북한과 마찬가지로 과거에도 그렇고 오늘도 미국의 경제제재에서 벗어나지 못하고 있다. 그러나 소련의 붕괴로 35% 축소되었던 쿠바경제는 1993년 바닥을 친 후 2005년부터 시작해 10% 이상의 경제성장률을 보이고 있다.[99] 그 비결은 내부 개혁과 유럽국들을 대상으로 한 개방에 있었다.

이상에서 보았듯이 북한사회의 식품부족 환경 조성은 북한이 선전하는 제국주의 경제봉쇄에 의한 외부 요인보다 투자배분과 같은 내부 요인의 영향이 컸다.

97 위의 글, p. 133.

98 이영훈, "북중무역의 현황과 북한경제에 미치는 영향"『금융경제연구』, 제246호(2006).

99 신석호, 『김정일과 카스트로가 경제위기를 만났을 때 : 북한과 쿠바경제의위기와 개혁』(서울 : 전략과 문화, 2008), pp. 29-30.

4장 | 푸코의 몸-권력에서 본 북한사회 신체왜소

2부 3장에서는 푸코의 몸-권력에 근거해 북한사회 신체왜소 설명에 제기되는 문제를 밝혔다. 이번 장에서는 지금까지의 연구에 근거해 푸코가 말한 몸에 대한 권력의 각인을 북한사회 신체왜소에 접목시키는 가능성을 설명하려 한다. 구체적으로 말하면 권력의 작동 환경과 수단에서 보는 몸-권력의 적용가능성이며 권력의 각인을 통해 설명되는 북한사회 신체왜소이다.

1. 몸-권력의 북한사회 적용에 대한 해명

가. 권력의 작동환경과 북한[100]

여러 문제점이 있지만 푸코의 권력론을 적용할 수 있는 이유는 세 가지이다.

첫째, 북한사회에서 규율권력 작동의 보편성과 특수성이다. 북한사회라 해서 근대권력의 보편성, 즉 신체의 생산성과 유용성을 높이기 위한 작용이 무시되는 것이 아니다. 안토니오 그람시가 말했듯이 권력은 강

100 김영희·김병욱, "푸코의 몸권력과 북한사회 신체왜소 적용가능성", pp. 20-23.

제와 동의의 혼합체이다.[101] 강제력 하나만으로 북한사회를 설명하기 어렵다. 북한의 통치행태가 큰 변화가 없이 지속적으로 운영되는 것은 극히 일부분이라도 동의적인 측면을 내포하고 있기 때문이다. 북한과 유사한 개발도상국에서는 권력의 작동이 강제력에 의존하지만, 선진국일수록 동의에 의존하는 것이 일반적 경향이다.

푸코가 말한 권력은 전략이자 관계로 표시되는 힘이 사회적으로 행사되는 과정이므로 비자발적인 복종이 강요되는 환경에서도 적용이 가능하다. 일제강점과 함께 한반도에 상륙한 규율권력이 광복과 함께 북한사회에서 단절되었다고 보기는 어렵다. 그것은 근대권력이 주민통치 수단으로 북한이 내건 일제식민지 통치청산과 무관하기 때문이다. 일제의 규율권력에 의한 통치방식은 광복 후 북한정권에 의해 지속되었는데 체제가 다른 만큼 방법과 내용도 재구성 되었다. 구체적으로 말해 중앙집권 통제와 계획경제운영으로 바뀌었다.

북한은 체제가 처한 상황에 맞게 규율권력을 작동시키고 있어 이에 관심을 두고 살펴보아야 한다. 이 글에서 알 수 있듯이 북한이 신체통제를 통해 생산성, 유용성을 높이려고 한 사례는 신체왜소를 극복하기 위한 일련의 대응에서 찾아볼 수 있다. 북한은 80년대 들어 청소년들의 신장발달에 관심을 두었다. 1984년에 어린이 전문영양연구소를 내왔고 이어 전국에 어린이영양식품공장을 건립하도록 하였으며 학교체육사업의 중심을 국방체육에서 키크기 운동으로 전환하는 등 일련의 대책을 세웠다. 이는 국방분야에 대한 우선부자를 줄일 수 없는 상황에서 신체유용성을 증대시키기 위한 활동에서 들어가는 고비용을 감당하기 어려

101 존 베일리스·스티브 스미스·하영선 외 옮김, 『세계정치사』(서울 : 을유문화사, 2006), p. 252.

워 내세운 대책이라 볼 수 있다.

둘째, 통치집단이 의도하는 목적의 효과를 높이기 위해 규율권력을 행사하는 경우도 있다. 이는 광복 전 일제의 식민지 통치에서도 찾아볼 수 있다. 일제는 "내선일체(內鮮一體)", "동조동근(同祖同根)"을 내세웠는데[102] 이는 한민족의 의식개조를 통해 신체의 유용성을 높이려는 것이다. 북한은 1970년대부터 "온 사회의 김일성주의화"의 슬로건을 내세우고 사상동원을 통해 신체유용성을 높이는데 관심을 두고 있다.

셋째, 푸코의 권력개념이 시대적, 체제적 차이를 갖고 있지만 차용한 경우를 선행연구에서도 찾아볼 수 있다. 이승원은 푸코가 묘사한 권력이 적대와 억압 대신 자발적 복종을 전제하고 있으나 이와 다른 사회적 환경에서도 적용이 가능하다고 지적하였다. 이에 대한 사례로 일제강점기를 들고 있다. 일제 강점기 권력은 서구의 근대권력과는 다르다. 그것은 1930년대 중일전쟁, 1940년대 태평양 전쟁 등 제국주의 전쟁이라는 특수하고도 상대적으로 짧은 시기의 것이라 강제적이고 억압적인 측면이 많았다. 그러나 당시의 사회현상 설명에 유용하다고 주장했다.[103] 박영자는 푸코의 생명정치에 대해 "20세기 사회주의국가에 의해 비판되기는커녕, 더 발전된 형태로 이식되고 수정되었다."[104]고 전제하면서 이렇게 쓰고 있다. 생명정치는 "근대적 현상이고 그 양상의 차이는 있지만, 20세기 사회주의 국가에서도 인간의 이성을 기반으로 과학과 합리주의라는 근대

102 내선일체는 일본과 조선이 하나의 몸과 같다는 뜻이며 동조동근은 조상의 뿌리가 같다는 뜻으로 일제가 한민족을 동화(同化)시키기 위해 만들어 낸 말이다.

103 이승원, "20세기 초 위생담론과 근대적 신체의 탄생," 『문학과 경계』, 창간호(2001, 여름)

104 박영자, "북한의'생명정치(bio-politics)'," 『현대북한연구』, 7권 3호(2005), p. 98.

성과 함께 도입되고 추진되었다."[105] 그는 주민들에 대한 북한권력의 신체통제와 규율전략을 푸코의 생명정치 개념으로 살펴보았다.

나. 권력의 작동수단과 북한[106]

푸코가 말한 규율권력은 신체의 유용성을 높이기 위한 수단이다. 그렇다면 신체왜소 발생의 3대요인이 푸코가 제시한 규율권력을 작동하기 위한 훈육수단과 다름에도 규율권력의 작동수단으로 설명할 수 있는가?

이러한 의문이 제기되는 것은 신체왜소 발생의 3대요인이 신체를 억압해 신체왜소를 발생시키므로 신체의 유용성을 높이는 상반된 수단이 되기 때문이다. 왜소한 신체가 건장한 신체보다 유용성이 높다고 볼 수는 없다. 이와 관련해 규율권력의 본질에 대한 이해가 필요하다. 규율(discipline)이란 "길들여진 신체를 만드는 여러 다양한 기법과 기술을 통틀어 말하는 것"[107] 이고, 이를 위해 행사되는 것이 권력이다. 규율권력의 목적은 특정한 목적에 맞게 길들여진 인간의 몸이 갖는 유용성 진작에 있다. 즉, 정권에 복종하는 생산력이 뛰어난 존재로 만들어 정권유지에 기여하도록 하기 위한 것이다.

규율의 의미, 행사목적에서 알 수 있듯이 신체의 유용성을 높이는데 전제되는 것이 특정한 목적수행에 기여할 수 있는 신체이다. 다시 말해 건장한 신체만이 특정한 목적수행에 길들여진 신체라고 볼 수 없으

---

105 위의 책, p. 99.

106 김영희·김병욱, "푸코의 몸권력과 북한사회 신체왜소 적용가능성", pp. 25-27.

107 양운덕, "푸코의 권력계보학," 『경제와 사회』, 35(1997), p. 116.

며, 건장하게 만들어진 것만이 규율권력의 수단으로 된다고 볼 수 없다.

푸코는 규율권력이 몸을 길들이기 위해 신체의 배치나 조작 뿐 아니라 전술 등 여러 가지 수단을 구사한다고 썼다. 이는 푸코가 제시한 수단밖에도 신체의 유용성을 높이기 위한 다양한 수단이 있음을 시사한다. 푸코가 권력의 몸에 대한 훈육수단으로 시간이나 공간배치와 같은 교정기술을 제시한 것은 당시의 산업화 시대의 환경에서 주민들의 일상에 대한 논의에 초점을 맞추었기 때문으로 보인다.

북한은 식품부족의 환경에 맞게 주민들의 신체를 길들이고 이를 통해 신체의 유용성을 높이는데 관심을 두었는데, 이를 위한 대책이 신체왜소 발생의 3대요인으로 자리 잡았다. 신체의 유용성을 경제적 시각에서 보면, 규율은 몸의 능력을 증가시키지만, 정치적 시각에서 보면 길들이기에 의한 복종으로 인해 몸의 능력을 감소시킨다.[108] 결국 신체의 유용성은 몸에 대한 능력의 증가와 감소라는 양면을 동시에 포함하고 있다. 신체왜소 발생의 3대요인은 경제적 시각에서는 몸의 능력 감소로 보이지만, 정치적 시각에서는 몸의 능력 증가로 볼 수 있다.

이상을 종합하면 신체왜소 발생의 수단은 푸코가 말한 훈육기술과 다르지만, 규율권력의 작용으로 볼 수 있다.

2. 권력의 각인에서 본 북한주민 신체왜소[109]

108 고원, "미셸 푸코와 몸의 역사," p. 97.

109 김영희·김병욱, "푸코의 몸권력과 북한사회 신체왜소 적용가능성," pp. 29-31.

푸코는 권력의 작용이 몸에 각인된다고 하면서 각인된 모습은 권력이 의도한 결과라 했다. 그렇다면 북한주민의 신체왜소를 어떻게 설명할 수 있는가? 북한당국이 의도한 것이 신체왜소라고 볼 수 없다. 신체왜소는 권력의 의도가 실현되지 않은 결과이다. 신체왜소를 극복하기 위한 북한 나름대로의 대응이 실패한 결과이다.

권력은 항상 자신이 의도하는 결과만을 생산한 것은 아니다. 때로는 자신의 존재 기반을 위협하는 모순적인 결과를 스스로 만들어내기도 하는데 이로 인해 권력의 몸에 대한 작용은 실패한 것으로 각인될 수도 있다. 권력의 의도가 몸에 각인되는 경우 권력의 의도가 실현된 복종하는 몸과 이와 반대인 반항하는 몸이 생겨날 수 도 있다. 또한 5부 2장 권력의 의도와 정책집행에서 본 실패원인에서 설명한 것과 같이 정책집행 과정에서 의도적 혹은 비의도적 오류로 인해 권력의 의도가 실현되지 않은 몸도 생겨날 수 있다.

푸코는 몸-권력에 대해 논의하면서 권력의 의도가 실현되지 않은 몸이 생겨날 수 있는 것에 관심을 두시 않았나. 그것은 푸코가 몸-권력에 대한 논의에서 권력이 신체에 침투하는 방식에 관심을 두었기 때문이다.[110] 예컨대 개인들의 신체를 합리적으로 계산된 공간 좌표안에 배치하거나, 정교하게 신체의 각 동작시간을 배분하는 것이었다. 이와 관련해 강미라는 "푸코가 우리의 몸이 어째서 규율을 받아들일 수 있는지 혹은 규율에 반할 수 있는지를 말해주지 않는다."고 반문한다.[111]

푸코의 몸-권력론에 따르면, 북한주민 신체왜소는 권력의 의도가

110 양운덕, "미시권력의 작용과 생명의 정치: 푸코의 권력분석틀과 아감벤의 근대 생명정치학 비판," 『철학연구』 제36집(2009), p. 185.

111 강미라, "메를로퐁티의 몸-주체와 푸코의 몸-권력의 비교", p. 3.

실현되지 않은 것으로 볼 수 있다. 식품분야에 작동하는 권력은 눈에 보이는 기구형태로 존재하지 않는데 이는 푸코가 말한 대로 권력이 실체이라기보다 전략이고 기술이기 때문이다. 또한 식품권력에 의한 지배효과가 소유에 의해서가 아니라 배치나 조작 등에 의해서 이루어지기 때문이다. 북한의 경우 노동당의 방침과 지시라는 무형적인 정책수행을 통해 그 결과가 나타난다. 규율권력이 몸에 각인되는 경우 권력의 의도가 실현된 복종하는 몸과 이와 반대인 반항하는 몸이 생겨난다. 이와 유사하게 식품분야에 대한 권력의 의도가 실현된 건장한 신체와 실현되지 않은 왜소한 신체가 생겨난다.

북한주민 신체왜소는 그간에 실행된 식품부족정책 실행, 시장억제제도 운영, 저소비의식 확립에 의한 것으로, 권력의 의도가 실현되지 않은 것으로 볼 수 있다. 이는 북한이 목적하는 노동과 국방에 튼튼히 준비할 수 있게 체력이 길들여지지 않았다는 것을 의미한다.

6부

신체왜소의 지속 메커니즘과 극복 가능성

부족경제 운영으로 인한 식품 부족은 사회주의권의 보편적 현상이었다. 그러나 북한에서와 같이 신체왜소가 전 사회에 확산되고 십여 년간 지속되어온 사례는 찾아볼 수 없다. 여기서는 북한사회 신체왜소를 지속시키는 메커니즘에 대한 설명과 더불어 이것의 극복 가능성을 살펴보고자 한다.

1장 | 북한사회 신체왜소 지속 메커니즘의 구성

1. 신체왜소 발생 메커니즘 논의

이 책에서는 북한사회 신체왜소를 논의하는 과정에 세 가지 사실에 주목할 수 있었다.

첫째, 북한에서 1970년대 말 취약계층의 개별주민에게서 찾아볼 수 있었던 신체왜소가 당국의 대응에도 불구하고 현재는 계층에 무관하게 주민 전반의 신체왜소로 확산된 점이다.

둘째, 식품의 공급 및 구입 지위가 변화되면서 신체왜소 발생 및 확산에 미치는 영향이 다른 점이다.

셋째, 1990년대 북한의 대기근이 소련이나 중국의 대기근 보다 기간이 길고 주민들에게 공급된 식품의 양이 적어도 아사자 발생과 신체왜소 확산으로 나타난 점이다.

여기서 첫 번째 사실은 식품 부족정책의 실행, 두 번째 사실은 식품 획득 지위의 박탈, 세 번째 사실은 저소비의식의 확립이 미치는 영향에 의한 것이라 볼 수 있다. 이는 2부에서 전술한 신체왜소 발생의 3대요인과 동일하다.

이러한 점에서 신체왜소 발생의 3대 요인을 북한사회 신체왜소를 지속시키는 메커니즘의 구성요인으로도 볼 수 있다. 그러면 이러한 구성요인이 북한사회 신체왜소에 미친 영향을 구체적으로 살펴보기로 하자

2. 신체왜소와 식품정책

가. 북한의 식품정책 실행방향

정책은 "정책적 문제를 해결하기 위하여 정부가 달성할 목표와 그 실현을 위한 행동방안에 관한 지침"이다.[1] 이에 따르면, 북한의 식품정책은 식품부문의 정치적 목적을 달성하기 위해 내세우는 교시와 말씀, 노동당의 노선이나 방침을 실현하기 위한 방도를 모두 지칭하는 말이다. 식

1 남궁, 『정책학』(서울 : 법문사, 2012), p. 15.

품정책에는 식품생산 및 공급과 관련한 내용을 포괄하고 있다.

북한은 식품생산 증대를 위해 노력해왔다. 한국 전쟁이 끝난 직후에는 식료공업의 토대를 축성하며 긴요한 대중식품 생산을 늘리도록 했다. 이어 중앙에 의한 대규모 식료가공 공업과 지방에 의한 중소규모 식료가공 공업을 병행해 전반적인 식료공업의 토대를 튼튼히 했다. 1970년대에는 주식물과 부식물을 공업적 방법으로 가공하는 종합적인 식료가공 기지를 건설하도록 했고 1980년대에는 북한의 원료원천에 의거하여 식용유와 어린이 영양식료품 생산을 늘리는데 관심을 두었다. 1996년부터 감자가공, 즉석국수, 기초식품 생산기지를 꾸리는 활동을 강화해오고 있다.

북한은 식품생산과 함께 식품공급제 운영에 관심을 두어왔다. 그러나 1970년대 말 신체왜소 발생 이후 북한이 내세운 대책을 보면 식품생산을 절대적으로 늘리기 위한 대책과는 거리가 멀다. 북한은 식품 및 생필품에 대한 월간, 연간 공급기준과 공급대상을 정해놓고 그 한도 내에서 주민들이 식생활을 하도록 했다. 이로 인해 특정주민들은 일반주민들에 비해 한 등급 질 좋은 식품을 공급받을 수 있었다. 그러나 신체적 특성에 따른 균형적인 식품을 공급받기 어려웠다. 이러한 식생활 환경은 일반주민들과 유사하게 특정주민들에서도 신체왜소가 확산될 수 있는 요인으로 작용했다. 앞의 〈표 5-4〉 과 〈표 5-5〉에서 보는 것처럼 북한은 각종 명목아래 식량배급 대상과 배급량을 점차적으로 축소했다. 이러한 점에서 북한의 식품정책은 생산량 증가보다 공급효과를 높이는데 맞춰져 있다고 볼 수 있다. 이상의 논의를 통해 북한의 식품정책은 식품 부족 상황이 항시 발생되는 식품 부족정책이라는 결론을 얻을 수 있다.

나. 식품생산 및 공급관련 기구체계 운영

북한에서 식품생산 및 공급에 관여하는 국가기구로는 현재 식료일용공업성, 농업성, 수산성, 수매양정성, 상업성을 포함한 5개의 성이 있다. 이 가운데서 식품생산에 쓰이는 1차원료 생산에는 농업성, 수산성, 수매양정성이 참여하고 있는데 여기서는 식품생산에 쓰일 원자재가 주로 생산된다. 식료일용공업성에서는 농업성이나 수산성에서 생산된 원료에 기초해 2차 가공식품을 만든다. 식품공급에는 상업성과 수매양정성이 참여한다. 상업성은 농업성과 수산성, 식료일용공업성 산하 식품생산업체들에서 생산한 식품이 국영상점을 통해 주민들에게 공급되도록 하는 유통기능을 수행한다. 수매양정성은 농업성 산하 국영 및 협동농장에서 생산한 식량을 전국의 식량공급소를 통해 주민들에게 공급한다. 상업성 산하 각 도 인민위원회 상업국은 시, 군 인민위원회 상업과를 통해 지역주민들의 수요를 조사하고 빠짐없이 공급하도록 통제한다. 또한 구역, 군 인민위원회 상업과는 산하 시장관리소를 통해 종합시장의 식품판매를 통제한다. 시장관리소는 10일에 한번씩 쌀, 식용유를 비롯한 주요 식품의 최고 한도가격을 제시하며 불량식품 통제를 비롯해 시장을 통한 식품보장에 관여한다.

2000년대 이전 북한에는 식량생산 및 공급을 위해 지방공업부와 경공업성, 농업성이 존재했다. 특정 식품분야인 경우 양정총국이나 식료공업총국의 기능에서 찾아볼 수 있듯이 내각 성 단위의 하부 조직으로 기능했다. 2000년 이후 식품생산 및 공급에 대한 관심이 높아지면서 수매양정성이나 식료일용공업성 신설에서 볼 수 있듯이 전문적인 성 기구가 운영되고 있다. 그러나 식품생산과 관련한 기구보다 공급이나 통제와 관련된 기구가 상대적으로 많은 구조적 문제에서 벗어나지 못하고 있다.

〈그림 6-1〉 식품생산 및 공급체계

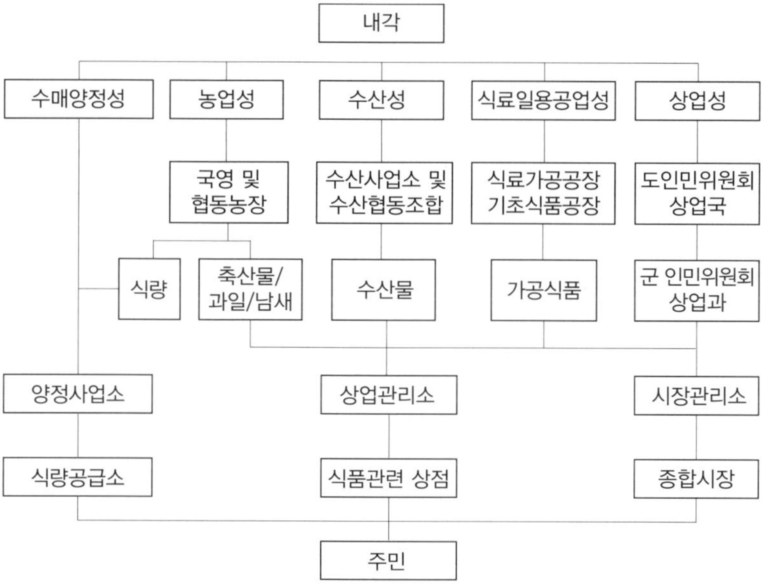

3. 신체왜소와 식품획득 지위 박탈

북한은 국가 식품공급제 운영을 통해 체제 우월성을 홍보했고 주민들에게 식품을 공급받을 수 있는 지위를 보장해왔다. 이와 관련해 첫째로 식품공급 지위를 보장하는 국가 식품공급제가 원활히 작동할 수 있었던 이유, 둘째로는 식품구입 지위를 박탈해온 이유가 무엇인가 하는 의문이 든다.

북한의 국가 식품공급제 운영은 사적소유 폐지, 국가에 의한 시장의 장악 등이 뒷받침하고 있었기에 가능한 것이다. 북한은 사적소유가 형성될 수 있는 공간을 차단함으로써 주민들이 식품을 구입할 수 있는 원천을 없애버렸다. 또한 시장기능을 억제함으로써 식품공급제 운영이 효율적으로 작동하게 했다. 식량배급제를 비롯한 물질생활 보장수단들은 충성하는 주민들에게 더 많은 특혜를 주는 것으로 정권에 대한 순종을 유도했다. 북한의 이러한 식품공급제도는 치명적인 약점을 갖고 있다. 그것은 국가경제가 정상적으로 작동하는 경우에만 공급이 이루어지며, 그것도 생계유지에 필요한 최소한의 양만을 보장하고 있어 국가경제가 마비되거나 비정상적으로 작동하는 경우 아사로 몰아갈 수 있기 때문이다. 북한은 주민들의 사경제활동을 비도덕적인 행위로, 사회주의 체제를 좀먹거나 파괴하는 행위로 여론화하고 탄압해왔다. 이러한 수단들은 분단의 구조적 상황과 사회주의 대가정론에 의해, 가장인 최고지도자가 주민들을 부양한다는 논거로 인해 효율적으로 작동한다.

일부 연구에서는 1990년대 "고난의 행군" 시기 발생한 북한주민들의 아사와 관련해 직접적, 간접적 원인을 들고 있다. 직접적 원인으로는 자연재해, 공급제 운영의 마비, 공장·기업소 가동에 필요한 에너지 부족 등을 들고 있으며 간접적으로는 경제시스템 운영의 비효율성, 대외적 봉쇄, 사회주의 시장의 붕괴 등을 열거하고 있다. 그러나 지적되어야 하는 것은 당국이 주민들의 독자적인 생계유지 능력을 인위적, 지속적으로 마비시켜 온 결과라는 점이다.[2]

북한이 식품을 구입할 수 있는 지위를 박탈해온 이유는 식품을 공급받을 수 있는 지위의 작동과 연계시켜 설명할 수 있다. 국가 식품공급제도가 정상적으로 작동하는 경우 북한 당국은 시장을 통해 식품을 구입할 수 있는 지위를 보장할 필요를 느끼지 않는다. 그것은 식량이나 부

2 김영희·김병욱, "사회적 신분에 따른 북한관료들의 사경제활동 연구 : 관계자본의 축적을 중심으로," 『통일문제연구』, 제20권 2호(2008), p. 239.

식물, 상품을 공급받을 수 있는 지위가 국가공급제에 의해 보장될 때 이를 통해 충성을 유도하는데 효율적이기 때문이다. 그러나 1990년대 들어 국가공급제도 운영에 필요한 식품을 보장하기 어렵게 되자 이에 따른 대책을 제시했다. 식품을 공급할 수 있는 지위의 보충수단으로 식품을 구입할 수 있는 지위를 제한적으로 보장한 것이다. 쿠바의 경험을 보면, 사회주의 체제 운영에서 국가에 의한 식품공급제도 운영이 주민들의 신체건강에 부정적 영향을 주진 않는다. 체제적 특성에 맞게 그 운영에 시장기능을 적절히 결합하는 것이 중요하다. 지난 시기 사회주의 나라들에서 북한과 같은 주민 전반의 신체왜소를 찾아보기 어려운 것은 이러한 정책실행 때문이라고도 볼 수 있다. 지난 기간 북한은 식품을 공급받을 수 있는 지위와 구입할 수 있는 지위 사이에 보완 관계가 아닌 부의 상관관계가 성립하도록 정책을 추진해왔다.

북한은 1958년 생산관계의 사회주의 개조 이후 2003년 종합시장이 합법화되기 전까지 근 반세기 되도록 시장기능을 지속적으로 억제했다. 식품이 지속적으로 부족한 조건임에도 식품을 구입할 수 있는 지위를 제대로 보장하지 않은 것은 신체왜소를 촉진시키는 요인이었다. 최근 들어 북한 당국은 시장기능을 수용함으로써 식품을 공급받을 수 있는 지위가 갖고 있는 단점을 구입할 수 있는 지위를 통해 보완해 나가고 있다. 이러한 대책은 1990년대 대기근에서 아사한 이들의 원한과 신체왜소로 살아남은 사람들이 그간에 흘린 피눈물의 대가이기도 하다.

4. 신체왜소와 저소비의식 확립

가. 20세기 사회주의권의 대기근 비교

소련이나 중국의 경우를 보면, 북한과 유사하게 식품을 획득할 수 있는 지위가 제대로 보장되지 않고 계획경제운영에 따라 식품정책이 강행된 공통점을 갖고 있다. 그러나 대기근에 따른 결과에서는 달랐다.

아래의 〈표 6-1〉에서 보면, 대기근 기간은 북한이 가장 길었다. 대기근이 정점을 이루던 1997년 당시 북한의 1인당 식량공급량은 최대 178kg이었고 연 인구손실규모는 총 인구 대비 약 0.5～0.7%였다. 그러나 소련과 중국의 대기근이 정점을 이루던 1932년과 1960년의 1인당 식량공급량은 각각 318kg, 204kg으로 북한의 식량공급량을 훨씬 초과했으나 총 인구대비 연간 인구손실은 북한보다 훨씬 높았다.[3]

〈표 6-1〉 대기근 기간 인구손실규모 및 식량공급량 비교[4]

구분	북한	중국	소련
인구손실규모	0.5～0.7%	2.8%	2.8%
1인당 식량공급량	147～178kg	156～204kg	318kg
기근기간	7년	3년	2년

이상을 요약하면 북한은 대기근 기간이 가장 길었고 식품공급량이 가장 적었음에도 인구손실 규모가 적었다. 이러한 원인은 북한주민들이

3 이석, 『1994-2004년 북한기근 : 발생, 충격 그리고 특징』, pp. 98-99

4 위의 책, p. 99 수정.

갖고 있는 저소비의식에 의한 것으로 설명할 수 있다. 이에 대해 구체적으로 살펴보자.

나. 구소련과 중국에서 발생한 대아사

지난 20세기 인류는 사회주의권에서 발생한 3차례의 대기근을 기록하고 있다. 그것은 1930년대 소련, 1960년대 중국, 1990년대 북한에서 발생한 대기근이다. 1930년대 들어 본격적으로 진행된 집단화의 부작용과 흉작으로 우크라이나의 농업생산량이 감소했다. 우크라이나의 농업생산량이 전 소련 생산량의 27%에 지나지 않았지만 소련정부는 38%에 해당하는 징발을 부과했다.[5] 당시 소련정부는 농산물 수출로 산업화에 필요한 예산을 획득하려 했다. 이는 1931년에 소련이 수입한 기계장비가 전체 교역량의 30% 수준이었으나 이듬해에는 50%에 달한 것에서 알 수 있다. 이러한 의도 하에 소련정부는 우크라이나의 농가마다 철저히 수색하여 종자용을 포함해서 보관된 모든 곡물을 빼앗아갔다. 소련 정부는 기근에 따른 아사가 외부에 알려지는 것이 두려워 여러 가지 대책을 강구했다. 우크라이나 지역 왕래에 필요한 모든 국내여행증 발급을 막았고 특별경비대를 파견해 지역 탈출자들을 해당 주거지로 이송하도록 했으며 외국 기자들이 기근 지역에 출입하는 것을 막았다. 이 시기 아사자 수는 250~350여만 명으로 추정하고 있다. 당시 우크라이나 인구가 3천만 명을 조금 넘은 조건에서 이는 전체 인구의 10%에 가까운 인구손실이었

5 아래의 내용은 허승철, 『우크라이나 현대사 : 1914-2010』(고려대학교 출판부, 2011), pp. 122- 126 참조.

다. 우크라이나 법원은 1932~1933년 스탈린 치하 우크라이나에서 발생한 대아사는 볼셰비키 지도자들이 우크라이나 민족에게 가한 학살 범죄라고 결정했으며 이미 사망한 스탈린과 당시 소비에트 관리들에 대한 형사 사법 절차를 밟아야 한다고 주장했다.[6]

1956년 중국은 강제적인 농업 집단화를 시작하고 나서 1958년부터 농공업의 대증산을 내건 대약진운동을 전개했다. 이에 따라 농촌지역에서 소형용광로 건설을 통한 철강생산을 진행했다. 많은 농민이 대규모 공사에 동원되어 수개월 동안 농사를 짓지 못하게 되었고 여기에 자연재해까지 덮쳤다.[7] 곡식이 수확하기 전에 썩기 시작하여 수확량이 많지 않았음에도 국가는 농민들한테서 더 많은 곡식을 징발했다. 1960년 경우 수확량이 2,600만 톤이나 감소했지만, 국가에 의무적으로 납부해야 할 양은 4,200만 톤에 달했다. 식량부족으로 농촌지역은 개인당 배급량이 204kg에서 156kg으로 감소했다. 수백만 명의 농민들이 고향을 떠나게 되자 정부는 군대를 동원해 이들을 거주지로 되돌려 보냈다. 당시 대기근으로 1959~1961년 사이에 1,800만~2,300만 명의 농민들이 기아로 목숨을 잃었다. 이에 다급한 중국정부는 1962년 수백만 톤의 곡물을 오스트레일리아와 캐나다에서 수입했다. 당시 마오쩌둥 대신 주석에 오른 류사오치는 이해 열린 "7,000인 대회"에서 기근의 70%는 인재이며 단지 30%만이 자연재해에 의한 것이라고 강조했다.[8]

---

6 『연합뉴스』, 2012년 1월 14일.

7 정철웅 옮김, 『20세기 중국사 : 제국의 몰락에서 강대국의 탄생까지』(서울 : 도서출판 책과 함께, 2010), pp. 202-203.

8 위의 책, p. 203.

다. 북한의 대기근

1) 대기근 발생 원인, 아사자 규모와 관련한 쟁점

북한의 대기근은 1995년의 유례없는 대홍수로부터 심화되었다. 수해피해지역은 북한의 주요 알곡생산지를 포함하여 전국토의 75%에 이르렀는데 경작 가능한 토지의 40% 이상을 황폐화시켰다. 대홍수로 1995~1996년 사이에 식량생산이 190만 톤 규모로 감소했다.[9] 대기근 발생 원인에 대해 북한의 논조에 따른 외부 영향설과 서방의 논조를 위시로 한 내부 영향설이 대립하고 있다. 전자는 1990년대 중엽 유례없는 극도의 가뭄, 사회주의시장 붕괴에 따른 외화획득의 어려움 등을, 후자는 장기간의 경제침체와 농업생산량 저하로 인한 배급제의 붕괴 등을 들고 있다. 원인 불문하고 기근에 따른 희생자 수는 100만 명을 넘을 것으로 보인다. Goodk와 West는 중국의 '대약진운동'의 실패에 따른 기근패턴을 북한에 적용하여 인구손실규모를 측정했는데 1996~2000년 기간 사망자수가 60~104만 명에 이른 것으로 추정했다.[10] 이석은 북한의 공식 인구통계와 UN기구들이 실시한 북한 어린이 영양실태 조사결과 등을 이용해 1994~2000년 북한에서 58~112만 명의 인구손실이 발생했다고 밝혔다.[11] Robinson 등은 중국에 거주하는 탈북주민들의 증언을 토대로 수집한 가족의 사망력, 출산력에 관한 가구별 자료를 활용해 인구

---

9 김두섭 외, 『북한인구와 인구센서스』(서울 : 계영디자인북스, 2011), p. 267.

10 Goodkind, Daniel and Loraine West. 2001. "The North Korean Famine and Its Demographic Impact." *Population and Development Review* 27(2) : 219-238.

11 이석, 『1994-2004년 북한기근 : 발생, 충격 그리고 특징』, p. 10.

손실이 최고 350만 명에 이른다고 주장했다.[12] 정광민은 기근의 규모를 100~300만 명 사이로 추정하고 있다.[13] 인구손실의 규모와 관련해 전자는 인구센서스에서 얻은 자연증가율을 바탕으로 추계인구를 작성하고 이를 북한이 공식발표한 자료와 비교하는 방식에 근거하고 있다면, 후자는 주로 탈북민들의 증언에 기초하고 있다. 이와 관련해 탈북민들이 전하는 정보는 기근피해가 가장 심한 지역의 하나인 함경북도에 근거를 둔 것으로 신빙성이 높지 않다는 주장이 제기되고 있다.[14] 이 지역은 기근이 발생하기 전부터 사망률이 높은 반면, 출산율이 낮아 인구성장률이 상대적으로 높지 않은 지역이며 탈북민의 70% 이상이 이 지역 출신들이어서 탈북민 증언을 토대로 아사자를 추정하는 경우 과대 해석이 나올 가능성이 있다는 것이다.

아사자수의 정확한 규모에 대한 해석을 차치하더라도 소련과 중국의 대기근과 비교하면 또 다른 의문이 제기된다. 소련이나 중국의 대아사는 정권의 관심밖에 있거나 비협조적인 지역에 국한되어 발생했고 특정 계층에는 확산되질 않았다. 그러나 북한에서는 아사자 발생과 함께 주민 전반의 신체왜소 확산으로 나타났다.

사회주의의 모범의 나라로 '이민위천'을 내세우는 북한에서 어떻게 되어 이러한 현상이 발생했을까? 이는 식품의 생산과 공급에 따른 물질적 영역에 대한 논의만으로 북한사회 신체왜소를 설명하기 어렵다는 것

---

12 Robinson, W. Courtland, Myung Ken Lee, Kenneth Hill and Gilbert M. Burnham. 1999. "Mortality in North Korean Migrant Households : A Retrospective Study." *The Lancet* 354(July 24) : 291-295.

13 정광민, 『북한기근의 정치경제학 : 수령·자력갱생·기근』(서울 : 시대정신, 2005), p. 177.

14 김두섭 외, 『북한인구와 인구센서스』, p. 267.

을 확인시켜 준다.

2) 대아사자 발생 여부와 관련한 쟁점

1990년대 대아사자 발생여부와 관련해 두 가지 주장이 대립하고 있다. 하나는 북한이 체제유지를 우선하고 제대로 대처하지 않아 대아사 발생으로 이어졌다는 것이고,[15] 다른 하나는 반대로 경제시스템이 효율적으로 작동하여 대아사를 발생하지 않았으며, 1990년대에 식량위기가 닥쳐왔을 뿐 대아사로 이어지지 않았다는 것이다.[16] 1995년 북한의 요청에 따라 식량지원을 한 UN산하 구호단체들도 북한은 1996년 들어 대규모 곡물부족과 심각한 식량공급 부족에 직면했지만, 그 해 대아사자가 발생하지 않은 이유는 효율적인 식량배급체계 때문이라고 쓰고 있다.[17] UN 사면위원회도 1998년 연차보고서에서 식량부족에 의한 초과사망이 기근 자체보다는 폐렴이나 폐결핵, 급성설사와 같은 제2차적 요인에 의한 영향이 크디고 지적했다.[18]

위에서 서술한 주장 가운데 북한이 효율적으로 대처했기 때문에 대아사가 발생하지 않았다는 주장이 제기된 원인을 밝힐 필요가 있다.

---

15 정광민, 『북한기근의 정치경제학 : 수령·자력갱생·기근』(서울 : 시대정신, 2005), ; 나츠스 지음, 황재옥 옮김.『북한의 기아 : 기아 정치 그리고 외교정책』(서울 : 다홀미디어, 2003).

16 The Centre For Contemporary International Problems, *The DPRK Report,* No. 9(Nautilus Institute, September-October 1997).

17 FAO/WFP, "Special Report-FAO/WFP Crop and Food Supply Assessment Mission to the Democratic People's Republic of Korea," 6 Dec. 1996)

18 김두섭 외, 『북한인구와 인구센서스』, p. 269.

이석은 1994년부터 2000년 사이의 북한 대기근에 대한 통계 분석을 진행했는데, 그의 논문에서 이러한 원인을 밝힐 수 있는 근거를 찾을 수 있다.[19] 그는 북한에서 기근이 발생한 동안에 유례없는 식량부족 스트레스에 직면했는데 이는 단기간의 폭발적인 사망률 상승보다는 장기간에 걸친 국민들의 건강상의 위험으로 표출되었다고 주장했다. 그러면서 다른 나라의 경우 특정 개인 혹은 집단이 즉시 사망할 정도의 식량부족에 따른 결과가 발생했는데, 북한은 이상하게도 개인들이 곧바로 사망하기 보다는 장기간에 걸쳐 신체가 쇠약해지는 쪽으로 피해방향이 비틀어졌다고 밝히고 있다. 그러면서 인도주의적 관점에서 극단적 사망이 초래된 결과에 관심이 가지만, 사회경제적 부담이라는 측면에서는 (살아남은 사람들의) 신체에 미친 영향에 더 큰 관심을 가져야 한다고 강조했다. 그러면서 북한의 기근피해를 사망률 숫자보다는 앞으로 수십 년 갈지 모를 기근의 사회경제적 영향에 초점을 맞춰야 한다고 쓰고 있다.[20]

이석의 연구를 종합해보면 북한이 1990년대 대기근 시 효율적으로 대처하여 대아사가 발생하지 않았다고 주장하는 것은 아사와 함께 발생한 신체왜소 확산에 대한 이해 부족에서 나온 주장이라 할 수 있다.

북한과 유사한 체제로 운영되는 나라들에서 대기근 시 아사자와 함께 신체왜소자가 발생할 가능성이 크다는 것은 스티븐 린튼의 글에서도 확인할 수 있다.[21]

---

19 이석, 『1994-2004년 북한기근 : 발생, 충격 그리고 특징』, p. 200.

20 위의 글, 같은 쪽.

21 스티븐 린튼, "북한은 하나의 실험실이 되어버렸습니다" 김종수(편), 「(북한식량난을 증언한다) 정말이지 살아남는 것이 목표입니다.」(서울 : 통일샘, 1997).

"이제까지 기아는 조직되지 않은 나라에서만 발생했습니다. 이런 나라에서는 기아가 발생하면 어떤 지역은 잘 먹고 어떤 지역은 죽습니다. 그런데 북한은 조직력이 강하기 때문에 정부 관할아래 다들 겨우겨우 먹고 살도록 조치를 취하고 있어요. 그렇게 되면 혹시 사람이 덜 죽을지 모르지만, 장기적으로 키가 제대로 안 크는 등의 문제가 생깁니다."

위의 증언을 보더라도 북한의 경제시스템이 효율적으로 작동해 대아사를 막았다는 주장이 제기될 만도 하다. 그렇다면 이 시기 북한의 경제시스템이 과연 효율적으로 작동했는가에 의문이 든다. 이는 대기근 발생에 따른 북한의 대책에서 알 수 있다.

3) 대기근 발생에 따른 북한의 대책

북한은 1990년대 닥쳐온 대기근이 대아사로 번지는 것을 막기 위해 다양한 대책을 강구했다. 이 시기를 "고난의 행군"으로 명하고 내용식품 사용을 장려하는가 하면 자존심에 손상당하면서까지 국제사회에 구걸의 손을 내밀었다. 그러나 대기근을 막는데 모든 정책을 집중했다고 볼 수 없다. 그것은 당시 김정일이 대기근 해소보다 체제수호에 더 큰 관심을 두었기 때문이다. 이는 김일성의 유훈이라며 경제문제 해결보다 체제수호가 더 중요하다고 한 김정일의 발언에서 알 수 있다.[22]

"수령님께서는 생전에 나에게 절대로 경제사업에 말려들어가서

22 「우리가 지금 식량 때문에 무정부 상태가 되고 있다」, 1996년 12월 김일성 종합대학창립 50돌 기념 김정일의 연설문, p. 4.

는 안된다고 하시면서 경제사업에 말려들면 당사업도 못하고 군대 사업도 할 수 없다고 여러번 당부하시였습니다"

대기근보다 체제수호를 우선시한 북한의 대책은 국가기구 개편에서 나타났다. 김정일 등장 이후 노동당 내 경제관련 전문 부서들인 경제정책검열부, 농업정책결정부, 건설운수부가 폐지되었다.[23] 대신 군수정책검열부는 1994년 이후 군수공업부로 바뀌면서 업무가 단순한 정책검열에서 군수공업 전반에 대한 지도로 확대되었다.[24] 1998년 「양정법」을 개정하여 국가배급대상자를 축소했으며 농업생산 저하의 책임을 물어 서관희를 비롯한 식품정책 관련자들에 대한 숙청을 단행했다.

이상에서 살펴본 것과 같이 북한은 체제수호를 우선하면서 대기근을 극복하기 위한 활동에 미온적으로 대처했음을 알 수 있다. 따라서 대기근에 대처해 북한의 경제시스템이 효율적으로 작동했다고 평가하기 어렵다. 그렇다면 대기근을 극복하기 위한 당국의 관심이 부족한 조건임에도 아사자 발생과 함께 신체왜소 확산으로 나타난 원인은 무엇인가? 그것은 북한주민들이 갖고 있는 저소비의식의 영향으로 설명할 수 있다.

라. 대기근의 초기조건과 저소비의식의 영향

대기근으로 특정지역 내 주민들이 기아에 이르게 되면 이를 해결하는 방법은 쉽지 않다. 국가정책이 큰 영향을 미치는데 국가가 식품투자

23 정성장, 『현대북한의 정치 : 역사·이념·권력체계』(서울 : 한울아카데미, 2011), p. 307.

24 박형중 외, 『김정일 시대 북한의 정치체제』 통일연구원, 2004, p. 207.

를 제약하는 기존의 정책을 유지하는가, 아니면 변화시키는가에 따라 주민들은 아사에 직면하거나 이를 극복해 나갈 수 있다. 그러나 기존정책의 변화는 지배계층이 체제위험을 감수해야 하므로 실행하기 어렵다. 일부 기존정책을 유지하면서도 대기아에서 벗어나는 예도 있다. 그것은 인간이 과도한 식품 부족의 환경에 놓이면 급성 기아로 생을 마감하지만 만성 기아에 처하도록 인위적인 환경을 조성해주면 생을 연장할 수도 있기 때문이다. 국가가 기존정책을 유지하면서 주민들을 대기아에서 벗어나게 하기 위해서는 이들을 식품 부족 환경에 적응시켜야 하는데 이를 위해서는 평시에 추진해온 저소비의식 확립 활동을 통해서만 가능하다.

구소련과 중국의 사례를 보면, 북한에서와 같이 대기근이 발생하기 전부터 주민들에게 저소비의식 확립 조치는 시행되지 않았다. 소련은 대기근 전에 수출품목 가운데서 곡물이 가장 중요한 품목이었으며[25] 농촌에서는 부농을 중심으로 상당한 식량 잉여를 축적하고 있었다. 중국은 국가주석이었던 마오쩌둥이 1958년의 대풍작과 관련해 "남은 곡물을 어찌세 처리할 시" 걱정이라는 사신삼을 느러낼 성노였다.[26] 이처럼 중국과 소련은 대기근 이전에 식량이 절대적으로 부족하지 않았다. 이에 반해 북한에서는 이미 1980년대부터 식량이 부족했다. 이로부터 북한주민들은 다년간 저소비 환경에 익숙한 상태에서 1990년대 대기근에 직면했기 때문에 다른 사회주의권의 대기근과 발생의 초기조건이 달랐다고 볼 수 있다.

북한은 지난 기간 식품 부족을 해결하기 어려운 조건에서 이러한 환경에 주민들을 적응시키려고 노력해왔다. 1980년대 이전의 사회주의

25 이석, 『1994-2004년 북한기근 : 발생, 충격 그리고 특징』, p. 100.

26 위의 글, p. 101.

식생활양식은 북한사회에 저소비의식을 형성시켰으며, 1990년대 이후의 우리식 생활양식은 저소비의식 강화에 기여했다. 이 때문에 주민들의 신체는 적은 양의 식품 섭취에도 견딜 수 있도록 면역이 형성되었다. 따라서 수많은 생명을 빼어갈 정도의 대기근 상황에서 근근이 버텨 신체왜소 확산으로 나타났던 것이다.

5. 북한사회 신체왜소와 지속 메커니즘 구성요인 관계

가. 극복정책에 따른 구성요인 변화

신체왜소를 극복하기 위한 북한의 정책이 구성요인의 작용에 어떠한 영향을 주었는지 연대별로 비교하면 다음과 같다.

식품획득 지위박탈 요인은 1980년대 이전에는 강하게 작용했으나 1990년대 이후에는 점차 약해지는 경향을 보이고 있다. 이는 당국이 1990년대 이후부터 시장기능에 대한 억제를 약화시키고 있는 것과 관련된다. 저소비의식 요인은 1980년대 이전에는 약하게, 1990년대에는 강하게 작용했는데 2000년대에 들어 다시금 약해지고 있다. 이는 국가 식품공급제의 작동과 주민들의 대응을 통해 설명할 수 있다. 1980년대 이전에는 국가 식품공급제가 운영되고 있어 주민들은 식품 부족 환경에 수동적으로 대처했다. 1990년대에는 식품공급제 운영이 마비되어 당국이 저소비의식 확립을 강하게 요구할 수 없는 환경이 조성되었고 아사에서 벗어나려고 주민들이 능동적으로 대처했기에 저소비의식이 강하게 작용한 것으로 보인다. 2000년대 이후 저소비의식의 작용이 약해지고 있는 것은 국가 식품공급제가 부분적으로 운영되는 것과 관련된다.

〈표 6-2〉 지속 메커니즘 구성요인의 작용 변화 비교

구분	1980년대 이전	1990년대	2000년대 이후
식품 부족정책	△	⦿	○
식품획득 지위박탈	⦿	○	△
저소비의식	○	⦿	○

⦿ : 강하게 작용, ○ : 보통, △ : 약하게 작용

종합하면 1980년대 이전에는 식품 부족정책 요인과 저소비의식 요인, 1990년대에는 식품 부족정책 요인과 식품획득 지위박탈 요인, 저소비의식 요인, 2000년대에 들어 식품 부족정책 요인과 저소비의식 요인이 해당 시기에 다른 요인에 비해 상대적으로 강하게 작용하고 있다.

나. 신체왜소 발생과 지속 메커니즘 구성요인의 함수관계

위에서 찾아볼 수 있듯이 신체왜소 극복정책에 의해 신체왜소 메커니즘 구성요인의 작용이 변화되었다. 이는 신체왜소의 발생이나 확산의 결과로 나타나고 있다.

신체왜소 발생과 지속 메커니즘 구성요인들 사이의 이러한 관계를 함수관계로도 나타낼 수 있다. 비교경제체제론의 쿠프먼스(Tjalling C. Koopmans)와 몬티아스(John M. Monitors) 모델을 변형하여 설명할 수 있다. 이에 따르면 한 나라의 경제성장률은 그 나라의 체제와 경제정책, 환경요인에 의해 결정된다는 것이다.[27]

27 양문수, "북한경제연구방법론" 『북한연구방법론』(서울 : 한울아카데미, 2003), p.

$o = f(s, p, e)$ 여기서 o : 결과 혹은 성과

s : 제도 혹은 체제

p : 정책

e : 환경

위의 식을 이 책의 주제에 맞게 적용할 수 있다. 즉 신체왜소라는 종속변수에는 식품 부족정책 요인과 식품획득 지위박탈 요인 그리고 저소비의식 요인이라는 독립변수가 영향을 미친다.

o=f(p, e, r) 신체왜소=f(식품 부족정책, 식품획득 지위박탈, 저소비의식)

위에서 제시한 메커니즘 구성요인은 신체왜소 발생 뿐 아니라 확산의 필요·충분조건이라 할 수 있다. 다시 말해 식품 부족정책 실행이 필요조건이라면 식품획득 지위의 박탈이나 저소비의식의 확립은 충분조건이라 할 수 있다. 충분조건은 대기근 시 그리고 이에 따른 후유증이 신체왜소 확산으로 나타난 북한만의 특징을 설명할 수 있는 징표이기도 하다.

225.

2장 | 북한사회 신체왜소 지속 메커니즘의 작동 행태

1. 발생요인 작용에서 본 작동 행태

북한에서 신체왜소를 지속시키는 메커니즘은 이를 발생하는 요인들의 작용을 통해 설명할 수 있다. 아래의 〈표 6-2〉에서 볼 수 있는 것처럼 신체왜소 확산을 막는데 성공 혹은 실패할 수 있은 것은 신체왜소에 영향을 주는 요인들이 동시에 혹은 일부 작용한 것과 관련된다. 1980년대 이전 신체왜소 확산을 막는데 성공할 수 있었던 것은 식품공급을 정상화하면서 신체왜소 발생에 영향을 주는 요인인 e와 r만이 작용한데 있다. 1990년대의 실패, 즉 신체왜소가 확산된 것은 p와 e, r이 동시에 작용한데 있다. 2000년대에 들어 신체왜소 확산 둔화는 p와 r이 작용했기 때문이다.

여기서 신체왜소 확산을 막는데 성공했다는 것은 개별주민에게서 발생한 신체왜소 증상을 1기나 2기로 국한시켰다는 것을 의미하며, 실패했다는 것은 1기나 2기 증상이 주민 전반에 확산되었다는 것을 의미한다.

이러한 점에서 1970년대 말 신체왜소 발생 후 북한의 선락은 그 확산을 막기 위해 개별적 신체왜소로 국한시키는 것이었는데, 1980년대 이전에는 성공했고, 1990대에는 실패했으며, 2000년대 이후에는 회복되고 있다고 볼 수 있다.

〈그림 6-2〉 발생요인의 작용과 지속 메커니즘의 작동

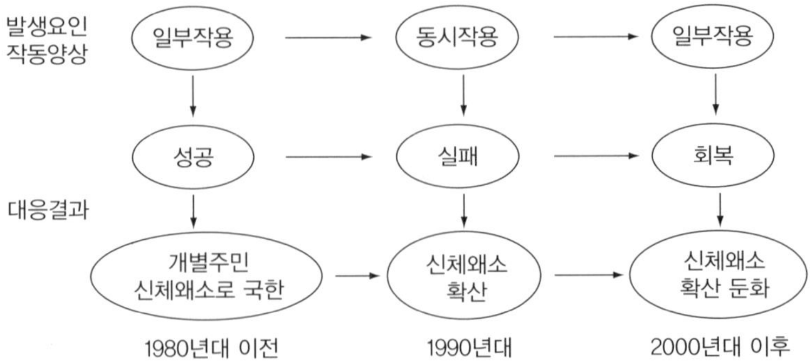

2. 식품획득을 위한 지위변화에서 본 작동 행태

북한사회 신체왜소 발생에는 식품획득을 위한 지위 보장과 박탈이 미치는 영향이 컸다. 이를 통해 신체왜소를 지속시키는 메커니즘의 작용을 설명할 수 있다.

앞서 언급한 것처럼 북한주민들은 당국으로부터 사회적 신분과 주거지에 따라 식품을 국가로부터 공급받을 수 있는 지위와 시장을 통해 구입할 수 있는 지위를 부여받았다. 1980년대 이전에는 식품을 구입할 수 있는 지위는 상실되었지만, 공급받을 수 있는 지위는 불평등하게 보장되었다. 이를 통해 북한은 신체왜소가 확산되는 것을 막을 수 있었다. 1990년대에는 국가의 식품공급체계가 마비되어 식품을 공급받을 수 있는 지위가 상실되고 여기에 구입할 수 있는 지위마저 용인되는 수준에 그쳐 신체왜소가 확산되었다. 2000년대 들어서는 식품을 공급받을 수 있는 지위가 부분적으로 보장되고 국가가 종합시장의 합법화를 통해 식

품을 구입할 수 있는 지위가 합법적으로 보장되면서 신체왜소 확산이 둔화되고 있다. 이처럼 식품획득 지위가 어떠한 환경에서 보장, 상실되었는가에 따라 신체왜소는 확산이나 둔화되는 형태로 지속되고 있다.

〈그림 6-3〉 식품획득 지위의 작용과 지속 메커니즘의 작동

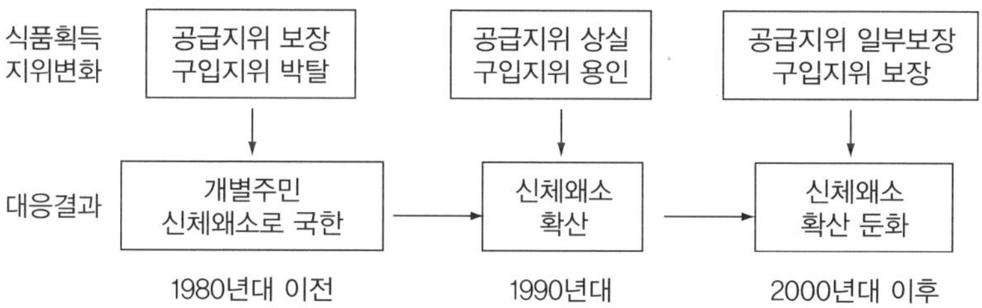

3. 저소비의식 변화에서 본 작동 행태

앞서 언급했듯이 북한사회에서 신체왜소 발생에서 물질 영역과 정신 영역의 작용을 분리할 수 없다. 지속 메커니즘이 어떻게 작동하는가는 저소비의식의 영향을 통해서도 설명할 수 있다.

1980년대 이전에는 저소비의식이 신체왜소의 확산을 막는데 기여했다. 당국이 강요한 사회주의 생활양식 확립에 대한 요구는 식품절약에 대한 자각을 높여주었고 사회주의 완전승리에 대한 낙관적 인식을 갖게 했다. 1990년대에는 저소비의식이 신체왜소를 확산시킴으로써 더 많은 아사자가 나오는 것을 막는데 적지 않은 역할을 했다. 2000년대에 들어 저소비의식은 신체왜소 확산을 둔화시키는데 기여하고 있다. 그것은 당

국이 시장기능을 수용한 것으로 저소비의식 확립을 형식적으로 내세울 수밖에 없는 환경과 자율적인 식생활 환경이 보장되고 있는 것과 관련된다.

역사적으로 보면 저소비의식 확립에 대한 당국의 요구는 식품을 공급받을 수 있는 지위가 보장될 때는 높아졌고 식품 구입 지위가 보장되면 낮아졌다. 다시 말해 저소비의식 확립에 대한 당국의 요구는 1980년대 이전에는 식량배급제가 정상적으로 운영되면서 높아졌고 1990년대와 2000년대에 들어오면서 식량배급제가 제대로 운영되지 않고 시장기능이 확대되면서 낮아지고 있다.

이는 신체왜소를 극복하기 위한 북한의 근본 대책이 무엇인가에 대해 적지 않은 시사점을 준다. 북한사회에서 주민들이 갖고 있는 저소비의식은 주민들의 기호나 가치관에 의해 스스로 선택된 것이 아니라 식품 부족의 환경에 적응하도록 당국이 강요한 속에 형성된 것이다. 따라서 신체건강에 필수적인 자율적인 식생활과는 거리가 멀다. 북한사회 신체왜소가 극복되려면 저소비의식에 대한 강요가 철폐되어야 하는데 이를 위해서는 시장기능이 활성화되어야 한다.

3장 | 북한체제 운영과 신체왜소 극복 가능성

1. 신체왜소 지속 메커니즘과 극복의 한계

위의 〈그림 6-2〉에서 찾아볼 수 있듯이 북한은 지난 기간 신체왜소에 영향을 주는 개별적 요인들의 작동을 완화하거나 제거하면서 역설적인 성과를 거둘 수 있었다. 1990년대 이전에는 식품 부족정책 요인의 완화, 2000년대 이후에는 식품획득 지위박탈 요인의 부분적 제거를 통해 신체왜소를 둔화시키는 효과를 볼 수 있었다. 이는 신체왜소를 발생시키는 한 두 가지 요인의 작동을 없애는 방식으로는 한계가 있어서 특정 정책의 변화를 통해 신체왜소를 극복하는 것이 어렵다는 것을 보여준다.

북한사회에서 식품을 공급받을 수 있는 지위가 신체왜소 확산 방지에 영향을 주었다면, 식품을 구입할 수 있는 지위는 신체왜소 확산 둔화에 영향을 주고 있다. 이는 식품을 공급받을 수 있는 지위가 신체왜소 확산 해소에 영향을 주지만, 극복에는 한계가 있음을 보여준다. 역사적 행로에서 보면 식품을 공급받을 수 있는 지위는 점차적으로 낮아지는 반면, 식품 구입 가능 지위는 점차 높아지고 있다. 이러한 상황에서 저소비의식의 영향이 낮아지고 있는데 이는 신체왜소 확산의 둔화로 이어지고 있다. 이는 북한이 사회 전반의 신체왜소를 극복하기 위해서는 식품을 공급받을 수 있는 지위보다 구입할 수 있는 지위를 확고히 보장해주는 것이 중요하다는 것을 보여준다. 이밖에도 앞서 설명한 경로 의존성으로도 설명이 가능하다.

북한당국은 신체왜소 발생의 차단이 아니라 지속에 영향을 주는 기존 경로에 대한 집착이 강하다. 이는 북한사회 신체왜소 극복에 한계가 있음을 보여준다.

2. 북한의 경제개혁과 신체왜소 해결 전망

북한에서 과도한 식품 부족과 이에 따른 급성 기아는 사실상 1999년에 이르러 끝났다. 그러나 만성 기아에 따른 신체왜소는 현재형으로 남아있다.

국가가 있어 국민이 있다는 논거를 내세우면서 체제수호를 우선시 했던 김정일이 사망하고 김정은 세습정권이 등장했다. 할아버지와 아버지로부터 물려받은 통치유산인 북한주민 신체왜소를 김정은 정권이 극복할 수 있겠는가하는 의문이 제기된다.

김정은은 식량문제 해결을 통해 사회 전반에 만연되어 있는 신체왜소를 시급히 해결하지 않으면 안 될 처지에 놓여있다. 이러한 이유로는 세습정권으로 역대지도자들이 국민과 한 약속(이밥에 고깃국, 강성대국 건설) 불이행에 대한 책임에서 벗어나기 어렵기 때문으로 설명할 수 있다. 광복과 함께 북한에 자유민주체제제 수립되었다면 오늘과 같이 남북한 지역 주민들의 신장차이가 역전되는 현상은 없었을 것이다.

김정은에게는 민생문제 해결을 방치할 경우 세습정권의 붕괴만이 아닌, 3대째 내려오는 김일성 가문의 심판을 자초해야 하는 운명적인 과제를 안고 있다. 김정은 정권이 경제개혁을 단행한다면 체제위기를 불러올 가능성이 존재하지만, 이를 방관하면 체제붕괴로 이어질 위험을 안고 있다. 이를 의식해서인지 지난 4월 15일 김일성 탄생 100주년을 맞아 진행한 첫 육성연설에서 주민들이 다시는 허리띠를 졸라매는 일이 없도록 하며 사회주의 부귀영화를 누리게 하겠다고 선포했다. 이어 '6.28 방침' 제시를 비롯해 경제개혁을 위한 움직임을 보이고 있다. 이는 김정일 사후 김정은의 권력세습이 급진적으로 이루어진 것에 상응해서 민생문제 해결을 위한 움직임도 빨라지고 있음을 보여준다.

북한주민들은 수십 년 간 생계난 위협과 남한과 국력의 차이에서 오는 위기의식 때문에 짧은 기간에 남한과의 경제수준 격차를 줄일 수 있는 경제개발을 갈망하고 있다. 김정은 지도부도 경제개발을 통해 민생난 해소와 장기적인 체제생존 기반을 마련하려 한다. 여기에 최첨단무기를 바탕으로 한 국방산업이 어느 정도 궤도에 오른 조건에서 민생난 해결에 주력할 여지가 커졌다. 북한은 피포위의식이 완화된 조건에서 국가경쟁력을 강화하기 위해서라도 신체왜소를 극복하는데 관심을 둘 것으로 보인다. 그것은 건강한 신체가 지적능력을 향상시키며 왕성한 경제활동을 통해 국가경쟁력을 높이는데 기여하기 때문이다.

북한당국이 처한 주객관적 환경에서 볼 때 민생난 해소에 관심을 두겠지만, 이것이 북한사회 신체왜소를 해소하는데서 어느 정도 영향을 줄 것인지는 지켜봐야 할 것이다.

7부

나오며

인류는 20세기 사회주의권에서 일어난 세 건의 대기근을 기록하고 있다. 그것은 1930년대 초 소련과 1950년대 말 중국 그리고 1990년대 중반 북한에서 발생한 대기근이다. 이와 관련해 상반된 주장이 제기되었다. 수백만의 아사자 발생과 북한의 "효율적인 대처"에 따른 인구손실 규모의 감소이다. 저자는 그 가운데에서 나름의 주장을 제시하고 있다. 북한의 대기근에서는 아사자 발생과 함께 신체왜소자 확산으로 나타났다는 것이다. 순전한 아사자 발생이 아닌 신체왜소자 확산이 있었기에 이른바 효율적으로 대처했다는 논거가 등장한 것이다.

그렇다면 왜 북한에서는 중국이나 소련의 대기근에서 찾아보기 어려운 이러한 현상이 발생했으며 이에 따른 후유증이 20년이 지난 오늘에도 지속되고 있는가? 이것을 국방공업에 대한 우선 투자로 식품이 부족한 결과라고만 결론짓기 어렵다. 북한만의 또 다른 요인은 없을까?

이 책에서는 신체왜소를 극복하기 위한 북한의 대응을 연대별로 살펴보고 역추적하는 방법으로 문제 해결의 열쇠를 얻으려 했다. 검토 결과, 북한만의 요인을 밝혀낼 수 있는 실마리를 찾았다. 그것은 지금까지의 접근방식이 문제였다. 대부분 신체왜소의 발생 원인을 '먹거리 부족'이라는 물질적 영역에서 찾고 있었다. 이 책에서는 신체왜소 발생에 미치는 정신적 영역의 작용(저소비의식으로 표현)을 제시하고 덧붙여 식품을 획득할 수 있는 지위박탈에도 관심을 두었다. 이로부터 북한 사회에서 신체왜소가 발생한 과정과 지속 메커니즘을 밝혀낼 수 있었다.

사람의 신체건강에는 선천적, 후천적 요인이 모두 영향을 미친다. 하지만 주민 전체의 신체왜소인 북한사회의 신체왜소 발생에는 후천적 요인, 즉 국가정책이 미치는 영향이 더 크다. 국가정책은 주민들의 신체건강에 일종의 권력으로 작용한다. 이는 무형적인 것이지만, 지배와 피지배 형태에 따른 미시적인 상호작용으로 나타난다. 국가권력의 작용은 주민들의 의식변화와 함께 신체구조 변화를 통해 드러난다. 전반주민의 신체왜소는 권력의 작용에 따른 신체구조의 변화이다. 푸코는 권력의 작용이 몸에 각인된다고 하였다. 이에 따르면 북한주민 신체변화는 결국 권력의 작용이 각인된 것이라 볼 수 있다.

그렇다면 푸코의 몸 권력과 북한사회 신체왜소는 어떠한 관계에 있으며 북한사회에 적용할 수 있을까? 이 글에서는 신체왜소 극복을 위한 대응의 문제점에 근거해서 북한사회 신체왜소가 푸코가 말한 권력의 작용에 의한 것임을 밝히려 한다.

푸코가 제시했던 규율권력은 작동환경에서 차이에도 불구하고 권력의 작동과 관련한 보편성과 특수성으로 인해 북한사회에 대한 적용이 가능하다. 또한 신체왜소 발생의 3대 요인은 체제의 특성에 따른 신체의 유용성을 증가시키는 수단이어서 규율권력을 행사하기 위한 것으로 볼 수 있다. 다만 푸코가 제시한 몸에 대한 권력의 작용을 보다 구체적으로 고찰할 필요가 있다. 푸코는 권력의 의도가 몸에 각인된다고만 말했다. 하지만 권력은 의도하는 대로만 몸에 각인되지 않는다. 권력이 몸에 작용하는 과정에 문제가 발생해'권력의 의도가 실현되지 않은 몸'이 만들어질 수도 있다. 북한에서 발생한 신체왜소나 통독 전 동 서독주민 사이의 신장차이가 이런 사례라 할 수 있다.

이러한 연구결과를 요약하면 다음과 같다.

첫째, 국가가 주민들의 건강을 책임지고 돌본다는 북한사회에서 신체왜소는 왜 발생했는가? 역사적으로 보면 1946년부터 시행된 식량배급제에 의한 식품공급 지위의 차별화와 1958년 생산관계의 사회주의적 개조에 의한 식품구입 지위의 박탈, 한국전쟁이 한창인 1951년 1월부터 시행된 식량절약을 위한 저소비의식의 강요, 1966년부터 실행된 경제국방병진노선에 따른 식품생산 분야에 대한 투자제약으로 설명할 수 있다.

둘째, 당국이 주민들의 신체왜소를 과거부터 알고 있었는가? 북한은 1970년대 말에 들어 주민들의 신체 왜소에 촉각을 세웠는데 이는 여러 사례를 통해 알 수 있다. 이 시기 발표된 노작을 보면, 김일성이 현지시찰 과정에 목격한 사례를 들면서 청소년들의 키가 작은데 대해 지적했고 북한에서 전국의 청소년들을 망라하고 있는 유일한 조직인 사로청(현 김일성사회주의청년동맹)에 5년을 기간으로 키 크기 운동 전개 과업을 직접 주기도 했다. 또한 어린이 보육에서 영양제 공급을 중시하라는 지시에 이어 영양관리전문연구소 설립, 전국에 어린이식료품전문공장 신설, 학교체육사업의 기본을 키크기 운동으로 전환하라는 지시에서 찾아볼 수 있다.

셋째, 신체왜소를 해소하기 위해 당국은 어떻게 대응해 왔는가? 신체왜소 발생 초기 북한은 극복에 관심이 높았다. 어린이들을 국가가 맡아 키우는 조건에서 잘 자라지 못하면 국가가 책임을 져야 한다고 하면서 대책을 강구했다. 이시기 뼛가루 제품과 리진제품 등 키를 크게 하는 전문 식품이 북한에서 처음 등장했다.

1980년대 이전에는 사회주의 생활양식의 확립으로 절약정신을 갖도록 교육하는 한편 간부공급소 운영을 통해 일반 주민과 특정주민에 대한 식품 공급지위를 차별화했다. 이와 함께 시장을 억제하여 식품 구입지위를 박탈하는 방식으로 식품공급의 효과를 높이도록 했다. 1990년대에는 대기근으로 식품공급체계가 마비되면서 식품 공급지위가 상실되자 시장을 용인하여 식품을 구입할 수 있는 지위를 일부 보장했다. 이와 함께 김일성이 빨치산 투쟁시기 "고난의 행군"을 이겨냈던 일화와 강성대국 건설에 대한 낙관을 통해 오늘은 굶더라도 내일에는 배부른 생활을 할 수 있다는 확신을 갖도록 했다. 2000년대 이후에는 시장기능을 수용해 주민들에게 식품 구입지위를 보장해 주고 있다. 이러한 당국의 대응에도 불구하고 북한사회 신체왜소는 1980년대 이전에는 개별 주민에 국한, 1990년대 들어 전반 주민으로 확산, 2000년대 이후에는 확산이 둔화되는 양상을 보이면서 지속되고 있다. 북한은 키 크기 활동을 사회적 운동으로 전개해 신체왜소를 극복하려고 노력했다. 이에 따라 김일성 시대에는 철봉, 평행봉 등 기계체조종목, 김정일 시대에서는 농구를 비롯한 구기종목을 통한 키크기 운동이 전개되었다.

넷째, 당국이 주민들의 신체왜소 극복에 왜 관심을 가졌는가? 북한은 일찍이 무상치료제, 의사담당제 등의 실시를 통해 국가가 주민들의 건강을 책임지고 돌본다는 명분을 내세웠다. 어린이 양육에서도 국가가 어린이의 보모로서의 역할을 강조했다. 김일성은 공식적인 여러 기회를 통해 국가가 어린이들을 맡아 키우고 있는 것만큼 어린이들이 잘 자라지 못하면 국가는 책임을 져야 한다고 강조했다. 또한 국민건강이 군인들의 신체건강과 연결되는 조건에서 튼튼한 체력이 국방력의 주요 요소임을 강조했다. 이밖에도 국가예산 배분에서 국방공업 부문에 대한 투자를 우선시한 것으로 보면 식품생산에 대한 투자가 크지 않음을 알고 있었다. 따라서 식품부족이 지속되면 주민들의 신체가 왜소해질 수 있다는 것을 우려하고 있었다.

다섯째, 북한사회에서 신체왜소가 주민 전체, 권력층까지 확산된 이유는 무엇일까? 식품 부족은 사회주의 체제의 일반적 현상이었다. 그러나 신체왜소로 확산된 사례는 찾아보기 어렵다. 북한에서 신체왜소 확산이 가능한 것은 ① 탄수화물 중심의 불균형적인 식품공급제 운영, ② 강제저축 제도 운영에 따른 식품을 획득할 수 있는 원천 축소, ③ 시장 억제를 통한 식품을 구입할 수 있는 지위 박탈, ④ 신체왜소를 강요하는 식생활 환경에 대한 주민들의 대응한계 때문이었다.

여섯째, 신체왜소 확산을 막기 위한 북한의 대응을 어떻게 평가할 수 있을까? 1970년대 말 신체왜소 발생 후 북한이 내세운 대책은 신체왜소 발생 경로 차단이 아니라 주민 전반 신체왜소 확산을 막기 위한 것이었다. 국가예산이 한정되어 있는 조건에서 신체왜소를 극복하려면 식품생산에 대한 투자를 늘려야 한다. 그러나 국방공업우선정책을 유지하는 조건에서 식품생산에 대한 투자를 우선한다는 것은 북한 체제운영 특성상 불가능한 일이었다. 북한은 식품생산량을 늘리지 못하는 조건에서 식품부족의 환경에 주민들을 점진적으로 적응시키기 위한 대책, 급성기아에서 벗어날 수 있는 대책에 관심이 있었다. 이는 식품생산에 대한 투자보다 저소비의식의 확립을 통한 식품 부족의 환경 적응 대책에서 찾아볼 수 있으며, 식품공급에 대한 국가의 책임 회피나 이를 전가하기 위한 조치에서 찾을 수 있다.

1976년에는 산아제한 조치를 통해 식품수요를 제한했고, 1980년대에는 성별, 1990년대에는 직종별, 2000년대에 거주 지역별에 따라 배급대상을 축소했다. 북한은 주민들, 특히 어린이들의 신체건강을 위해 국가는 모든 조치를 강구했는데 일꾼들이 제대로 집행하지 못한 점을 강조했다. 이를 분명히 보여주기 위해 담당 관료들에 대한 처형도 단행했다. 이밖에도 제국주의의 경제봉쇄로 식품 부족을 해소하는데 어려움을 겪고 있다고 선전했다.

일곱째, 북한의 대기근이 다른 사회주의 나라 대기근과 다른 결과를 발생한 것은 무엇 때문인가? 이는 대기근 초기조건 차이 때문이다. 북한에서는 1970년대 시작된 식량부족이 1980년대 들어 식량위기로 이어졌다. 당국은 주민들에게 저소비의식을 강요했다. 이러한 활동에는 ① 시대에 따른 식생활 확립 제시와 이에 대치되는 현상 처벌, ② 소비의 사회화, 합리화 강조, ③ 식품소비에 대한 계획적 관리, ④ 저소비의식 확립에 필요한 소비자 지식제공을 들 수 있다. 국가가 추구하는 소비의식이 강하면 소비자는 이러한 자극을 나름대로 재구성하여 나름대로 의미를 부여한다. 북한주민들은 이중적인 식품소비심리를 비롯하여 식품부족 환경에 견딜 수 있는 적응력을 가지게 되었다. 북한의 식량위기가 농촌지역보다 도시지역이 큰 것만큼 저소비의식을 확립하기 위한 사업은 국가식량공급대상이었던 도시지역 근로자들을 대상으로 강화되었다. 북한의 이러한 노력은 1990년대에 들어 대기근이 닥쳐오자 나름대로의 역할을 수행했다고 볼 수 있다. 국가공급체계는 마비되었지만, 주민 스스로가 목숨을 근근이 버틸 수 있게 한 적응력의 원천이 되었다.

여덟째, 국제사회는 왜 1990년대에 이르러서야 북한의 신체왜소에 대해 알게 되었는가? 북한주민 신체왜소가 정책적으로 드러난 것은 1970년대 말이었지만, 이것이 북한사회 신체왜소로 국제사회에 드러난 것은 그로부터 20년이 되는 1990년대 중반이었다. 당시 대기근에 따른 아사자 발생과 함께 북한이 국제사회에 지원을 요청하면서 알려지게 되었는데 이는 ①언론의 자율적인 정보전달 기능의 부재, ② 식품부족에 대한 국가의 책임전가에서 찾을 수 있다. 이상에서 알 수 있듯이 신체왜소의 발생과 확산 그리고 장기간 은폐가 가능한 것은 북한체제 운영의 특징과 분리할 수 없다.

아홉째, 북한사회 신체왜소는 당국이 의도한 것인가? 본 연구에서는 이를 권력의 의도와 정책집행 사이의 관계를 통해 설명하고 있다. 북한사회 신체왜소는 권력의 의도가 아닌 정책집행의 실패에 따른 것인데 이를 신체왜소 극복을 위한 정책추진의 배경과 경로 의존성을 통해 설명하고 있다. 이는 북한의 현존 체제에서는 신체왜소를 극복하기 위한 대응이 성과를 보기 어렵다는 것을 보여준다.

열째, 북한사회 신체왜소 발생 및 확산에는 어떤 요인들의 영향이 컸으며 영향은 어떠했는가? 북한사회 신체왜소에는 식품 부족정책 실행, 식품획득 지위박탈, 저소비의식 확립의 영향이 컸다. 여기서 식품 부족정책 실행은 국방공업 우선정책에 기인한 것으로 '식품 부족을 지속시키는 요인'이었고, 식품획득 지위 박탈은 시장억제와 관련한 것으로 '식품 부족을 가중시키는 요인'이었으며, 저소비의식 확립은 식품 부족 환경에 대한 적응과 관련한 것으로 '식품 부족정책 실행과 식품획득 지위 박탈에 대한 동의를 이끌어내는 요인'이었다. 이러한 점에서 북한사회 신체왜소는 식품 부족정책 실행과 식품획득 지위 박탈을 통한 물질적 영역, 저소비의식 확립을 통한 정신적 영역에 대한 통제 때문에 발생 및 지속되어 왔다고 볼 수 있다.

끝으로 북한사회 전반에 신체왜소를 지속시키고 있는 메커니즘의 작동을 어떻게 설명할 수 있는가? 북한사회 신체왜소 발생은 이에 영향을 주는 요인들이 동시 혹은 일부 작동한 것과 관련되며 식품을 국가로부터 공급받을 수 있는 지위와 시장에서 구입할 수 있는 지위 박탈과 관련이 있다. 이밖에도 저소비의식 확립에 대한 당국의 강요 수준에 따라 신체왜소는 확산 이나 둔화되는 행태로 나타났다.

예컨대 신체왜소 확산 둔화에서 식품획득 지위가 미치는 영향이 컸다. 이는 북한사회 신체왜소 극복에 식품생산량 증대도 중요하지만 식품을 마음대로 구입할 수 있도록 식생활 환경이 개선되어야 한다는 것을 의미한다.

북한당국이 시장기능을 활성화해서 주민들에게 식품을 구입할 수 있는 지위를 보장해주면 저소비의식을 강요할 수 없게 되고 이에 따라 신체왜소가 극복될 가능성이 크다. 북한사회에서 이러한 식생활 환경이 보장된다는 것은 체제변화와 분리해 생각하기 어렵다.

참고문헌

1. 남한자료

가와타시 아이요시 저 이종환 옮김. 『키크는 비결』. 서울 : 자유시대사. 2000.
강미라. "메를로 퐁티의 몸-주체와 푸코의 몸-권력의 비교". 한국외국어대학교. 박사학위논문. 2008.
고 원. "미셸 푸코와 몸의 역사." 『서양사론』. 104호(2010).
구재옥·박혜련·서정숙·이수경. 공저. 『지역사회영양학』. 한국방송통신대학 출판부.
권영경. "북한의 최근 경제개혁 진행 동향에 대한 분석." 『수은경제』. 서울 : 수출입은행. 2005.
_____. "북한경제의 기본노선과 회복전략." 『통일로』. 통권 245호(2009).
_____. "북한의 경제개혁개방전략과 전망." 『김정일의 북한. 어디로 가는가』. 서울 : 한울아카데미. 2009.
권태진. "2005년 북한 농업 전망과 남북협력." 『KRE 북한농업동향』. 제6권 4호(2005).
길인성. "일제시대 한국인의 인구 추성에 관한 소고." 『서강경제논집』. 2001.
_____. "한국인의 신장변화와 생활수준 : 식민지를 중심으로." 제38회 전국역사학 대회발표 요지(1995).
김귀옥. "통일을 꿈꾸는 북녘여성들." 『황해문학』. 통권 46호(2005).
김경희·최혜경·손종도·이광무·장추용·조일 "민간단체의 대북영양 및 보건사업." 『대북영양보건사업의 오늘과 내일』. 서울 : 생활과학연구소. 2011.
김두섭 외. 『북한인구와 인구센서스』. 서울 : 계영디자인북스. 2011.
김병욱. 『현대전과 북한의 지역방위』. 서울 : 선인출판사. 2011.
_____. "선군경제운영과 민수산업 군수화." 『KDI북한경제리뷰』. 13권 6호

(2011).

_____. "북한이탈주민에 의한 '북한이탈주민 전문상담' 연구." 『사회과학연구』. 19집 1호(2011).

김병욱·김영희. "선군시대 북한주민들의 사회적 신분변화." 『정책연구』. 통권 162호(2009).

___________. "북한사회의 '수령교'와 타종교권 선교에 따른 북한선교," 『사회과학연구』. 제18집 2호(2010).

___________. 『북한이탈주민 소비실태와 합리적 소비생활』. 서울 : 도서출판 늘품플러스. 2011.

김보근. "북한의 '차등적 식량분배모형'과 2008년 식량위기." 『통일정책연구』. 서울 : 통일연구원. 2008.

김상기. 『대북경제제재의 유효성 분석: 실태와 효과』. 정책연구시리즈 2007-09. 한국개발연구원. 2007.

김상훈. "북한의 곡물수확 및 식량공급에 대한 FAO/WFP 공동조사단 특별보고서." 『KDI북한경제리뷰』. 제4권 12호(2002).

김양희. "조선예술영화에 나타난 북한의 식생활정책연구 : 영화〈설풍경〉 내용분석을 중심으로." 『평화문제연구소』. 제23권 1호(2011).

김영수. 『최근 북한주민의 생활상 변화와 체제의 작동원리 분석』. 통일부 용역보고서(2006).

김영윤. 『북한 「7.1경제관리개선조치」 4년의 평가와 전망』. 서울 : 통일연구원. 2006.

김영희. "북한중앙은행의 기능변화와 전망." 『산은조사월보』. 제683호(2009).

_____. "북한의 소매상업유통체계 변화와 전망." 한국산업은행 보고서(2007).

김영희·김병욱. "푸코의 몸-권력과 북한사회 신체왜소 적용가능성." 『사회과학연구』, 제21집2호(2013).

____________. "사회적 신분에 따른 북한관료들의 사경제활동 연구 : 관계자본의 축적을 중심으로." 『통일문제연구』. 제20권 2호(2008).

____________. "북한 경제난의 원인과 실태." 『탈북자와 함께 본 북한사회: 북한문제의 딜레마와 해법』. 세종정책총서(2012-6).

김영훈. "2012년 북한의 농업식량상황." 『KRE 북한농업동향』. 제13권 4호

(2012).
김완배. 『통일한국의 농업』. 서울 : 서울대학교출판부. 2004.
김운근. "북한의 식량난과 농업문제." 경실련 통일협회 월례토론회 발제문 (1997).
김유정. 『영양판정 및 실습 』. 서울 : 수문사. 2010.
김인정·이재정. "교복과 권력 : 푸코적 관점에서." 『교육연구』. 제4권 1호 (2008).
김종홍. "북한이탈주민 진료센터 이용환자 실태." 「북한이탈주민 의료지원개선 방안에 관한 정책세미나」. 홍사덕 국회의원실 주최(2008).
김현숙·이은형. 『소비자학연구』. 제19권 4호. 2008.
계선자·변순희. "어머니의 소비자의식과 아동기 자녀의 환경보전 행동에 관한 연구"『생활과학연구지』. 제11권 2호.
나촌스 지음. 황재옥 옮김. 『북한의 기아 : 기아 정치 그리고 외교정책』. 서울 : 다홀미디어. 2003.
남궁. 『정책학』. 서울 : 법문사. 2012.
남상우·이창섭. "운동선수의 체중조절과 실천과 규율권력 그리고 감시기제의 작동방식." 『한국스포츠사회학회지』. 18(2005).
남성호. "서방언론의 북한진출 그 실상과 한계." 『관훈저널』. 서울 : 관훈클럽. 2011.
내외통신사(편). 『북한실상 종합자료집』. 서울 : 내외통신사. 1995.
돈 오버도퍼(이종길 역). 『두개의 한국』. 서울 : 길산. 2002.
Dam Holger. "통일에 따른 독일 축산의 구조개편과 문제점." 『통일에 대비한 북방권 축산기술과 그 노력전략』. 강원대학교 국제심포지움 발표논문집 (1993).
류길재. "김일성·김정일 문헌을 어떻게 읽을 것인가." 『북한연구방법론』. 서울 : 한울아카데미. 2003.
미셀 푸코. 이규현 역. 『성의 역사Ⅰ: 앎의 의지』. 서울 : 나남출판. 1990.
박경숙. "북한의 식량난 및 기근과 인구변동." 『통일정책연구』. 21권 1호(2012).
박영숙 외. "탈북자 면접을 통한 북한 주민의 건강과 식품섭취 실태 탐색." 『지역사회영양학회지』. 제2권 3호(1997).

박영자. "북한 일상생활의 식민지화와 탈 식민지화: 여성생활을 중심으로." 『통일문제연구』. 제16권 2호(2004).

박성연. "영양불량이 아동의 행동에 미치는 영향 : 사회 정서적 행동을 중심으로." 『북한의 식량문제 실태와 대책』. 서울 : 한울아카데미. 2000.

박순성. "김정일 시대(1994-2004) 북한경제정책의 변화와 전망." 『북한연구학회보』. 제8권 1호(2004).

박순영·곽금주·김혜란. "남한거주 탈북어린이. 청소년 신체성장. 신체발달. 그리고 복지서비스 욕구에 관한 연구." 『통일연구의 사회통합적 접근』. 서울대학교 통일연구소. 2007.

________________. "북한 식량위기의 장기적 평가 : 인체 성장발육과 건강에 미치는 영향과 그 사회적 함의." 『한국인류문화학』. 33.1(2000. 5).

박우용. 『북한방송편람』. 서울 : 커뮤니케이션북스. 2004.

박형중 외. 『김정일 시대 북한의 정치체제』. 서울 : 통일연구원. 2004.

박형중. "김정은 권력세습과 북한의 선택." 『탈북자와 함께 본 북한사회: 북한문제의 딜레마와 해법』. 서울 : 도서출판 오름. 2012.

_____. "독재의 정치 및 경제논리 – 권력교체기 현상을 중심으로." 『KDI북한경제리뷰』. 2012년 1월.

부경생. 『북한의 농업』. 서울 : 서울대학교출판부. 20001.

북조선인민위원회 사법국. 『북조선법령집』. 1947년 11월 8일.

북한인권시민연합. 『왕이라 불리는 아이들』. 서울 : 생명과 인권. 2009.

『브리태니커 세계 대백과사전』. 서울 : 한국브리태니커회사. 2002.

서재진. "북한의 토지개혁과 농업협동화 이후 농민들의 의식변화." 『현대북한연구』. 제5권 1호(2002. 6).

_____. 『북한사회 계급갈등 연구』. 서울 : 민족통일연구원. 1996.

서성한·김준석·금웅연. 『소비자 행동론』. 서울 : 박영사. 2005.

성채기 외. 『북한경제위기 10년과 군비증강 능력』. 서울 : 한국국방연구원. 2003.

신석호. 『김정일과 카스트로가 경제위기를 만났을 때 : 북한과 쿠바경제의위기와 개혁』. 서울 : 전략과 문화. 2008.

신효숙. 『북한의 교육제도와 교육정책 : 학교교육제도 변천을 중심으로』. 서울 :

한국교육개발원. 2009.

스트븐 린튼. “북한은 하나의 실험실이 되어버렸습니다.” 김종수(편). 『(북한식량난을 증언한다) 정말이지 살아남는 것이 목표입니다』. 서울 : 통일생. 1997.

안찬일. 『김정일 체제하 당·군·정관계 변화 분석 및 전망』. 통일부 용역과제 보고서(2010.11).

알랭 루 지음. 정철웅 옮김. 『20세기 중국사 : 제국의 몰락에서 강대국의 탄생까지』. 서울 : 도서출판 책과 함께. 2010.

양문수. 『북한경제의 시장화 : 양태·성격·메커니즘 함의』. 서울 : 도서출판 한울. 2010.

_____. “조정메커니즘의 측면에서 본 북한의 경제개혁.” 『북한조사연구』. 서울 : 국가안보정책연구원. 2006.

_____. “북한경제연구방법론” 『북한연구방법론』. 서울 : 한울아카데미. 2003.

양운덕. “미시권력들의 작용과 생명의 정치; 푸코의 권력분석틀과 아감벤의 근대 생명정치학 비판.” 『철학연구』. 제36집(2009).

어린이의약품지원본부. 『북한 어린이 건강실태보고서 : 전염성질환을 중심으로』. 행정자치부의 〈2002년 민간단체 지원사업 보고서〉.

연하청. 『북한의 인구보건정책』. 아주남북한의료연구소. 2000.

오경찬. 『북한의 식량난 해결할 수 있다』. 서울 : 대왕사. 1997.

우리민족서로돕기운동. 『미 5개 NGO의 북한 식량상황보고서』. 우리민족서로돕기운동. 2011.

우치다 나츠루 지음. 이경덕 옮김. 『푸코. 바르트 레비스트로스』. 서울 : 갈라파고스. 2010.

원호택. 『이상심리학』. 서울 : 법문사. 2002.

윤대규. “분단 65년 북한법의 성격과 기능변화.” 『북한법연구』. 13호(2011).

윤덕룡. 『북한공채발행 배경과 향후 효과전망』. 서울 : 대외경제정책연구원. 2003.

윤명현. 『우리식 사회주의 100문 100답』. 평양 : 평양출판사. 2004.

윤지현·이연숙·심재은·박미나. “북한유아의 정상적인 성장발달을 위한 영양 및 급식관리 지원방안 모색.” 『2005년도 통일학 연구과제 결과보고서』.

서울대학교 통일연구소.
이강수. 『현대 매스커뮤니케이션 이론』. 서울 : 나남. 1991.
이기춘·정진화·나종연. 『통일이후 남북한 주민의 소비생활 이질화 완화 및 소비자 문제 예방을 위한 기초연구』. 서울대학교 통일평화연구소 통일학연구보고서(2005).
이기춘 외. 『북한의 가정생활문화』. 서울 : 서울대학교 출판부. 2001.
이민부 외. "북한의 인구와 농업의 변화에 따른 환경문제 연구." 『한국지역지리학회지』. 제14권 6호(2008).
이사벨라 버드 비숍 지음, 이인화 옮김. 『한국과 그 이웃나라들 : 백년전 한국의 모든 것』. 서울 : 도서출판 살림, 1994.
이 석. 『1994~2004년 북한기근 : 발생. 충격 그리고 특징』. 서울 : 통일연구원. 2004.
이승원. "20세기 초 위생담론과 근대적 신체의 탄생." 『문학과 경계』. 창간호(2001. 여름).
이애란. "1990년대 전후 북한주민의 식생활양상 변화". 이화여자대학교 박사학위논문. 2008.
이연숙·윤지원·심재은·장수정. 『통일한국의 어린이 영양』. 서울대학교 출판문화원. 2010.
이영란. "통일 이후 동독지역 주민의 상대적 박탈감: 포커스 인터뷰를 중심으로." 『한국사회학』. 39(1).
이영훈. "북중무역의 현황과 북한경제에 미치는 영향." 『금융경제연구』. 제246호(2006).
이인정. "1990년대 이후 북한 '새세대'의 가치변화 연구 : 「청년전위」 분석을 중심으로." 서울대학교 대학원 박사학위논문. 2004.
이을상. "몸의 생의학적 의미와 생명정치." 『철학논총』. 제62집(2010).
이재운·조규천. 『뜻도 모르는 우리 한자어 사전』. 서울 : 책이 있는 마을. 2005.
이홍진. "기아와 북녘 어린이들의 질병. 북한어린이의 참상과 의약품지원에 대한 심포지움 지료". 북한어린이의약품지원본부. 1997.
임미원. "탈근대적 생명정치 개념의 기초적 고찰 : 푸코와 로즈의 생명정치 개

넘을 중심으로." 『법학논총』. 제27집 1호(2010).
임성손·박순영회. "한국인 청소년의 신장과 체중이 시대변천에 따른 변화추이에 관한 연구." 『경희의학』. 제2권 2호(1986).
임영태·고유환. 『북한 50년사 : 주체사상의 정립에서 김정일 시대까지』. 서울 : 들녘, 1999.
전현준. 『김정은 세습 1년에 대한 점검 및 전망』. 통일연구원. 2011.
정광민. 『북한기근의 정치경제학 : 수령경제·자력갱생·기근』. 서울 : 시대정신. 2005.
장명봉 편. 『2011 최신 북한법령집』. 북한법 연구회. 2011.
정성장. 『현대북한의 정치: 역사·이념·권력체계』. 서울 : 한울아카데미. 2011.
정은찬. "북한의 경제적 불평등에 관한 연구." 경북대학교 대학원 박사학위논문. 2012.
조광익. "근대규율 권력과 여가관광 : 푸코의 권력의 계보학." 『관광연구』. 제26권 3호(2002).
조동호. "북한의 식량난에 따른 에너지 섭취량 저하가 노동생산성에 미친 영향." 『북한의 식량문제 실태와 대책』. 서울 : 아카데미. 2000.
조정아 외. 『북한 주민의 일상생활』. 서울 : 통일연구원. 2008.
조현식. "북한의 각종 대규모 건설공사가 경제에 미치는 영향 분석." 『북한』. 1996년 10월.
존 베일리스·스티브 스미스 저·하영선 외 옮김. 『세계정치사』. 서울 : 을유문화사. 2006.
진태원. "생명정치의 탄생 : 푸코의 생명권력의 문제." 『문학과 사회』. 75(2006).
질 들뢰즈·허경 옮김. 『푸코』. 서울 : 동문선. 2003.
최병록. "남북 소비자관련법의 비교연구" 『2012 남북법제연구보고서』. 법제처 법제지원단. 2012.
최봉대. "북한의 지역경제협력 접근방식의 특징 : 신가산제적 사인독재정권의 '혁명자금 관리제도'와 대외경제협력의 제약." 『현대북한연구』. 14권 1호(2011).
최석을. "어린이 식료품가공공업의 특성과 그 발전의 필요성." 『경제연구』. 제1

호(1998).
최성진. "한국인의 신장변화와 생활수준의 변동 : 식민지 시대의 신장자료를 중심으로." 서울대학교 대학원 석사학위논문. 2006.
최완규. "북한도시의 형성과 발전 : 청진. 신의주. 혜산." 서울 : 한울 아카데미. 2004.
최태경. 『두산세계대백과사전』. 서울 : 두산동아. 2002.
통일교육원. 『북한이해』. 서울 : 통일교육원. 2003.
하연섭. 『제도분석 : 이론과 쟁점』. 서울 : 다산출판사. 2003.
하혜수·양덕순. "공무원 정원관리제도의 경로 의존성 연구 : 지방자치단체의 총액인건비제를 중심으로." 『행정논총』. 45권 2호(2007).
한국정책금융공사. 『북한의 산업』. 서울 : (주)보림에스앤피. 2010.
한승훈. "분배의 측면에서 본 북한의 기근." 『KDI북한경제리뷰』. 2000년 3월.
황장엽. 『사회역사관』. 서울 : 시대정신, 2010.
황지윤 외. "문헌과 북한이탈주민 설문조사를 통해 본 북한인의 식생활과 영양소 섭취 실태." 『대한지역 사회영양학회지』. 6권 3호(2001).
황미나. "대북보건의료사업의 현황과 과제." 『대북영양보건사업의 오늘과 내일』. 서울대학교 생활과학연구소. 2007.
허 경. "생명권력과 '욕망인의 분석' : 미셸푸코의 성의 역사 1. 앎의 의지를 중심으로." 『생명연구』. 19집(2011).
허승철. 『우크라이나 현대사 : 1914-2010』. 고려대학교 출판부. 2011.
헨리 루이스 테일러 지음. 정진상 옮김. 『쿠바식으로 산다』. 서울 : 삼천리. 2010.
현성일. "북한노동당의 조직구조와 사회통제체계에 관한 연구." 한국외국어대학교 정책대학원 석사논문. 1999.

《노컷뉴스》. 2011년 11월 10일./ 2012년 3월 12일./ 2012년 1월 12일.
《뉴데일리》. 2010년 3월 17일.
《세계일보》. 2012년 4월 13일.
《조선일보》. 2001년 2월 11일./ 2012년 1월 31일.
《중앙일보》. 2006년 4월 14일./ 2011년 2월 24일.

《연합뉴스》. 1998년 3월 29일./2011년 12월 28일./2012년 1월 31일.
《연합뉴스》. 1999년 12월 28일.
《통일뉴스》. 2002년 4월 5일.
《한국경제》. 2010년 9월 17일.
《프레시안》. 2007년 10월 19일.
《오마이뉴스》. 2009년 4월 2일.

2. 북한자료

고정웅. "사회주의적문화생활양식을 확립하는 것은 사회주의사회발전의 필수적 요구." 『근로자』. 8호(1981).

김송환. "청소년학생들의 키 크기운동지도에서 나서는 몇 가지 문제." 교원선전수첩. 평양 : 교육신문사. 2004년 제2호(루계 제365호)

김영희. 『개인상공업의 사회주의적 개조경험』. 평양 : 조선로동당출판사. 1987.

김일성. "당면한 사회주의 경제건설방향에 대하여(1993.12.8.)" 『김일성저작집』 제44권. 평양. 조선로동당 출판사. 1996.

_____. "현 정세와 인민군대앞에 나서는 몇가지 정치군사과업에 대하여(조선인민군 대대장, 정치부대대장, 대대사로청위원장대회에서 한 결론, 1969.10.27.)" 『김일성저작집』 제24권. 평양 : 조선노동당 출판사. 1983.

_____. "현 정세와 우리당의 과업(조선로동당대표자회의에서 한 보고, 1966.10.5.)" 『김일성저작집』 제20권. 평양 : 조선노동당 출판사. 1982.

_____. "병기공업을 더욱 발전시키기 위하여(전국병기공업부문열성자회의에서 한 연설, 1961.5.28.)" 『김일성저작집』 제15권. 조선노동당출판사. 1981.

. "경공업을 더욱 발전시키기 위하여(경공업열성자회의에서 한 연설, 1958.1.29.)" 『김일성저작집』 제12권. 평양 : 조선노동당 출판사. 1981.

_____. "사회주의하에서의 상업은 본질상 인민들에 대한 공급사업이다." 『김일성저작집』제18권. 평양 : 조선노동당출판사

_____. "사로청조직들앞에 나서는 몇 가지 과업에 대하여(사로청중앙위원회 일꾼들앞에서 한 연설. 1977.2.25.)" 『김일성저작집』 제32권. 평양: 조선로

동당 출판사. 1986.

______.“농촌경리의 금후 발전을 위한 우리당의 정책에 대하여(조선로동당중앙위원회 전원회의에서 한 결론 1954.11.3.)”『김일성저작집』 제9권. 평양 : 조선로동당출판사. 1980.

______.“어린이들에 대한 영양관리를 잘할데 대하여(조선민주주의인민공화국 제5기 제6차 회의에서 한 연설. 1976.4.29.)”『김일성전집』 제73권. 평양 : 조선로동당 출판사. 2007.

______.“공업적방법으로 소금을 생산할데 대하여(경제부문 책임일꾼 협의회에서 한 연설. 1991.8.23.)”『김일성저작집』 제43권. 평양 : 조선로동당출판사. 1996.

______.“조선민주주의 인민공화국 인민경제발전 2차 7개년계획(1978~1984)에 대하여.”『김일성 저작집』 제32권. 평양 :조선로동당 출판사. 1986.

______.“인민생활지도위원회를 내올데 대하여(조선로동당 중앙위원회 정치국 확대회의에서 한 결론, 1981. 1.20.)”『김일성전집』 제73권. 평양: 조선로동당 출판사. 2007.

______.“겨울철 물고기 잡이 준비를 다그치며 양어사업을 추켜세울데 대하여(수산. 양어부문 지도일꾼협의회에서 한 연설. 1981.5.18.)”『김일성저작집』 제36권. 평양 : 조선노동당 출판사. 1990.

______.“과학교육사업과 인민보건사업에서 새로운 전환을 일으킬데 대하여(조선로동당중앙위원회 제6기13차 전원회의에서 한 결론 1988.3.7.~11.)”『김일성저작집』 제43권. 평양 : 조선로동당출판사. 1995.

______.“양강도를 아름답고 살기좋은 낙원으로 꾸리자(조선노동당 양강도위원회 전원회의확대회의에서 한 결론. 1979.7.26.)”『김일성저작집』 제34권. 평양 : 조선로동당출판사. 1987.

______.“수산업을 더욱 발전시키며 소금생산을 더욱 늘일데 대하여(경제부문 책임일꾼 협의회에서 한 연설. 1989.3.20.~21.)”『김일성저작집』 제41권. 평양 : 조선로동당출판사. 1995.

______.“사회주의농촌건설을 더욱 다그칠데 대하여(전국농업대회에서 한 연설. 1969.2.7.)”『김일성저작집』 제23권. 평양 : 조선로동당출판사. 1983.

______.“화학공업을 더욱 발전시키며 일꾼들속에서 우리식대로 살아나가는 혁

명적 기풍을 세울데 대하여(화학공업부문 책임일꾼협의회에서 한 연설. 1987.3.20.)"『김일성저작집』 제40권. 평양 : 조선로동당출판사. 1994.

_____. "농업생산에서 새로운 앙양을 일으킬데 대하여(전국농업부문 열성자대회에서 한 연설. 1973.8.9.)"『김일성저작집』 제28권. 평양 : 조선로동당출판사. 1984.

_____. "조선민주주의 인민공화국 인민경제발전 2차 7개년계획(1978~1984)에 대하여."『김일성저작집』 제32권. 평양 : 조선로동당 출판사. 1986.

_____. "체육을 대중화하여 전체 인민들을 로동과 국방에 튼튼히 준비시키자."『김일성저작집』 제24권. 평양 : 조선로동당출판사. 1983.

_____. "닭먹이문제를 풀어 고기와 알생산을 늘이자(가금부문 책임일꾼 협의회에서 한 연설. 1993.5.7.)"『김일성저작집』 제41권. 평양 : 조선노동당 출판사. 1995.

_____. "과학교육사업과 인민보건사업에서 새로운 전환을 일으킬데 대하여(조선로동당중앙위원회 제6기 13차 전원회의에서 한 결론 1988.3.7.~11.)"『김일성저작집』 제41권. 평양 : 조선노동당 출판사. 1995.

_____. "지방산업을 더욱 발전시키자(전국지방산업일꾼 대회에서 한 연설. 1980.6.10.)"『김일성저작집』 제35권. 평양 : 조선노동당 출판사. 1987.

_____. "칠색송어를 대대적으로 기를데 대하여(수산부문일꾼들과 한 담화. 1984.4.26.)"『김일성저작집』 제38권. 평양 : 조선노동당 출판사. 1992.

_____. "공산주의 시책(정무원 책임일꾼들과 한 담화. 1985.10.22.)"『김일성저작집』 제39권. 평양 : 조선노동당 출판사. 1993.

_____. "당사업을 강화하며 나라의 살림살이를 알뜰하게 꾸릴데 대하여(당중앙 4기 12차 전원회의에서 한 결론 1965. 11.15~17.)"『김일성저작집』 제20권. 평양 : 조선노동당 출판사. 1982.

_____. "과일나무생산을 늘이고 기름나무림을 많이 조성할데 대하여(경제부문일꾼협의회에서 한 연설. 1993.10.3.)"『김일성저작집』 제44권. 평양 : 조선노동당 출판사. 1996.

_____. "함북도 당단체들의 과업."『김일성저작집』 제13권. 평양 : 조선로동당 출판사. 1981.

_____. "절약투쟁을 강화할데 대하여(조선로동당 중앙위원회 정치위원회에서

한 결론 1951.1.30.)" 『김일성저작집』 제13권. 평양 : 조선로동당출판사. 1995.

김정일. "자강도의 모범을 따라 경제사업과 인민생활에서 새로운 전환을 일으키자." 『김정일선집』 제14권. 평양 : 조선로동당 출판사. 2000.

_____. "인민생활을 더욱 높일데 대하여." 『김정일선집』 제8권. 평양 : 조선로동당출판사. 1998.

_____. "체육을 대중화하며 체육기술을 빨리 발전시킬데 대하여(체육부문 일꾼들과 한 담화. 1886.5.19.)" 『김정일선집』 제8권. 평양 : 조선로동당출판사. 1989.

_____. "보건사업을 더욱 개선강화할데 대하여." 『김정일선집』 제8권. 평양 : 조선로동당출판사. 1998.

_____. "인민생활에 깊은 관심을 돌릴데 대하여(조선로동당 중앙위원회 책임일꾼들과 한 담화. 1983.3.2.)" 『김정일선집』 제7권. 평양 : 조선로동당출판사. 1996.

_____. "청소년사업에 대한 당적 지도를 더욱 강화할데 대하여(도. 시. 군 당위원회 청년사업부 일꾼강습참가자들에게 보낸 서한 1981.7.13.)" 『김정일선집』 제7권. 평양 : 조선노동당출판사. 1996.

_____. 『당이 제시한 선군시대의 경제건설노선을 철저히 관철하자』. 평양 : 조선로동당 출판사. 2003.

_____. "경공업을 발전시키며 경제관리연구사업을 잘 할데 대하여 (4.15에 즈음하여 생산한 경공업 제품을 보고 경제부문 책임일꾼들과 한 담화 1992.4.4.)" 『김정일 선집』 제13권. 평양 : 조선로동당출판사. 1998.

_____. "감자농사에서 혁명을 일으킬데 대하여." 『김정일선집』 제14권. 평양 : 조선로동당 출판사. 2000.

_____. "풀먹는 집짐승을 많이 기를데 대한 당의 방침을 철저히 관철하자." 『김정일선집』제14권. 평양 : 조선로동당 출판사. 2004.

_____. "양어를 더욱 발전시킬데 대하여." 『김정일선집』 제14권. 평양 : 조선로동당 출판사. 2004.

_____. "양어를 과학화. 집약화할데 대하여." 『김정일선집』 제15권. 평양: 조선로동당 출판사. 2005.

_____. "과수업발전에서 새로운 전환을 가져올데 대하여(황해남도 과일꾼을 현지지도하시면서 일꾼들과 한 담화, 2001.5.13.)" 『김정일선집』 제15권. 평양 : 조선로동당 출판사. 2005.

_____. "오늘을 위한 오늘에 살지 말고 래일을 위한 오늘에 살자(조선노동당 중앙위원회 책임일꾼들과 한 담화, 1996.1.14.)" 『김정일선집』 제14권. 평양 : 조선로동당 출판사. 2004.

_____. "선군시대에 맞는 사회주의적 생활문화를 확립할데 대하여(조선로동당 중앙위원회 책임일꾼들과 한 담화, 2003.2.10.)" 『김정일선집』 제15권. 2005).

김철만. "위대한 령도자 김정일동지의 현명한 령도밑에 진행된 1990년대 후반기 농구를 많이 하는 기풍을 세우기 위한 투쟁." 『력사과학』. 제3호(2009).

동태관. "우리는 영원히 잊지 않으리라: 백두의 령장 김정일장군의 〈"고난의 행군"〉 혁명실록을 펼치며." 《노동신문》. 2000년 10월 3일.

류창수. "국방공업을 더욱 발전시키는 것은 혁명과 건설의 제1차적인 전략적 과업." 『경제연구』. 3호(2006).

리기성. 『주체의 사회주의정치경제학의 법칙과 범주: 사회주의 경제의 기본분야들에서 작용하는 경제법칙과 범주』. 평양 : 사회과학출판사. 1992.

_____. 『인구학 개론』. 평양 : 과학백과사전종합출판사. 1996.

리미향. "키 크기에 좋은 뛰줄운동." 『인민교육』. 평양 : 교육신문사. 제6호(2006).

리순옥. "사회주의사회에서 결혼의 륜리도덕적 의미." 『철학연구』. 4(2002).

리종구. "가격공간을 옳게 이용하는 것은 경제관리를 합리적으로 잘해나가기 위한 중요한 요구." 『김일성종합대학 학보(철학. 경제학)』. 제56권 1호(2010).

리종국. "위대한 령도자 김정일 동지의 현명한 령도밑에 과일꾼을 사회주의 선경으로 꾸리기 위한 인민들의 투쟁." 『력사과학』. 3호(2011).

백과사전출판사. 『조선대백과사전』 17권. 평양 : 백과사전출판사. 2000.

__________. 『조선대백과사전』 13권. 평양 : 백과사전출판사. 2000.

__________. 『조선대백과사전』 12권. 평양 : 백과사전출판사. 1999.

____________. 『광명백과사전』 20권. 평양 : 백과사전출판사. 2008.
백철남. "선군시대 경제구조의 특징." 『경제연구』. 3호(2006).
사회과학원 언어학연구소. 『조선문화어사전』. 평양 : 사회과학출판사. 1973.
사회과학출판사. 『사회주의생활문화사 연구』. 평양 : 사회과학원출판사. 2010.
서재영 외 "우리당의 선군시대 경제사상해설". 평양 : 조선노동당 출판사. 2005.
손영석. "우리식 경제구조의 특성과 그것을 강화 발전시키기 위한 방도." 『경제연구』. 4호(2008).
오성길. 『행복의 창조자』. 평양 : 평양출판사. 2006.
우향숙. "비사회주의적 현상과의 투쟁을 강화하는 것은 강성대국건설의 중요요구." 『정치법률연구』. 3(2006).
이재희. "영도구민의 소비자의식과 행동에 관한 연구." 『영도연구』. 제2권.
전영명. "사회주의 사회에서 소비의 본질적 특징." 『경제연구』. 평양 : 과학백과사전출판사. 2005.
조선여성. "녀성들은 식생활을 깐지고 알뜰하게 하자." 《조선여성》. 8(2008).
______. "식생활에서 낡은 습성을 없애자." 《조선여성》. 6(2004).
______. "관혼상제를 사회주의적 생활양식에 맞게 하자."《조선여성》. 7(2005).
______. "녀성들은 식생활을 깐지고 알뜰하게 하자."《조선여성》. 8(2008).
조선인민군출판사. "가격과 생활비를 전반적으로 다시 제정한 국가적 조치에 대한 이해를 바로 가질데 대하여." 조선인민군출판사(2002. 7).
조선로동당력사연구소. 『우리당의 선군시대 경제사상해설』. 평양 : 조선로동당출판사. 2005.
조선중앙통신사 편. 『조선중앙연감』. 평양 : 조선중앙통신사. 1961.
천리마. "장수식료품감자." 『천리마』. 1(2002).
한득보. 『주체의 사회주의정치경제학의 법칙과 범주(2)』. 평양 : 사회과학출판사. 1992.
황창만. "우리 당은 준엄한 시련 속에서 단련된 불패의 당이다." 《노동신문》. 2000년 10월 5일.

《노동신문》. 2009년 8월 9일./ 2003년 3월 30일./ 2000년 10월 5일.

《노동신문》. 2000년 10월 3일./ 1998년 11월 26일./ 1998년 5월 2일.
《로동청년》. 1983년 2월 25./ 1983년 10월 18일./ 1983년 8월 27일.
《로동청년》. 1983년 1월 5일./ 1993년 2월 6일./ 1993년 6월 23일.
《로동청년》. 1993년 7월 6일./ 1993년 5월 13일.
《민주조선》. 1998년 6월 9일.
《청년전위》. 1998년 1월 8일./ 1998년 6월 7일.
《평양방송》. 1993년 6월 1일./ 1999년 6월 6일.

3. 외국자료

Duol Kim · Heejin Park.(2011). "Measuring living standards from the lowest: Height of the male Hangryu deceased in colonial Korea." *Explorations in Economic History*. p. 48

FAO/WFP. "Special Report-FAO/WFP Crop and Food Supply Assessment Mission to the Democratic People's Republic of Korea." 6 Dec. 1996)

Goodkind, Daniel and West, Loraine. 2001. "The North Korean Famine and Its Demographic Impact." *Population and Development Review* 27(2) : pp. 219-238.

Komlos. J. & Kriwy. P. (2003). "The biological standard of living in the two Germanies." *German Economic Relview*. 4. pp. 459-473.

Kimura Mitsuhiko(2001), "North Korean Industry, 1946-1950" *Korea Journal* Vol.41 pp. 199-238.

Michel Foucault. *Surveiller er punir: Naissance de la prison*. Gallimard. 1975.

Michel Foucault. *Power/Knowledge : Selected Interviews and Other Writings 1972-1977*. The Harvester Press. 1980.

Hermanussen. M. (1995). "Die Korpergrobe deutscher Wehpflichtiger vor und nachder deutschen Wiedervereinigung". *Die Medizinische Welt* 46. pp. 391-292

Hermanussen. M. (1997). "Catch-up in Final Height after Unification of Germany". *Acta Medica Auxologica* 29(3). pp. 135-141.

Heineck. G. (2006). "Height and weight in Germany. evidence from the German Socio-Economic panel. 2002." *Economics and Human Biology.* 4

Pak. Sunyong(2004). "The Biological Standard of living in the two Korea." *Economics and Human Biology*. 2. p. 514

Robinson. W. Courtland. Myung Ken Lee. Kenneth Hill and Gilbert M. Bumham. 1999. "Mortality in North Korean Migrant Households : A Retrospective Study." *The Lancet* 354 (July 24) : pp. 291-295.

Steckel R. 1995. "Stature and the standard of living." *Journal of Economic Literature.* vol. XXXIII. pp. 1093~1940.

The Centre For Contemporary International Problems. The DPRK Report. No. 9 (Nautilus Institute. September-October 1997).

Von der Lippe. P. (1996). "Die politicshe Rolle der arntlichen Statistik in der ehemaligen DDR". *Jahrbucher fur Nationalokonomie und Statistik* 215(6). pp. 641-673.

Voigt. M., Heineck. G. & Hesee. V. (2004). "The relationship between matemal characteristics. birth weight and pre-term delivery : evidence from Germanyat the end of the 20th century." *Economics and Human Biology*. 2 : pp. 265-280.

찾아보기

ㅌ

ㅍ

ㅎ

푸코와 북한사회
신체왜소의 정치경제학

발행일 1쇄 2013년 9월 30일
지은이 김영희
펴낸이 여국동
펴낸곳 도서출판 인간사랑
출판등록 1983. 1. 26. 제일-3호
주소 경기도 고양시 일산동구 백석동 1178-1번지 2층
전화 031)901-8144(대표) | 977 3073(영업부) | 031)907-2003(편집부)
팩스 031)905-5815
전자우편 igsr@naver.com
페이스북 http://www.facebook.com/igsrpub
블로그 http://blog.naver.com/igsr
인쇄 인성인쇄 **출력** 현대미디어 **종이** 세원지업사

ISBN 978-89-7418-317-2 93340

* 책값은 뒤표지에 있습니다. * 잘못된 책은 바꿔드립니다.

이 도서의 국립중앙도서관 출판시도서목록(CIP)은 서지정보유통지원시스템 홈페이지(http://seoji.nl.go.kr)와 국가자료공동목록시스템(http://www.nl.go.kr/kolisnet)에서 이용하실 수 있습니다.(CIP제어번호: CIP2013016213)